Hiraeth

Heimweh nach Endlichkeit

Hiraeth

Heimweh nach Endlichkeit

2

Inhalt

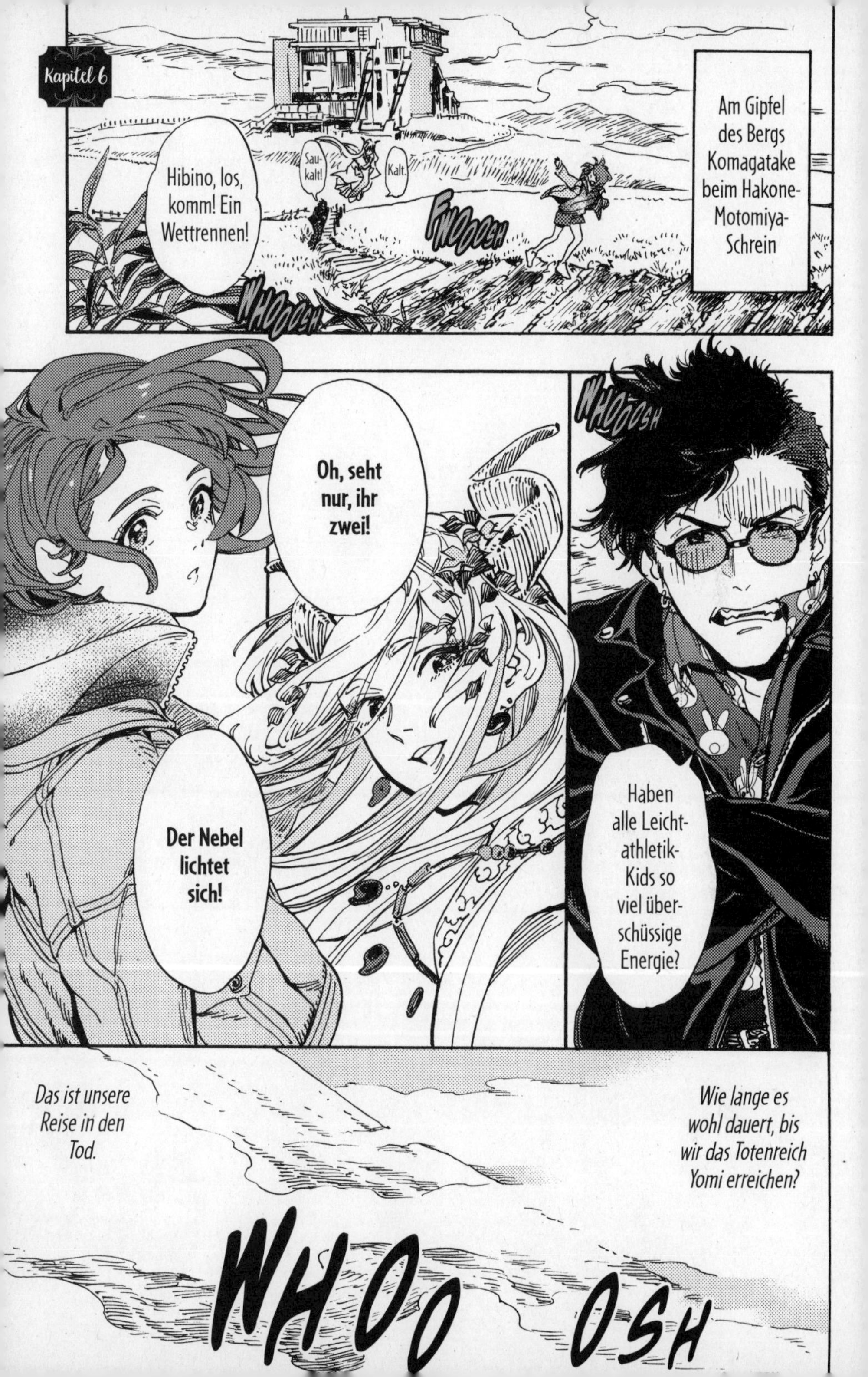
Kapitel 6
Am Gipfel des Bergs Komagatake beim Hakone-Motomiya-Schrein
Hibino, los, komm! Ein Wettrennen!
Saukalt!
Kalt.
FWOOOSH
WHOOOSH
Oh, seht nur, ihr zwei!
WHOOOSH
Haben alle Leichtathletik-Kids so viel überschüssige Energie?
Der Nebel lichtet sich!
Das ist unsere Reise in den Tod.
Wie lange es wohl dauert, bis wir das Totenreich Yomi erreichen?
WHOOOOSH

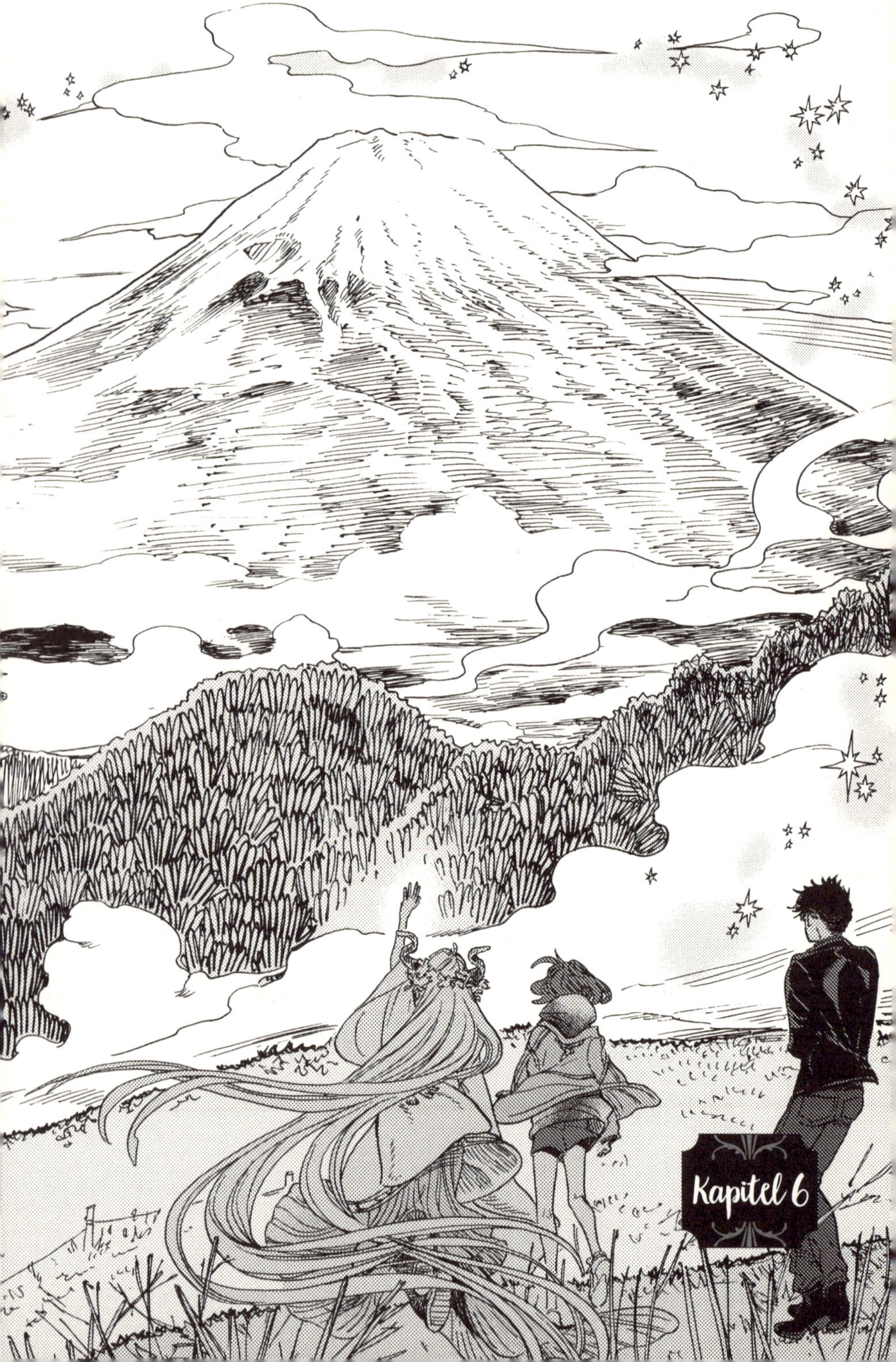
Kapitel 6

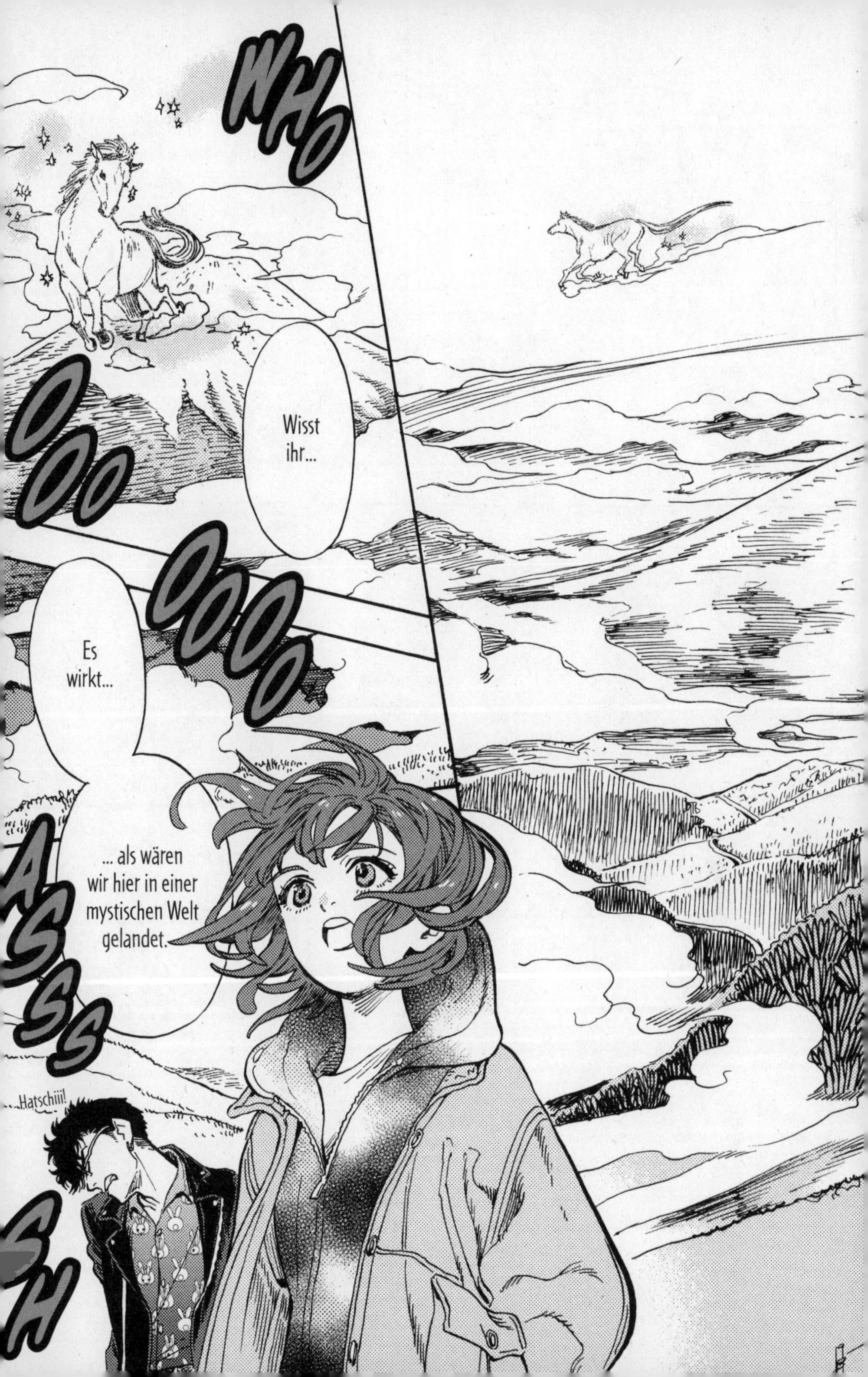
WHOOOOOOOOASSSSH
Wisst ihr...
Es wirkt...
... als wären wir hier in einer mystischen Welt gelandet.
...Hatschiii!

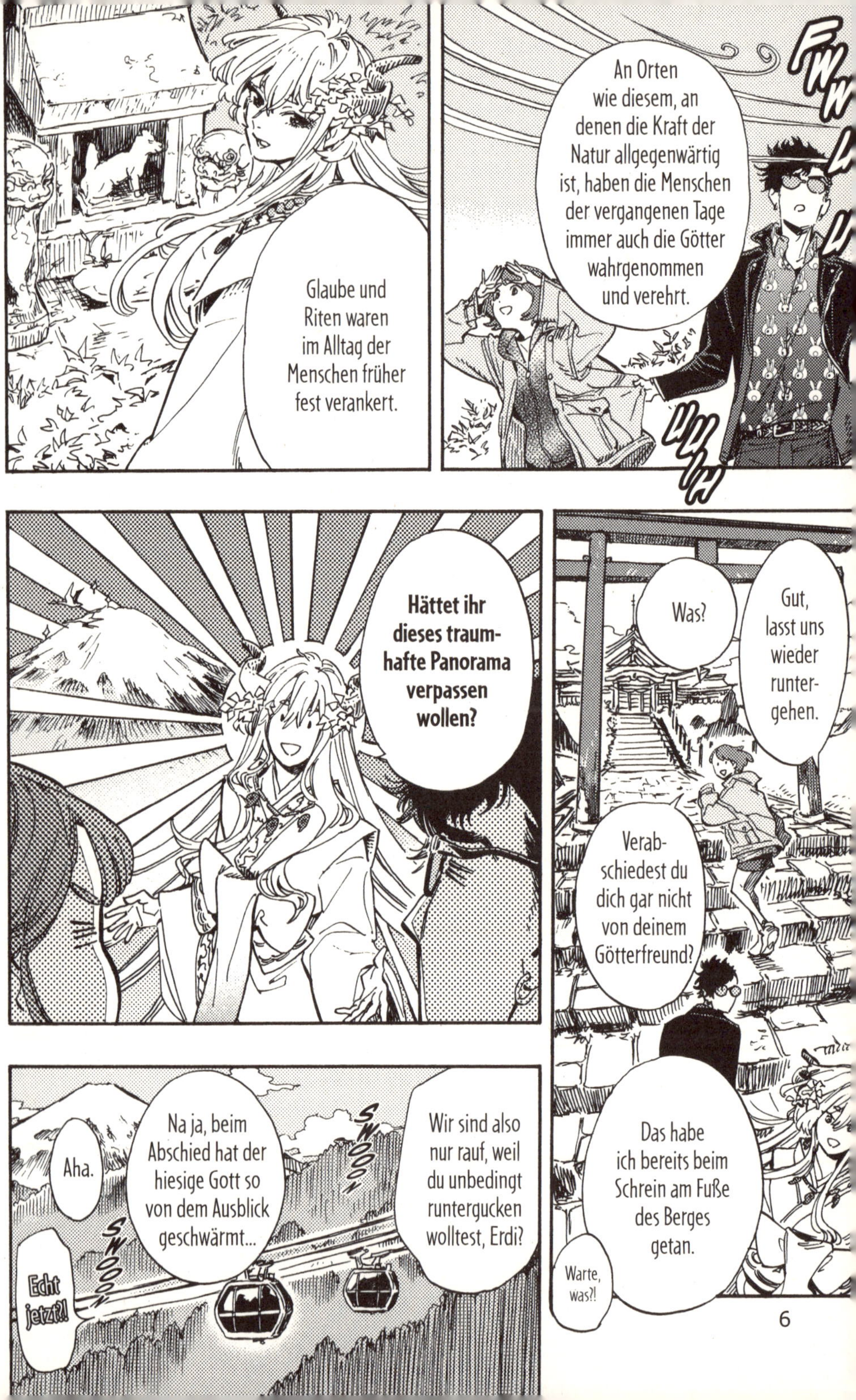
An Orten wie diesem, an denen die Kraft der Natur allgegenwärtig ist, haben die Menschen der vergangenen Tage immer auch die Götter wahrgenommen und verehrt.
Glaube und Riten waren im Alltag der Menschen früher fest verankert.
Gut, lasst uns wieder runtergehen.
Was?
Verabschiedest du dich gar nicht von deinem Götterfreund?
Das habe ich bereits beim Schrein am Fuße des Berges getan.
Warte, was?!
Hättet ihr dieses traumhafte Panorama verpassen wollen?
Wir sind also nur rauf, weil du unbedingt runtergucken wolltest, Erdi?
Na ja, beim Abschied hat der hiesige Gott so von dem Ausblick geschwärmt...
Aha.
Echt jetzt?!

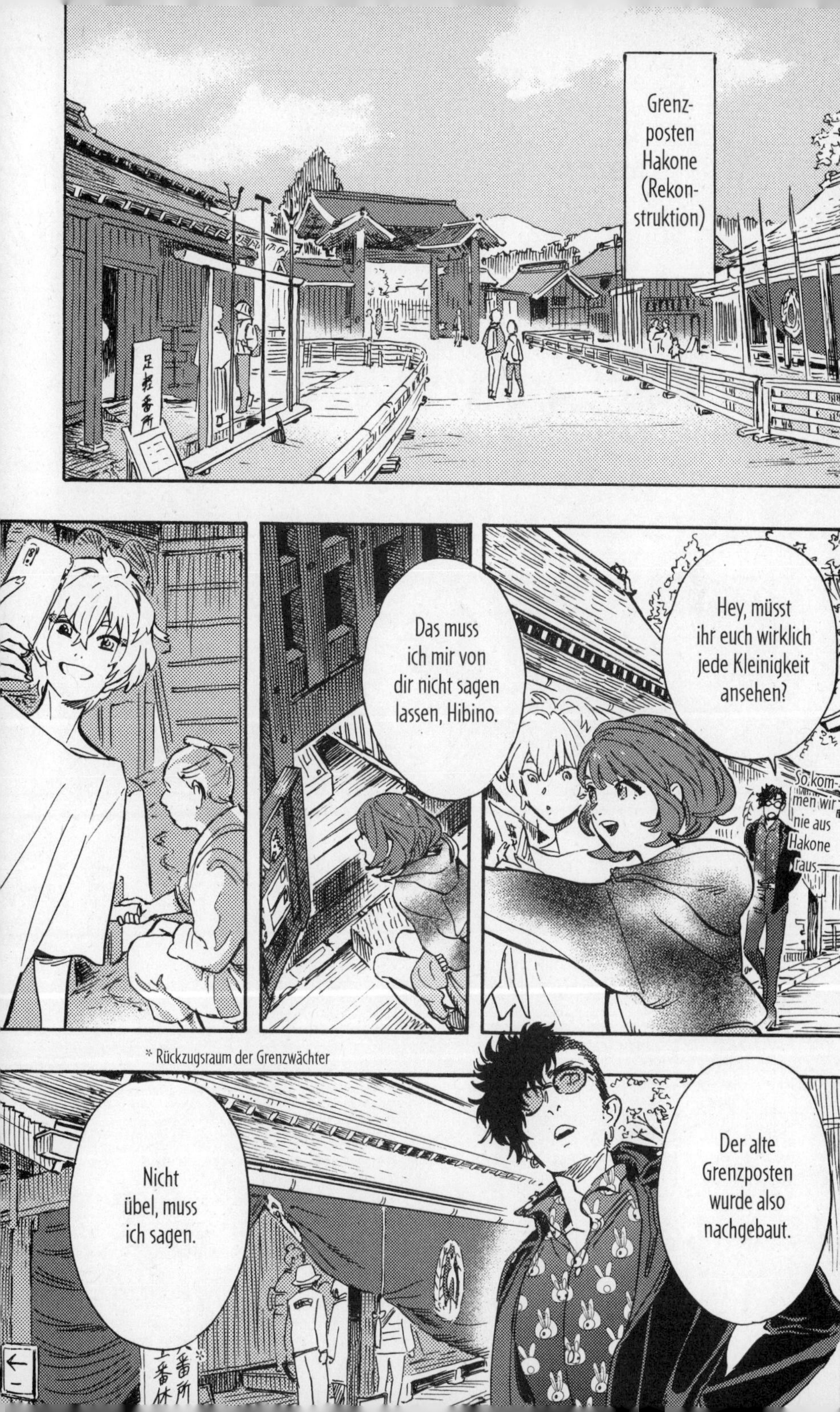

* Rückzugsraum der Grenzwächter

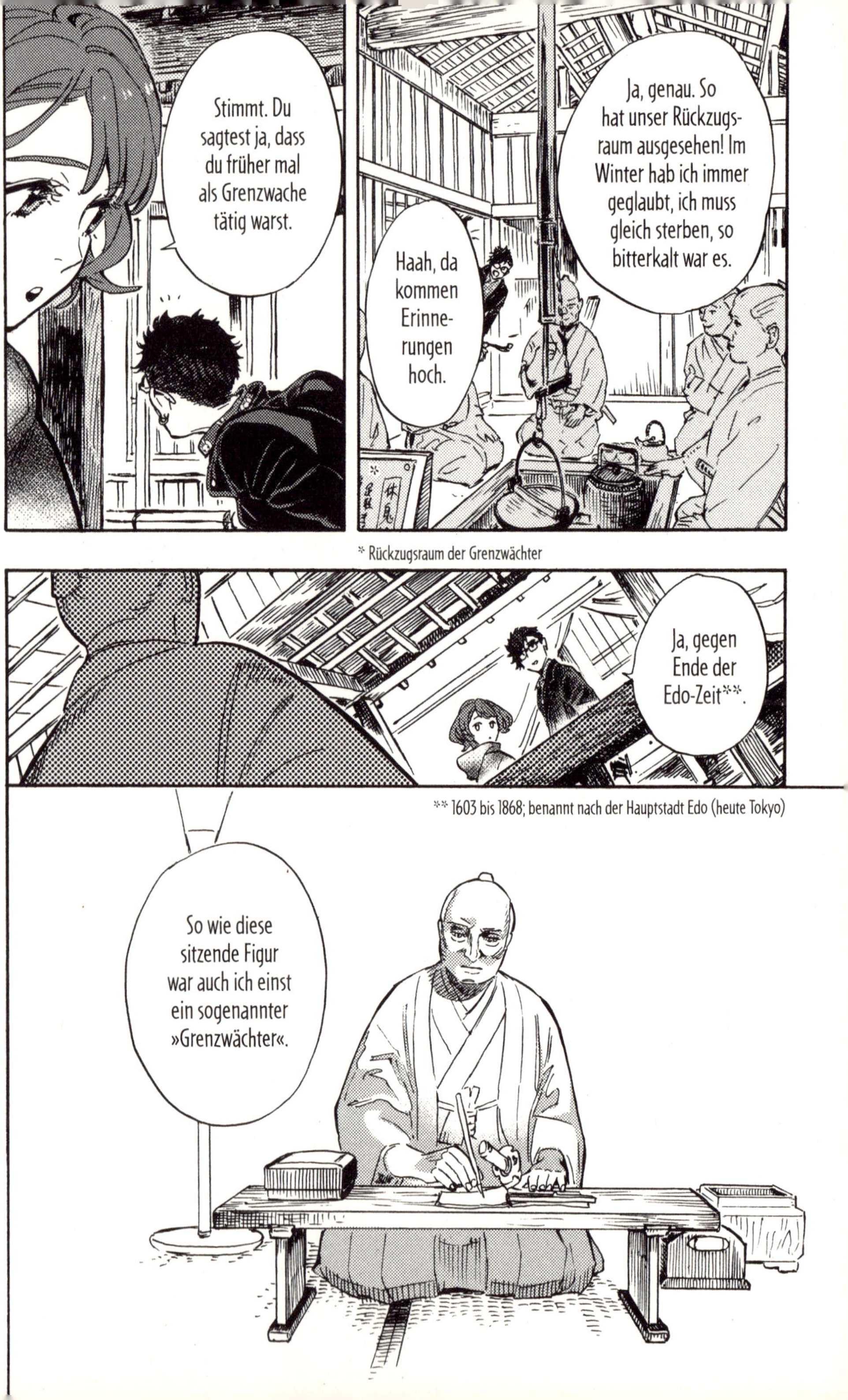

* Rückzugsraum der Grenzwächter

** 1603 bis 1868; benannt nach der Hauptstadt Edo (heute Tokyo)

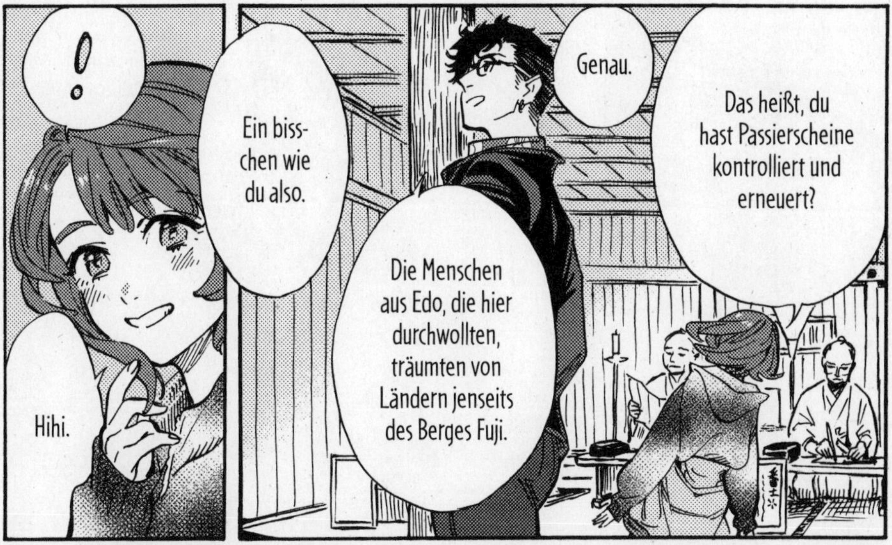

* Grenzwächter

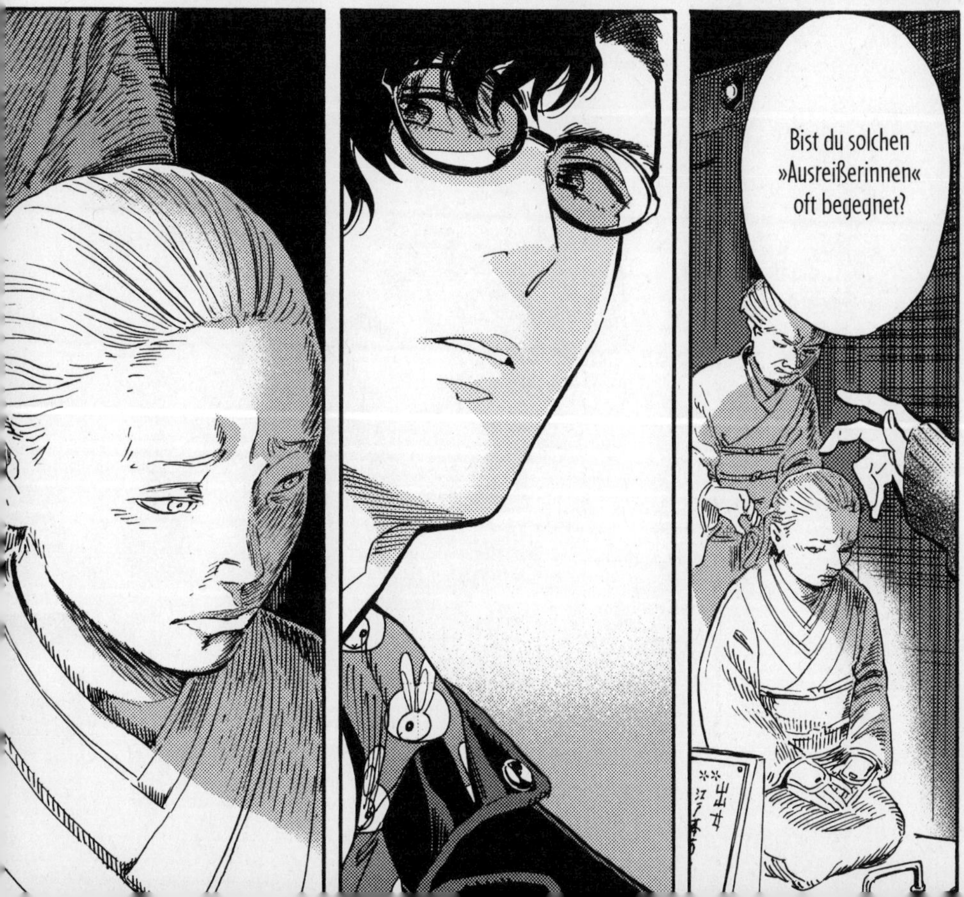

** Ausreißerinnen

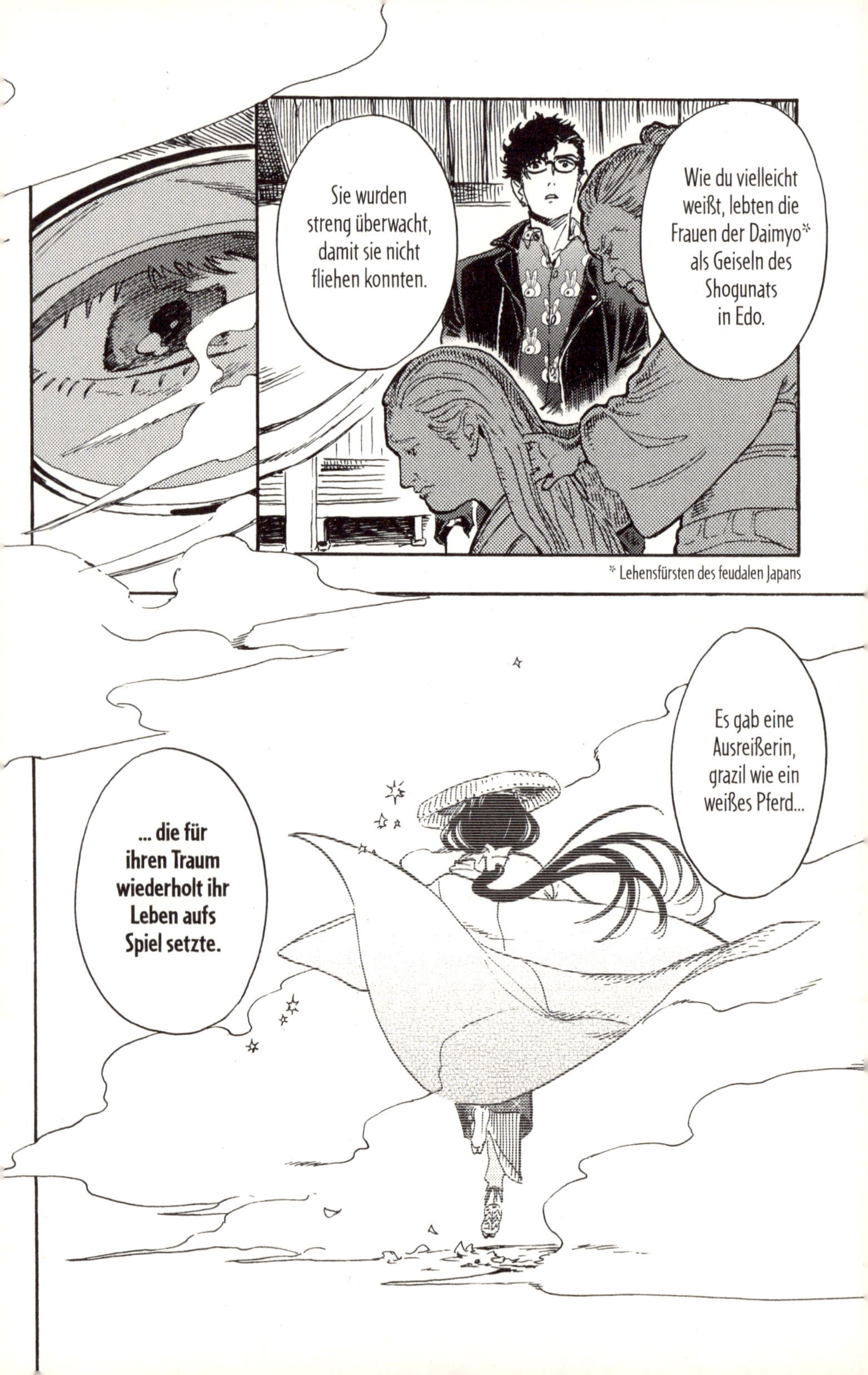
Wie du vielleicht weißt, lebten die Frauen der Daimyo* als Geiseln des Shogunats in Edo.
Sie wurden streng überwacht, damit sie nicht fliehen konnten.
* Lehensfürsten des feudalen Japans
Es gab eine Ausreißerin, grazil wie ein weißes Pferd...
... die für ihren Traum wiederholt ihr Leben aufs Spiel setzte.

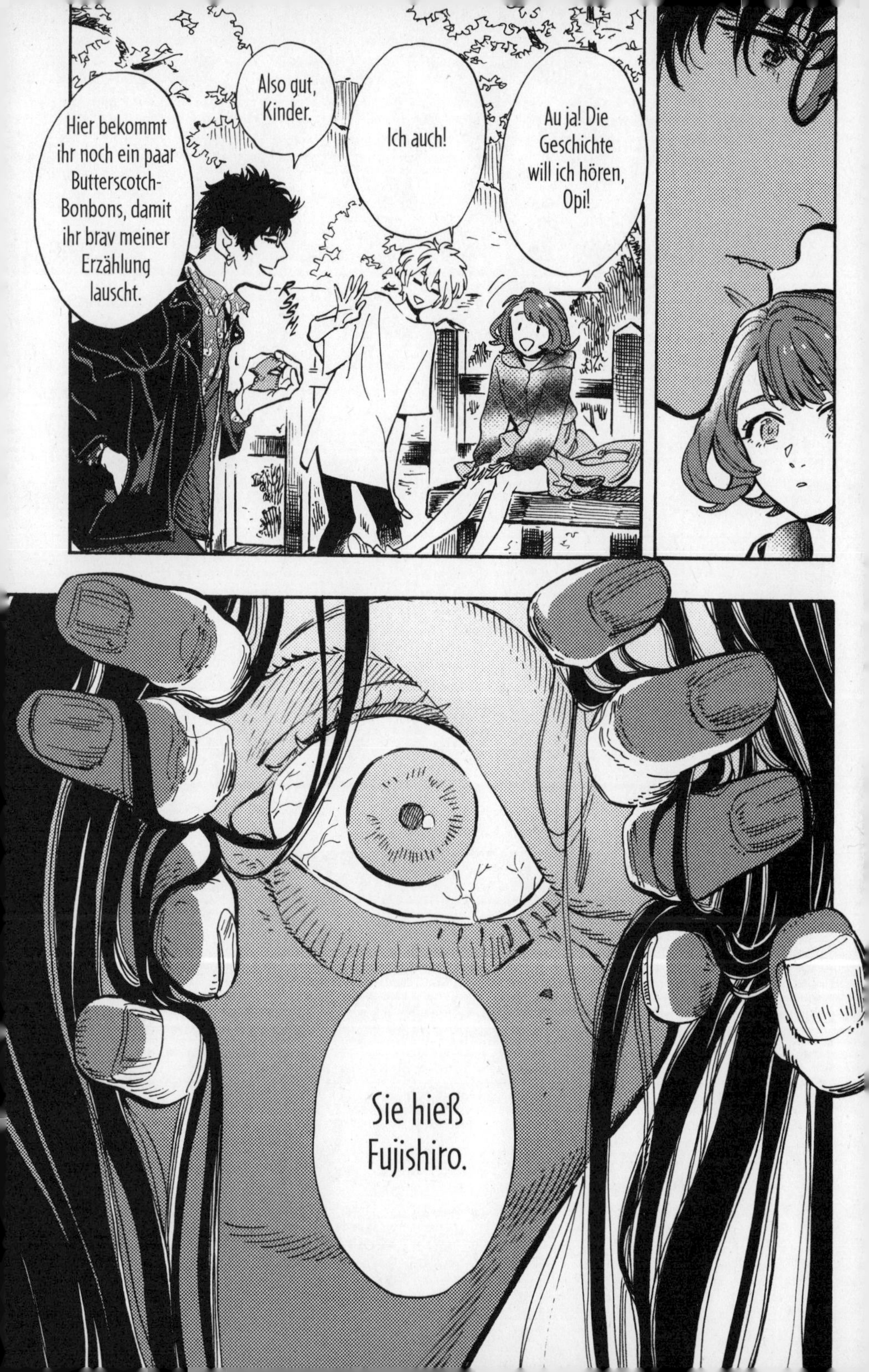
Au ja! Die Geschichte will ich hören, Opi!
Ich auch!
Also gut, Kinder.
Hier bekommt ihr noch ein paar Butterscotch-Bonbons, damit ihr brav meiner Erzählung lauscht.
Sie hieß Fujishiro.

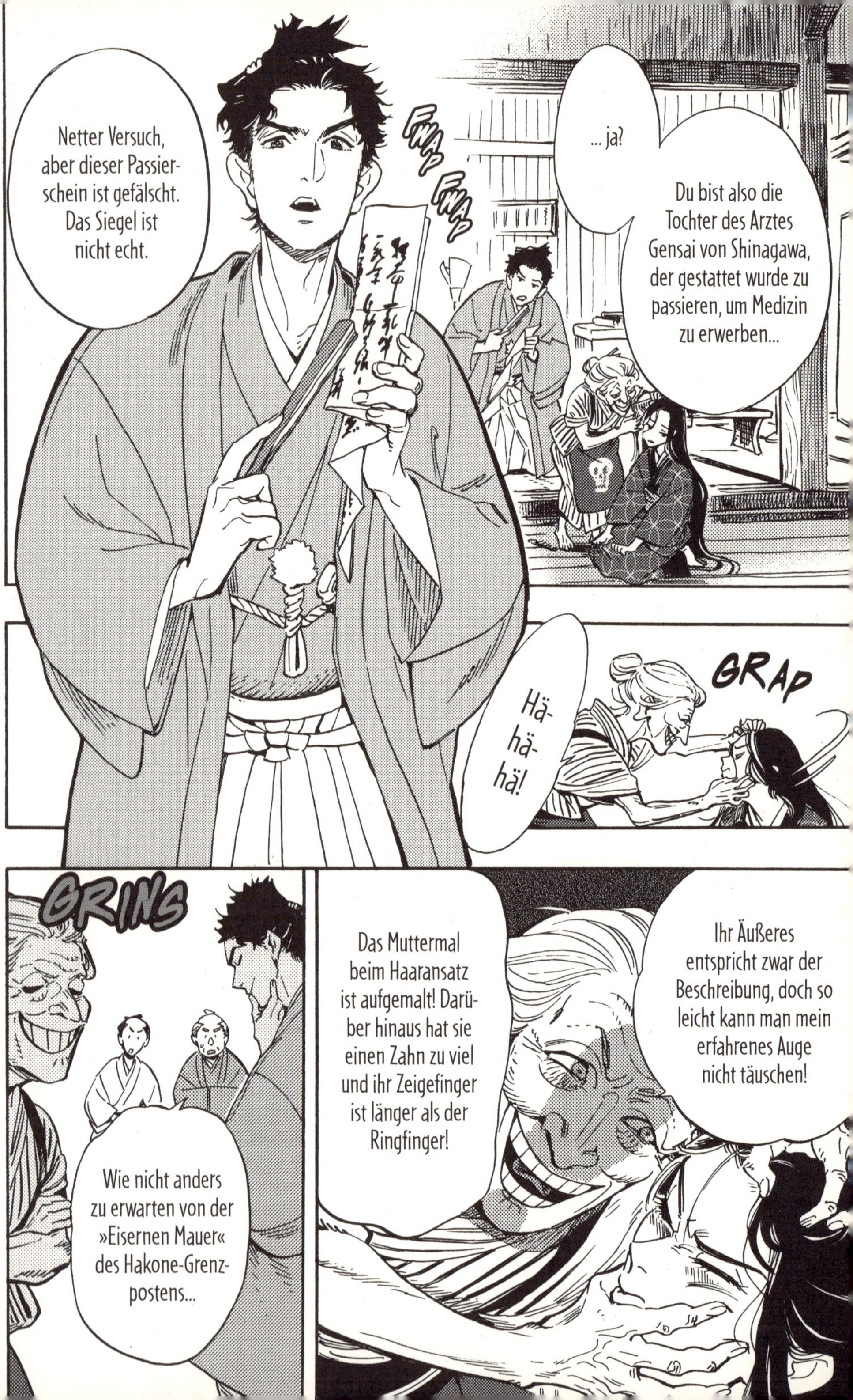
...ja?
Du bist also die Tochter des Arztes Gensai von Shinagawa, der gestattet wurde zu passieren, um Medizin zu erwerben...
FWAP FWAP
Netter Versuch, aber dieser Passierschein ist gefälscht. Das Siegel ist nicht echt.
GRAP
Hä-hä-hä!
Ihr Äußeres entspricht zwar der Beschreibung, doch so leicht kann man mein erfahrenes Auge nicht täuschen!
Das Muttermal beim Haaransatz ist aufgemalt! Darüber hinaus hat sie einen Zahn zu viel und ihr Zeigefinger ist länger als der Ringfinger!
GRINS
Wie nicht anders zu erwarten von der »Eisernen Mauer« des Hakone-Grenzpostens...

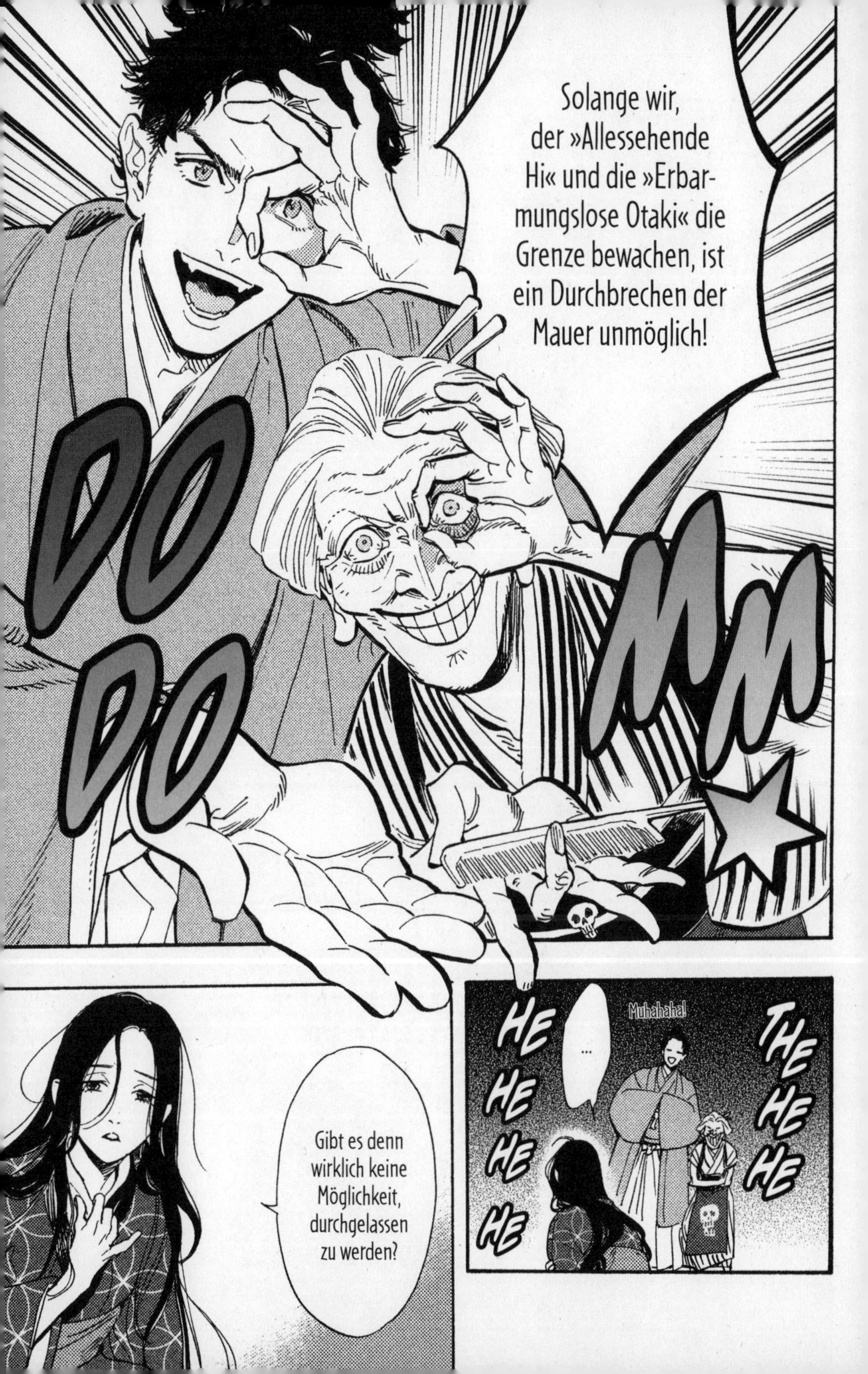
Solange wir, der »Allessehende Hi« und die »Erbarmungslose Otaki« die Grenze bewachen, ist ein Durchbrechen der Mauer unmöglich!
DODODO
MM
THEHEHE
Muhahaha!
HEHEHEHEHE
...
Gibt es denn wirklich keine Möglichkeit, durchgelassen zu werden?

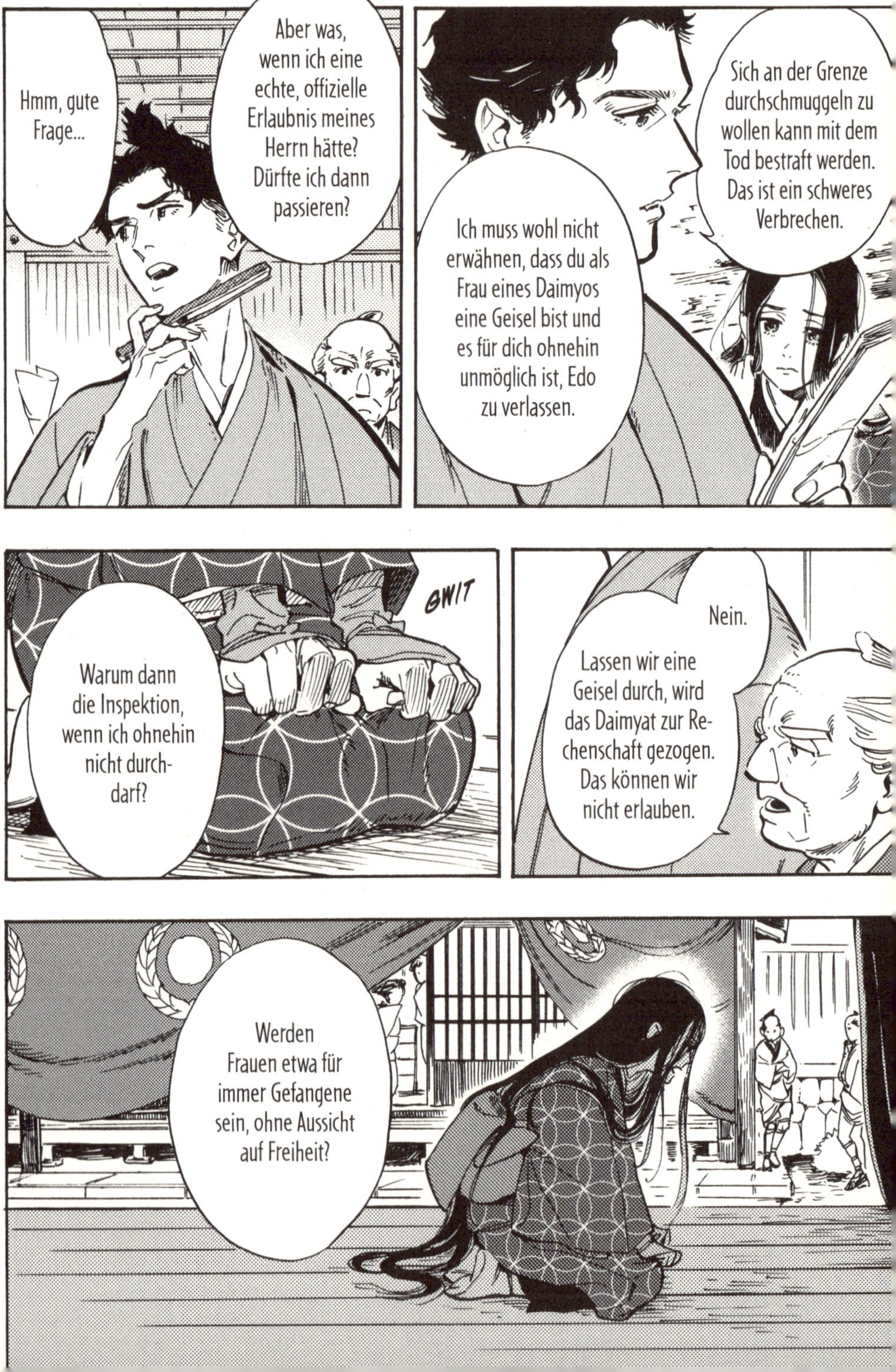
Hmm, gute Frage...
Aber was, wenn ich eine echte, offizielle Erlaubnis meines Herrn hätte? Dürfte ich dann passieren?
Sich an der Grenze durchschmuggeln zu wollen kann mit dem Tod bestraft werden. Das ist ein schweres Verbrechen.
Ich muss wohl nicht erwähnen, dass du als Frau eines Daimyos eine Geisel bist und es für dich ohnehin unmöglich ist, Edo zu verlassen.
GWIT
Warum dann die Inspektion, wenn ich ohnehin nicht durch-darf?
Nein.
Lassen wir eine Geisel durch, wird das Daimyat zur Re-chenschaft gezogen. Das können wir nicht erlauben.
Werden Frauen etwa für immer Gefangene sein, ohne Aussicht auf Freiheit?

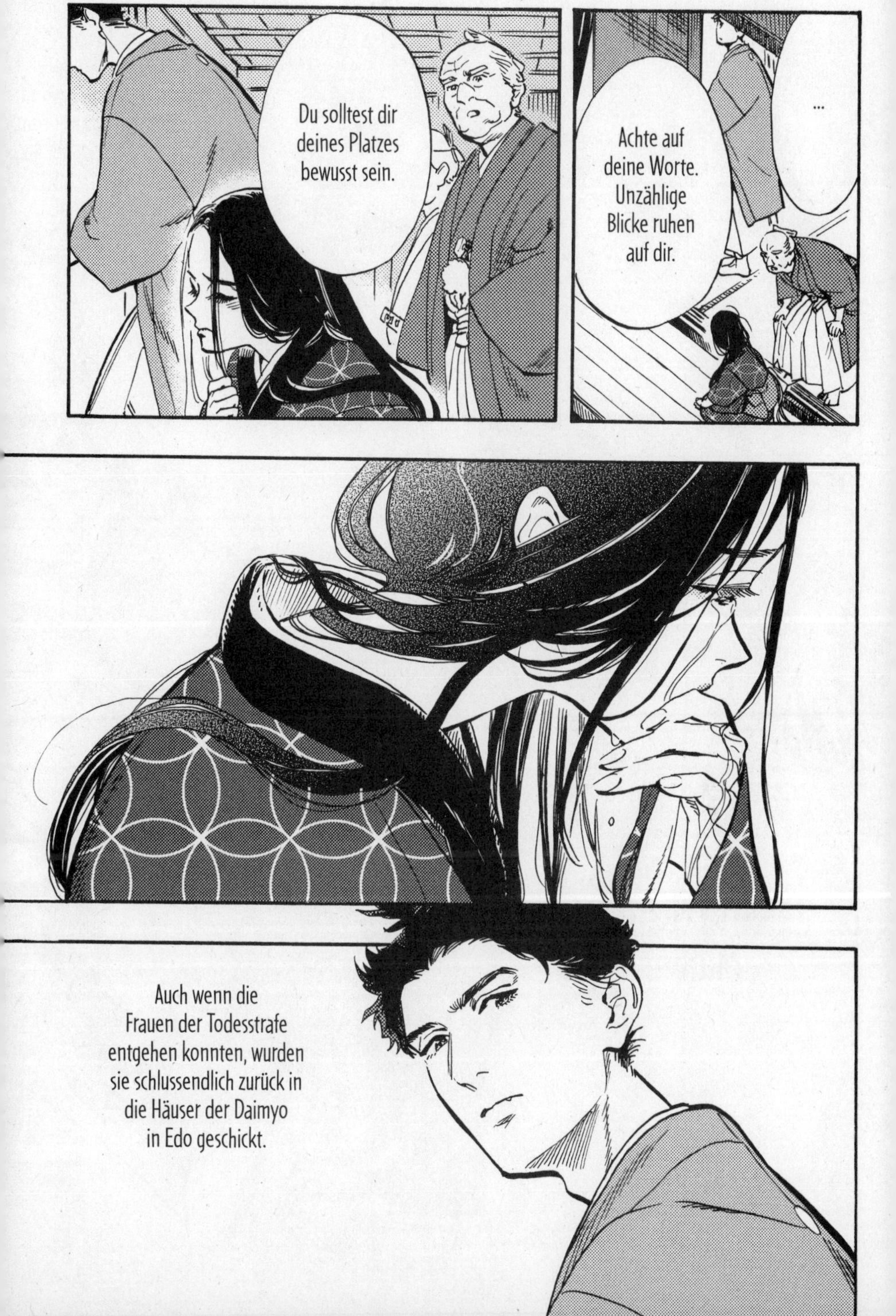
...
Achte auf deine Worte. Unzählige Blicke ruhen auf dir.
Du solltest dir deines Platzes bewusst sein.
Auch wenn die Frauen der Todesstrafe entgehen konnten, wurden sie schlussendlich zurück in die Häuser der Daimyo in Edo geschickt.

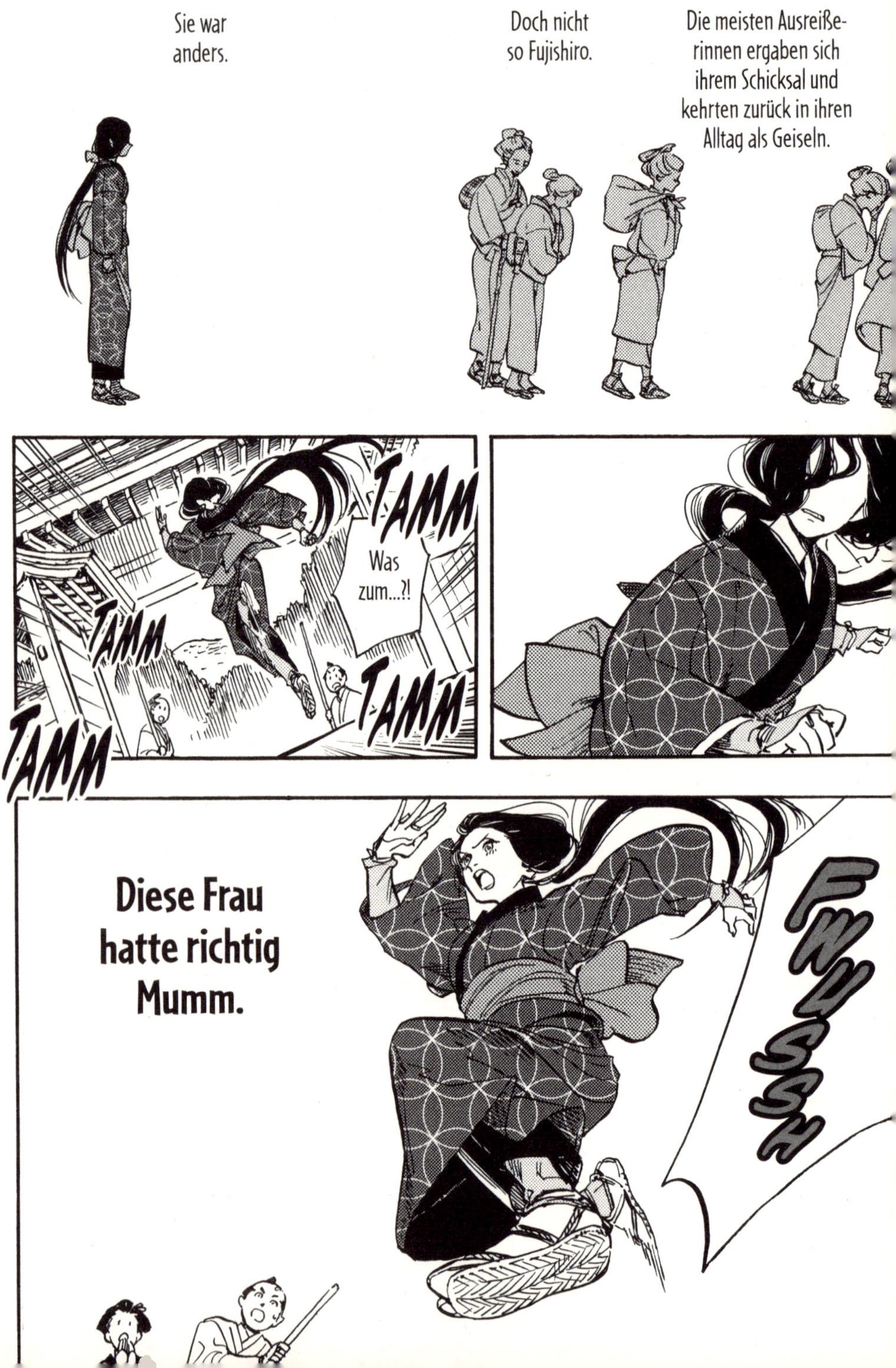

Die meisten Ausreißerinnen ergaben sich ihrem Schicksal und kehrten zurück in ihren Alltag als Geiseln.
Doch nicht so Fujishiro.
Sie war anders.
TAMM
Was zum...?!
TAMM
TAMM
TAMM
FWUSCH
Diese Frau hatte richtig Mumm.

* Geld

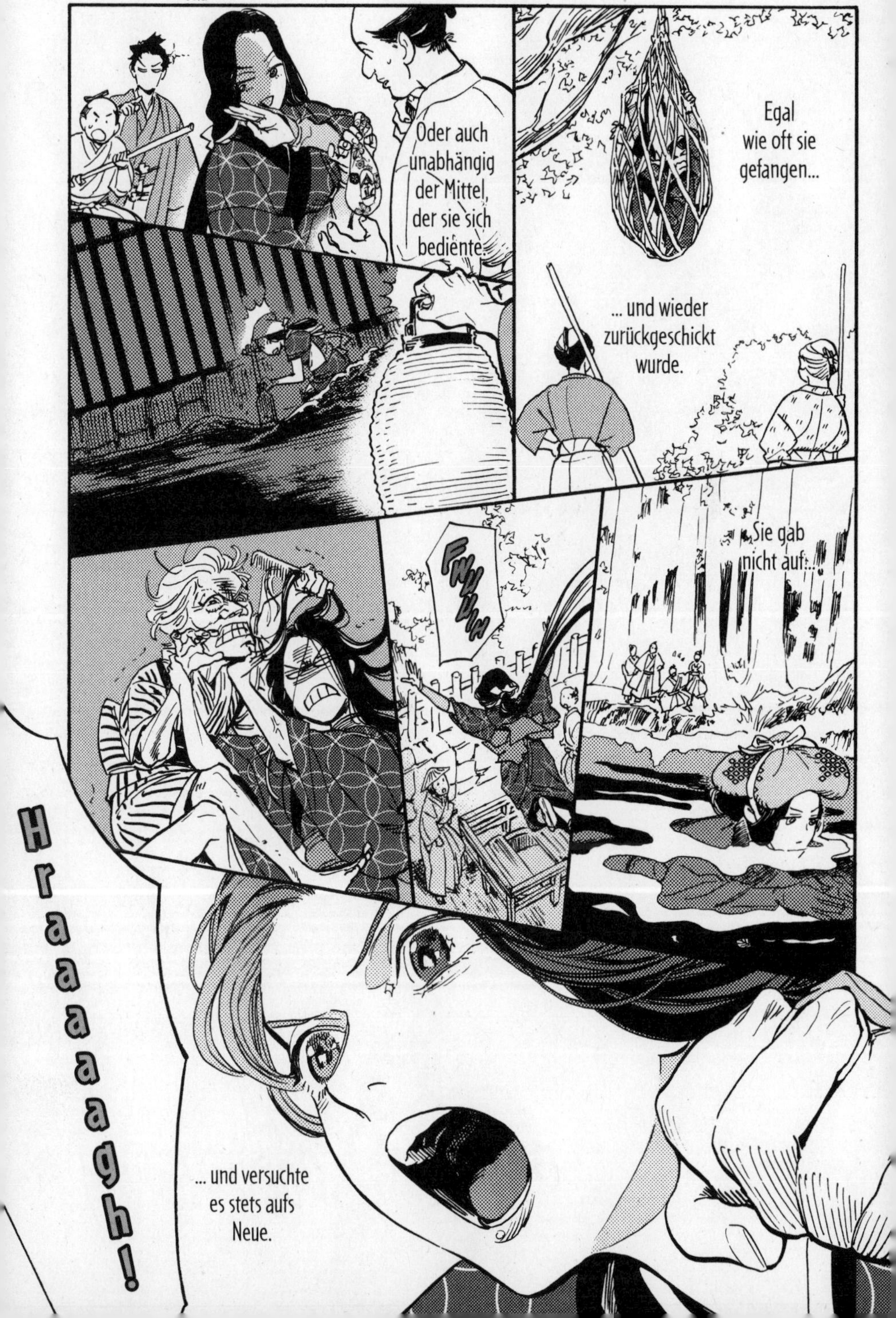
Egal wie oft sie gefangen...
Oder auch unabhängig der Mittel, der sie sich bediente.
... und wieder zurückgeschickt wurde.
Sie gab nicht auf...
FWUUSH
Hraaaaagh!
... und versuchte es stets aufs Neue.

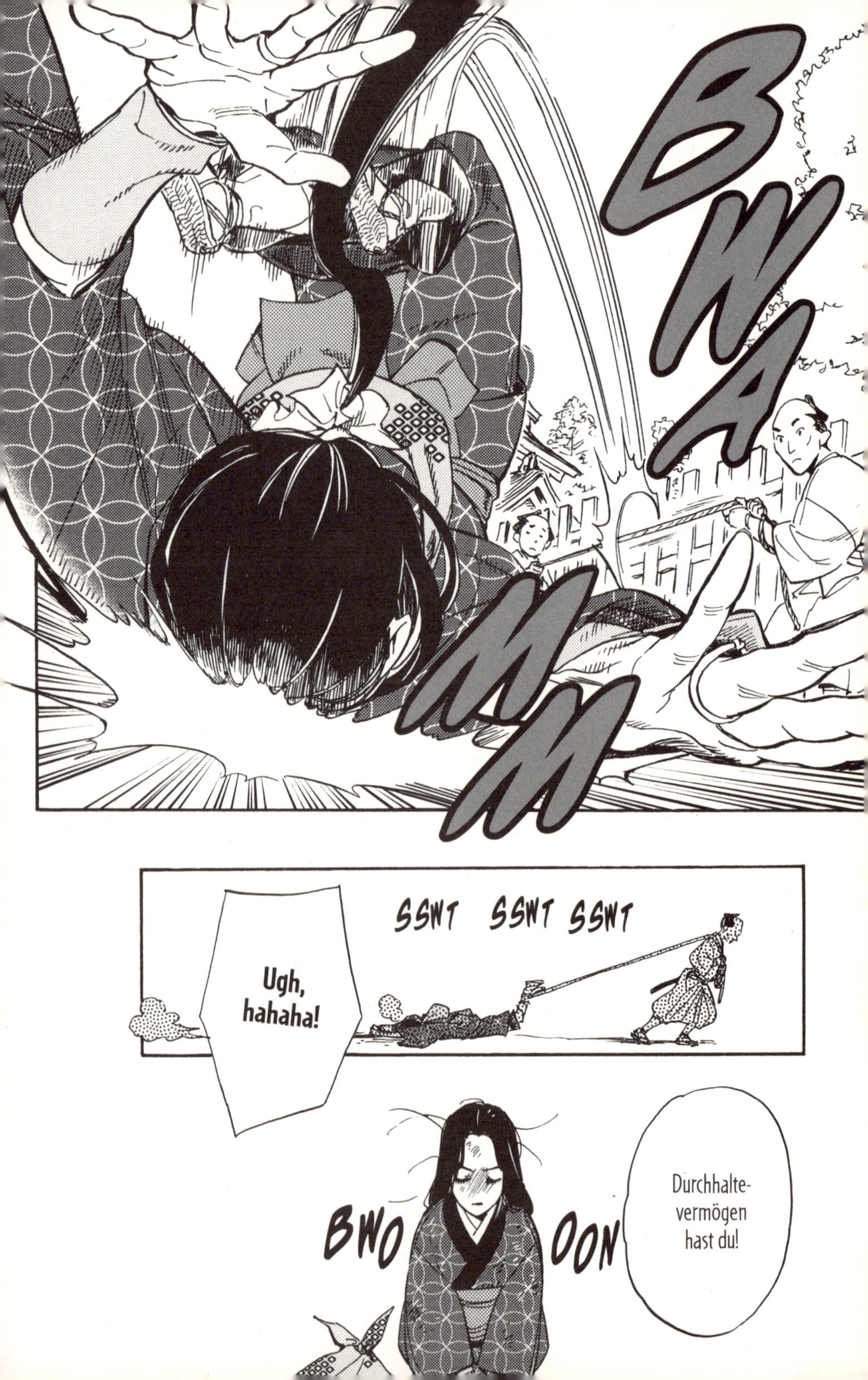

BWAMM
SSWT SSWT SSWT
Ugh, hahaha!
BWO OON
Durchhalte-vermögen hast du!

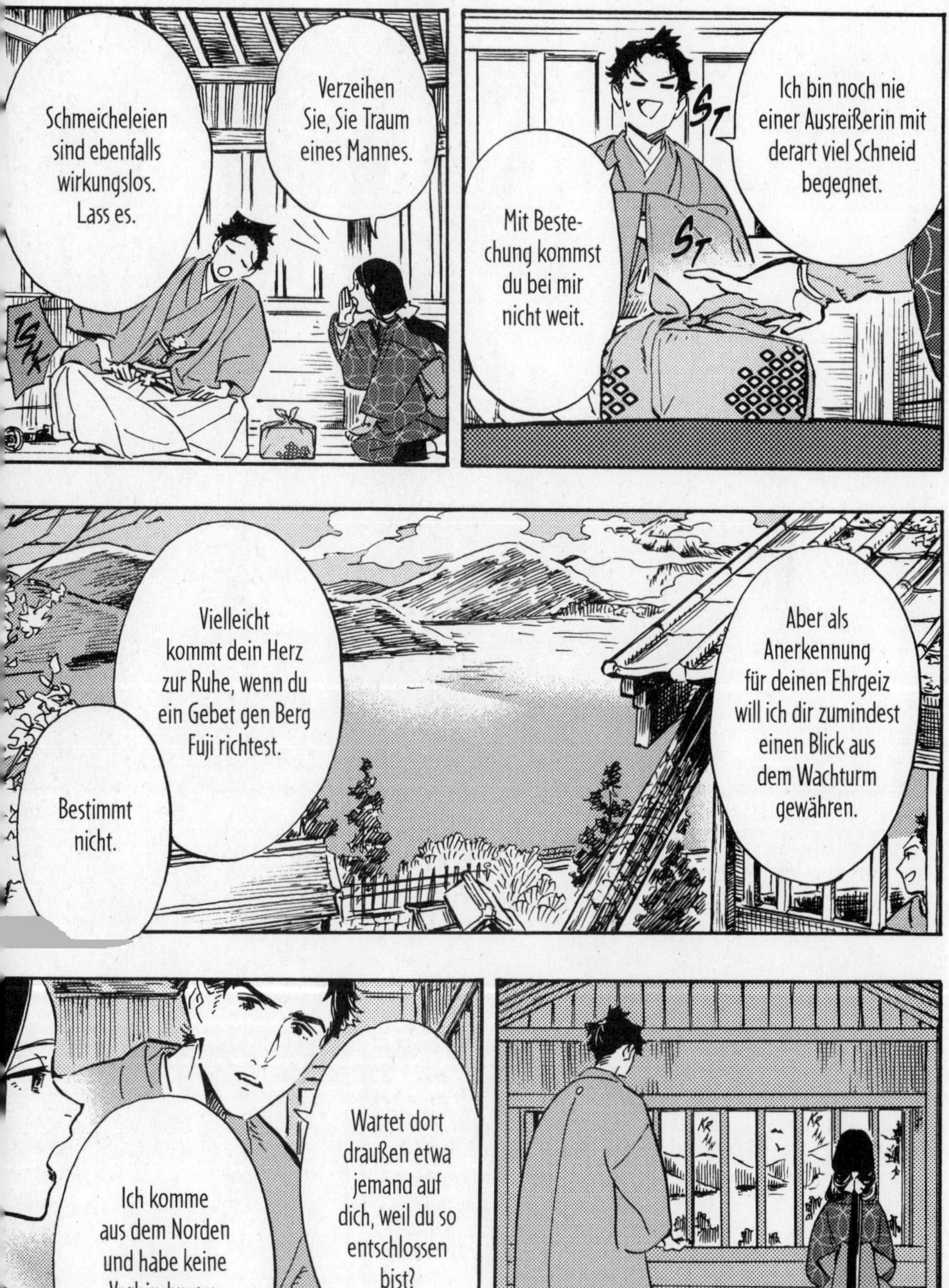
Ich bin noch nie einer Ausreißerin mit derart viel Schneid begegnet.
ST
Mit Bestechung kommst du bei mir nicht weit.
ST
Verzeihen Sie, Sie Traum eines Mannes.
Schmeicheleien sind ebenfalls wirkungslos. Lass es.
Aber als Anerkennung für deinen Ehrgeiz will ich dir zumindest einen Blick aus dem Wachturm gewähren.
Vielleicht kommt dein Herz zur Ruhe, wenn du ein Gebet gen Berg Fuji richtest.
Bestimmt nicht.
Wartet dort draußen etwa jemand auf dich, weil du so entschlossen bist?
Ich komme aus dem Norden und habe keine Verbindungen im Westen.

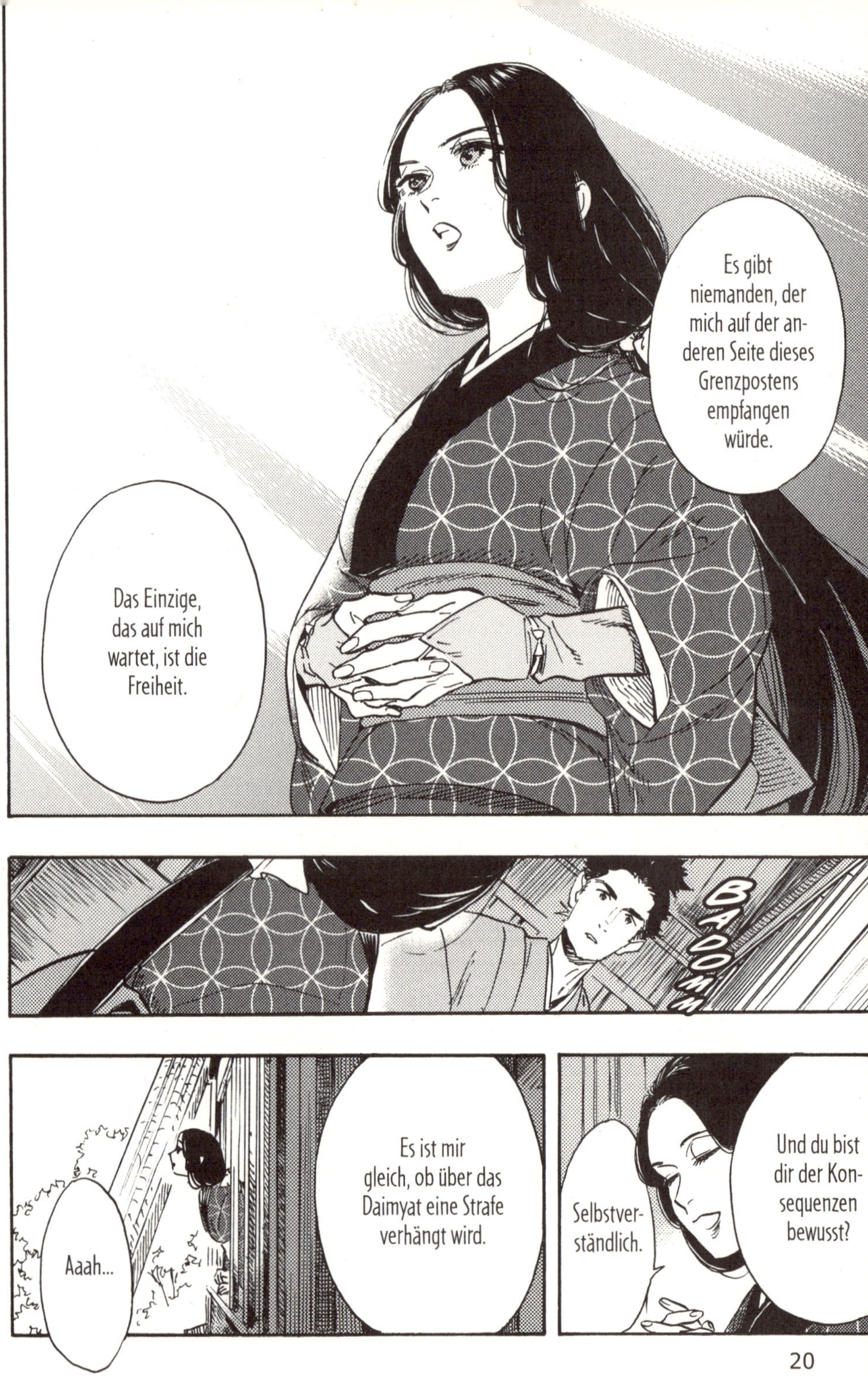
Es gibt niemanden, der mich auf der anderen Seite dieses Grenzpostens empfangen würde.
Das Einzige, das auf mich wartet, ist die Freiheit.
BADOOM
Und du bist dir der Konsequenzen bewusst?
Selbstverständlich.
Es ist mir gleich, ob über das Daimyat eine Strafe verhängt wird.
Aaah...

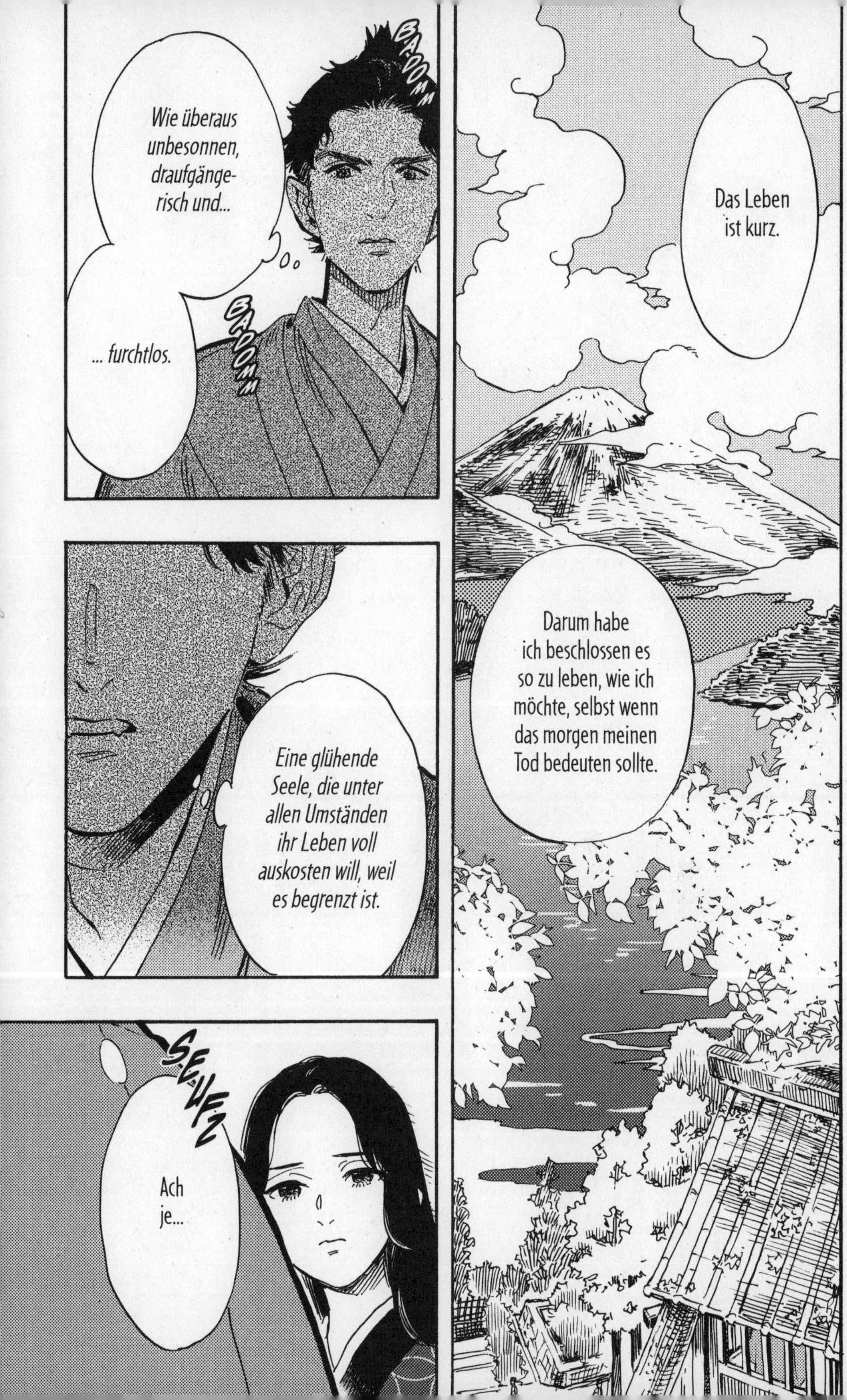
Das Leben ist kurz.
Darum habe ich beschlossen es so zu leben, wie ich möchte, selbst wenn das morgen meinen Tod bedeuten sollte.
BADOMM
Wie überaus unbesonnen, draufgängerisch und...
BADOMM
... furchtlos.
Eine glühende Seele, die unter allen Umständen ihr Leben voll auskosten will, weil es begrenzt ist.
SEUFZ
Ach je...

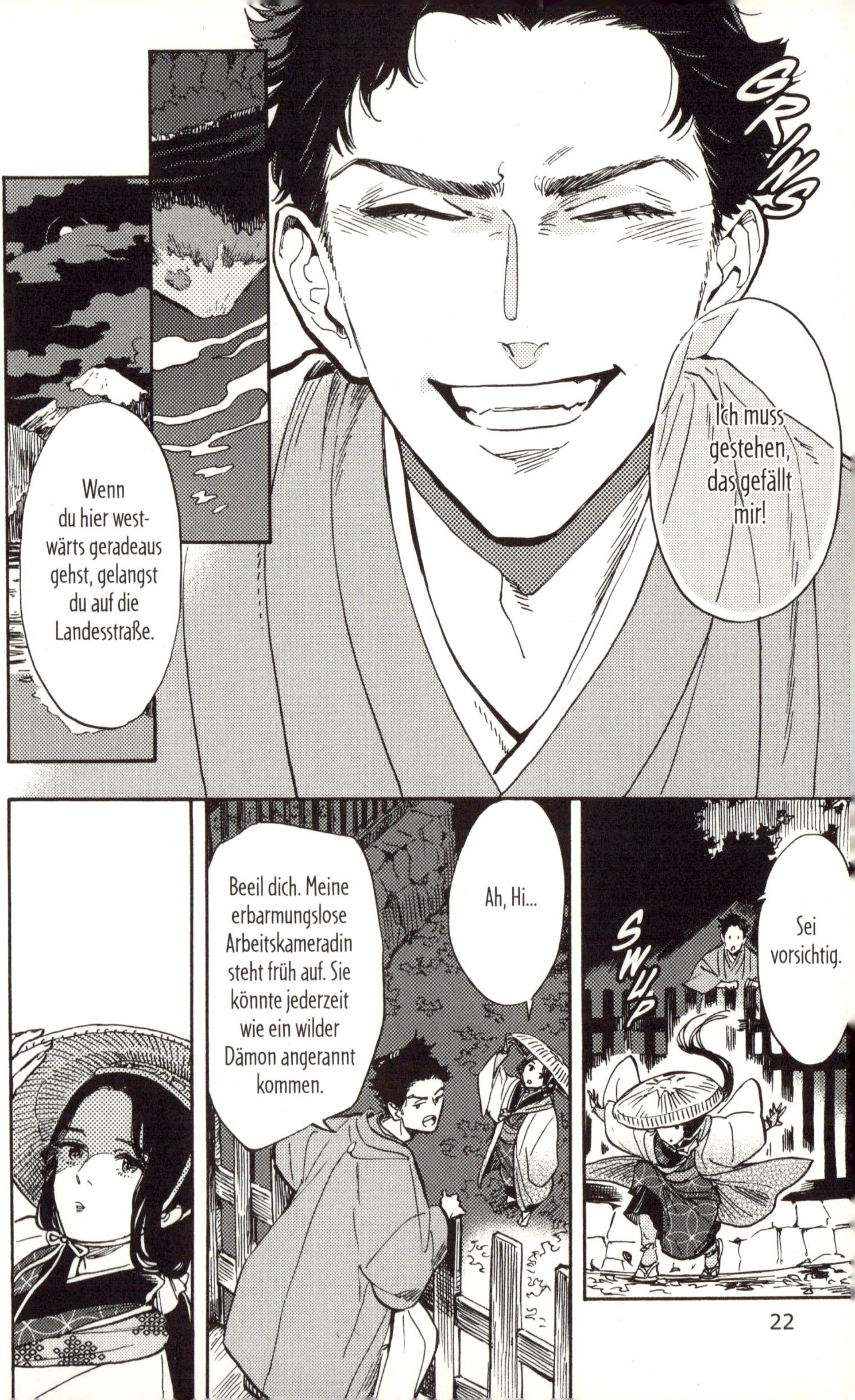
GRINS
Ich muss gestehen, das gefällt mir!
Wenn du hier westwärts geradeaus gehst, gelangst du auf die Landesstraße.
Sei vorsichtig.
SWUP
Ah, Hi...
Beeil dich. Meine erbarmungslose Arbeitskameradin steht früh auf. Sie könnte jederzeit wie ein wilder Dämon angerannt kommen.

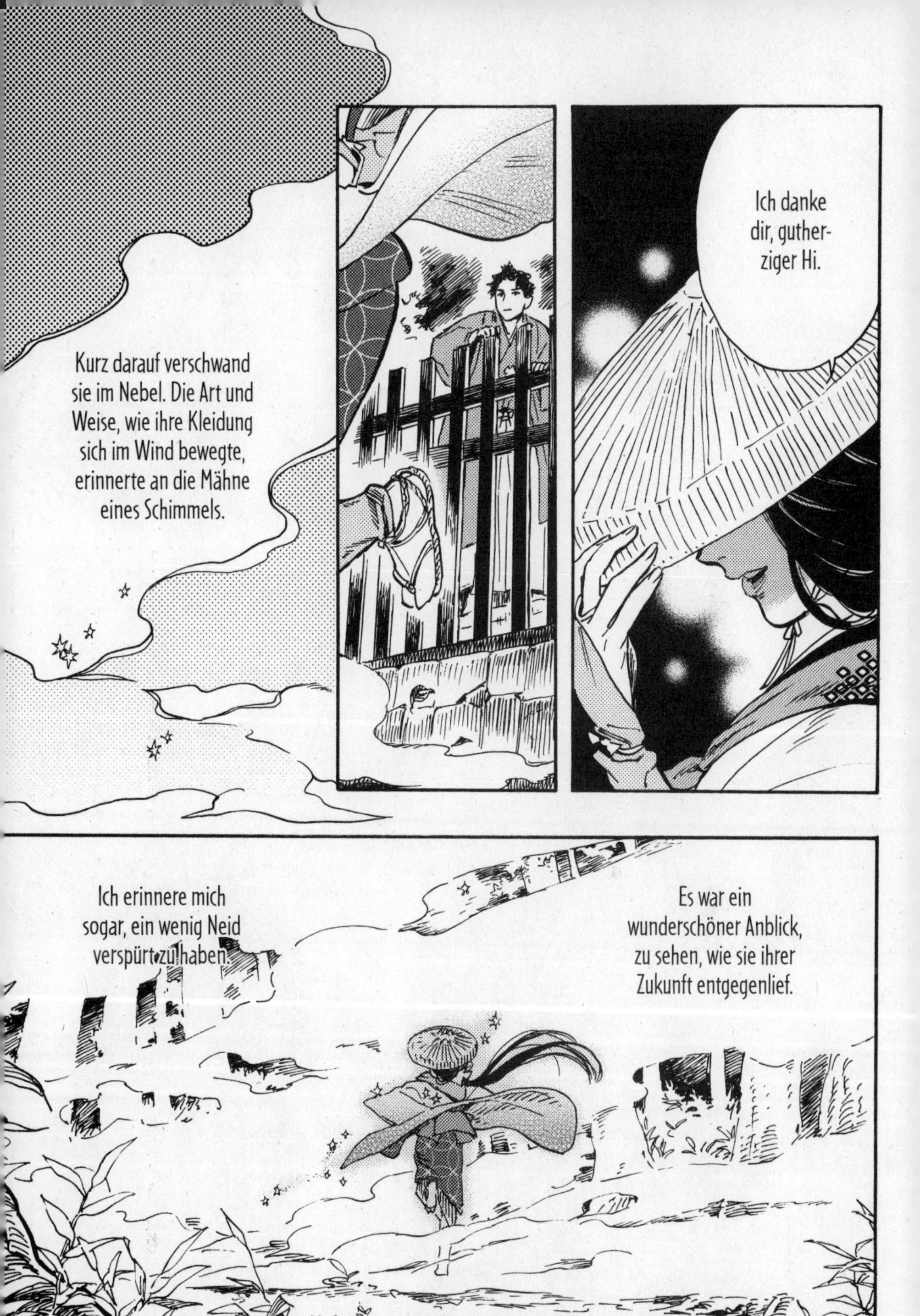

Ich danke dir, gutherziger Hi.
Kurz darauf verschwand sie im Nebel. Die Art und Weise, wie ihre Kleidung sich im Wind bewegte, erinnerte an die Mähne eines Schimmels.
Es war ein wunderschöner Anblick, zu sehen, wie sie ihrer Zukunft entgegenlief.
Ich erinnere mich sogar, ein wenig Neid verspürt zu haben.

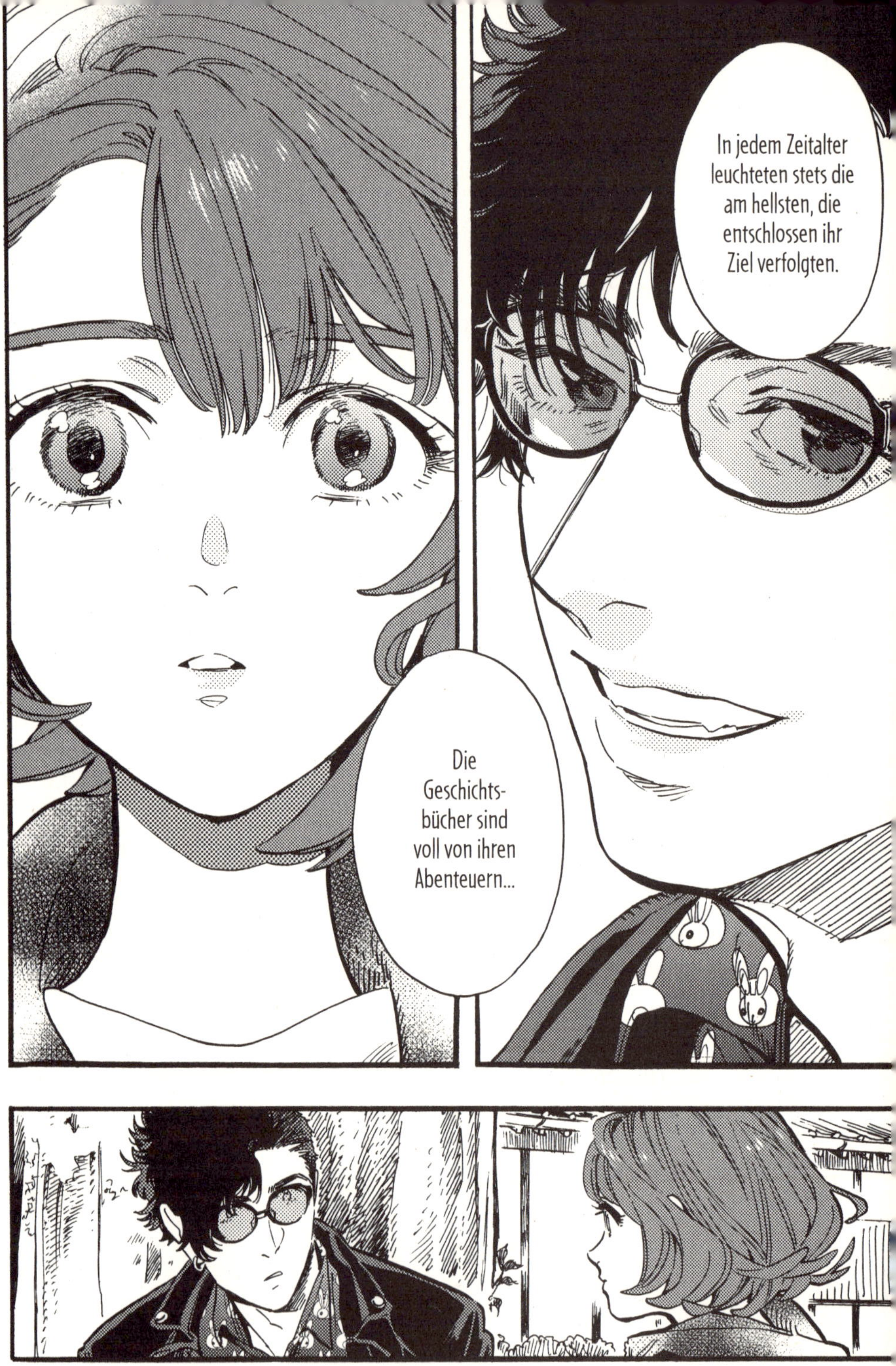
In jedem Zeitalter leuchteten stets die am hellsten, die entschlossen ihr Ziel verfolgten.
Die Geschichts-bücher sind voll von ihren Abenteuern...

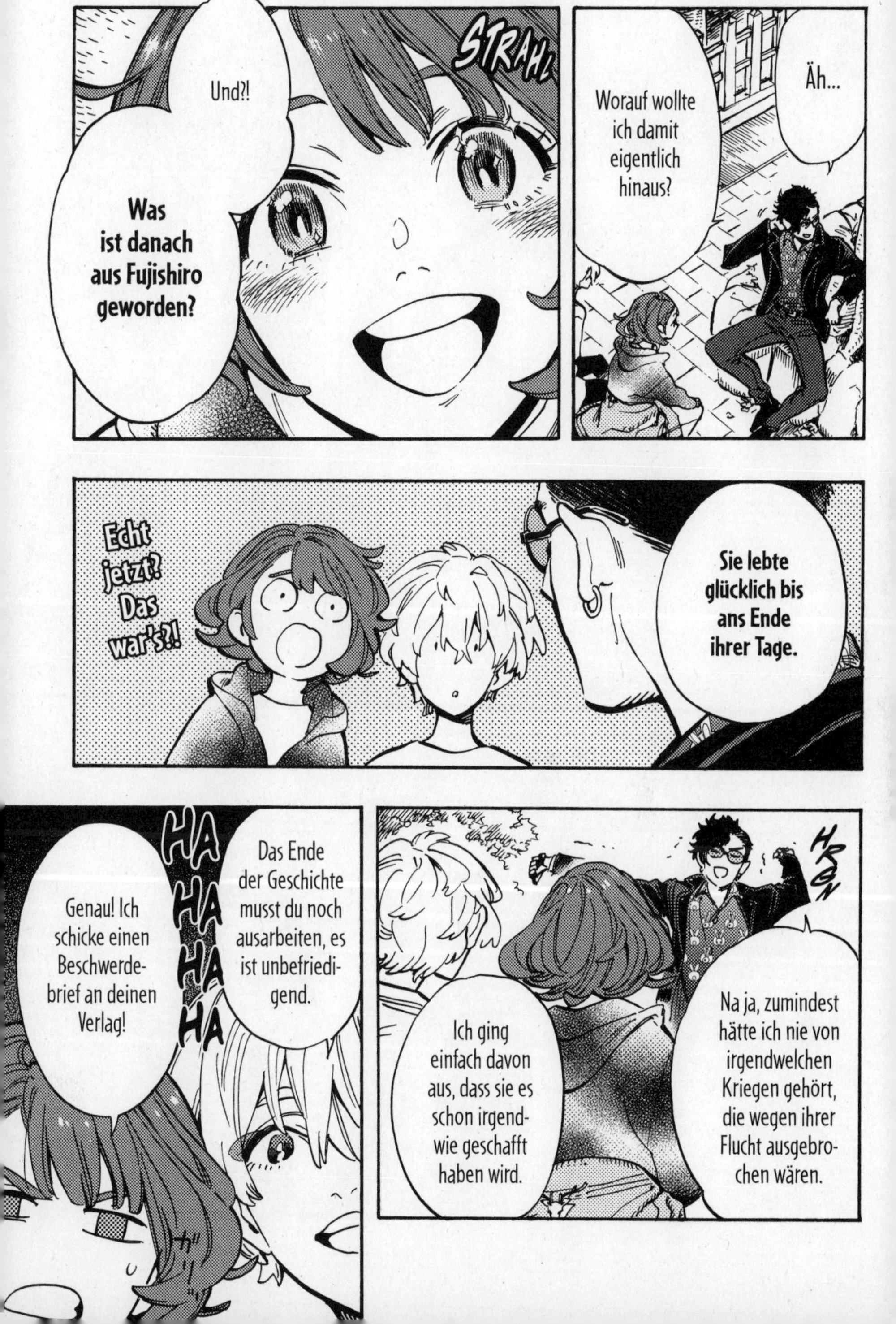
Äh...
Worauf wollte ich damit eigentlich hinaus?
STRAHL
Und?!
Was ist danach aus Fujishiro geworden?
Sie lebte glücklich bis ans Ende ihrer Tage.
Echt jetzt? Das war's?!
HRGN
Na ja, zumindest hätte ich nie von irgendwelchen Kriegen gehört, die wegen ihrer Flucht ausgebrochen wären.
Ich ging einfach davon aus, dass sie es schon irgendwie geschafft haben wird.
Das Ende der Geschichte musst du noch ausarbeiten, es ist unbefriedigend.
HA HA HA HA HA
Genau! Ich schicke einen Beschwerdebrief an deinen Verlag!

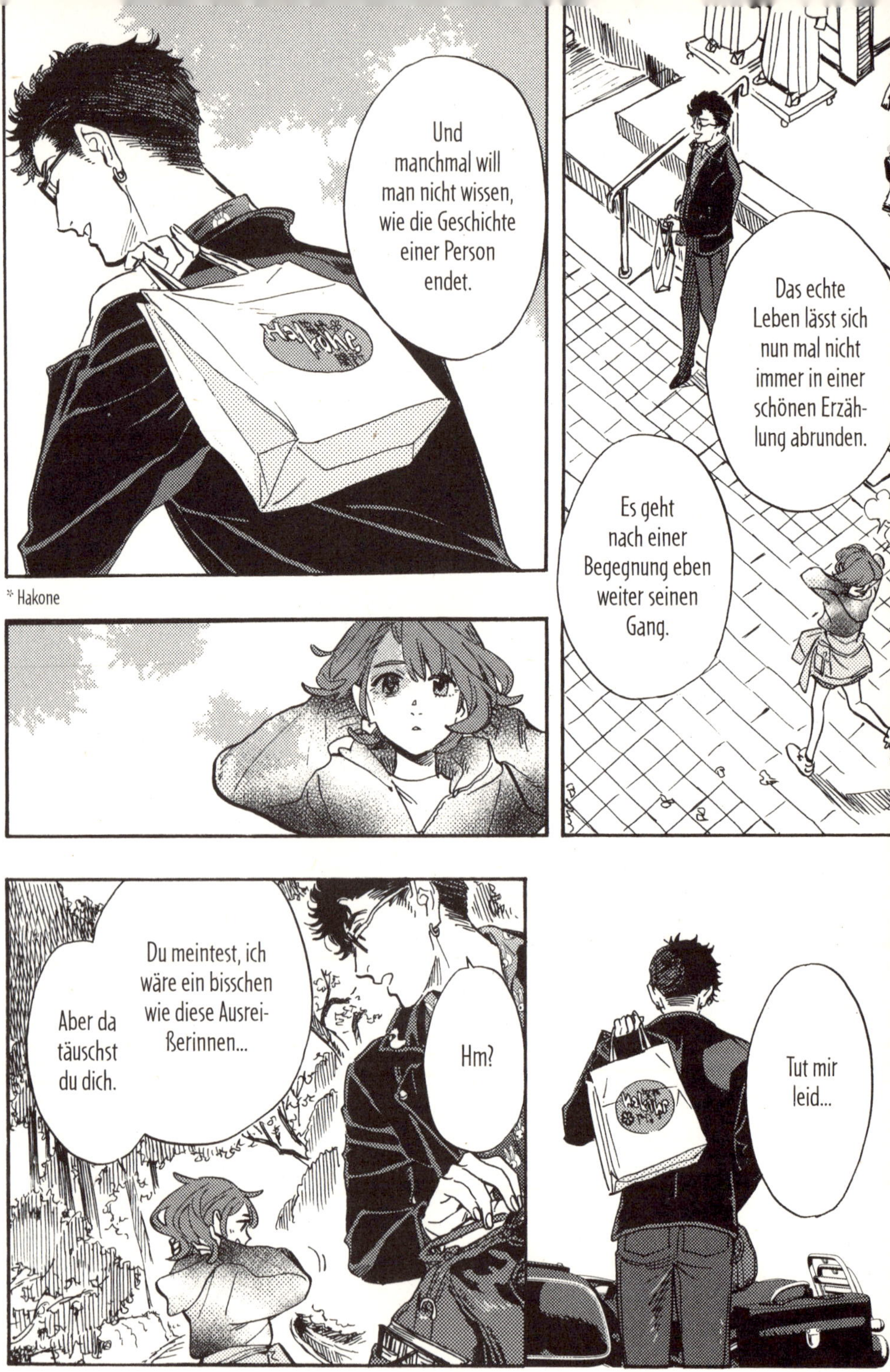
Das echte Leben lässt sich nun mal nicht immer in einer schönen Erzählung abrunden.
Es geht nach einer Begegnung eben weiter seinen Gang.
Und manchmal will man nicht wissen, wie die Geschichte einer Person endet.
Tut mir leid...
Hm?
Du meintest, ich wäre ein bisschen wie diese Ausreißerinnen...
Aber da täuschst du dich.

* Hakone

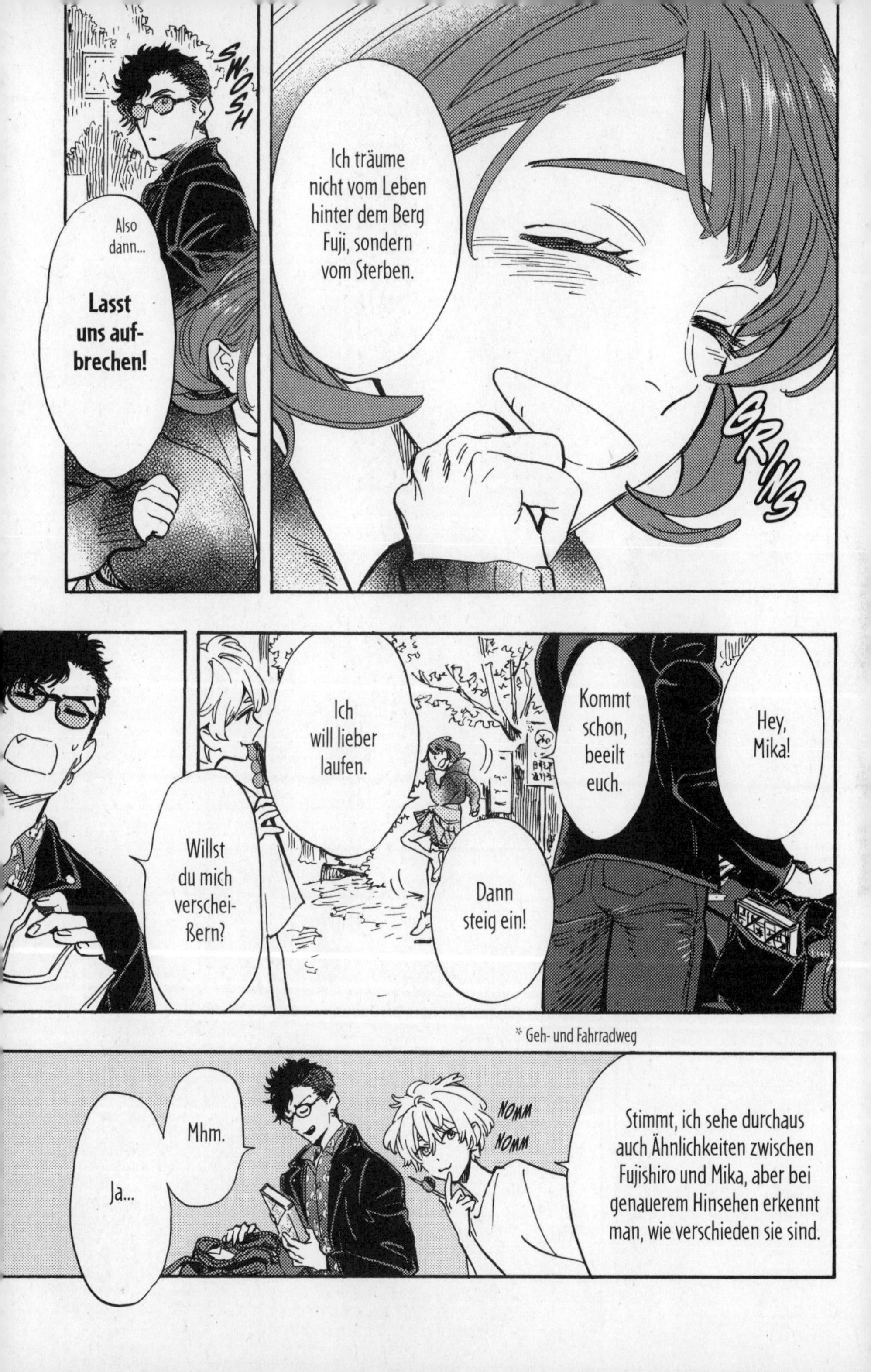

* Geh- und Fahrradweg

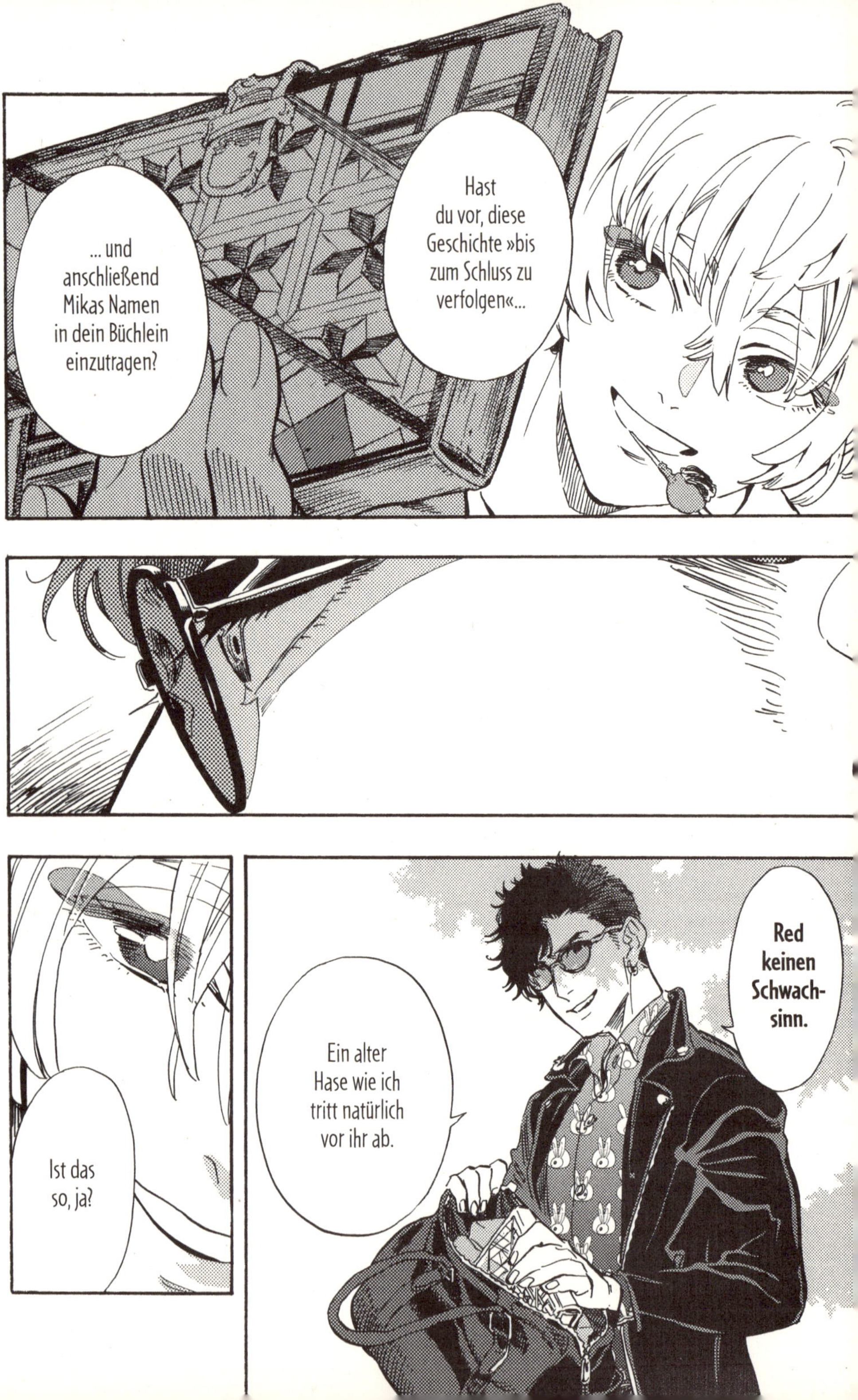
Hast du vor, diese Geschichte »bis zum Schluss zu verfolgen«...
... und anschließend Mikas Namen in dein Büchlein einzutragen?
Red keinen Schwachsinn.
Ein alter Hase wie ich tritt natürlich vor ihr ab.
Ist das so, ja?

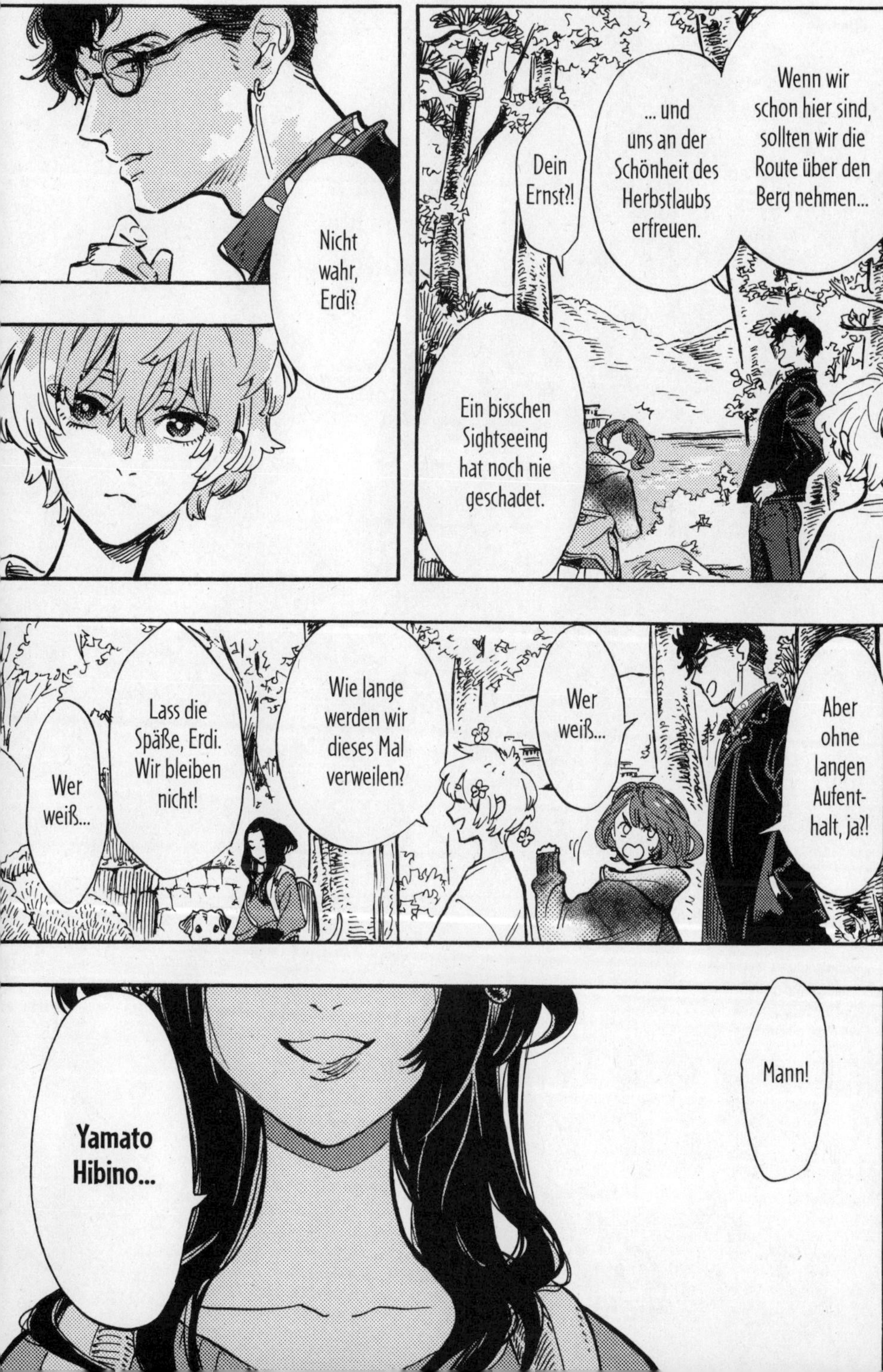
Wenn wir schon hier sind, sollten wir die Route über den Berg nehmen...
... und uns an der Schönheit des Herbstlaubs erfreuen.
Dein Ernst?!
Ein bisschen Sightseeing hat noch nie geschadet.
Nicht wahr, Erdi?
Aber ohne langen Aufenthalt, ja?!
Wer weiß...
Wie lange werden wir dieses Mal verweilen?
Lass die Späße, Erdi. Wir bleiben nicht!
Wer weiß...
Mann!
Yamato Hibino...

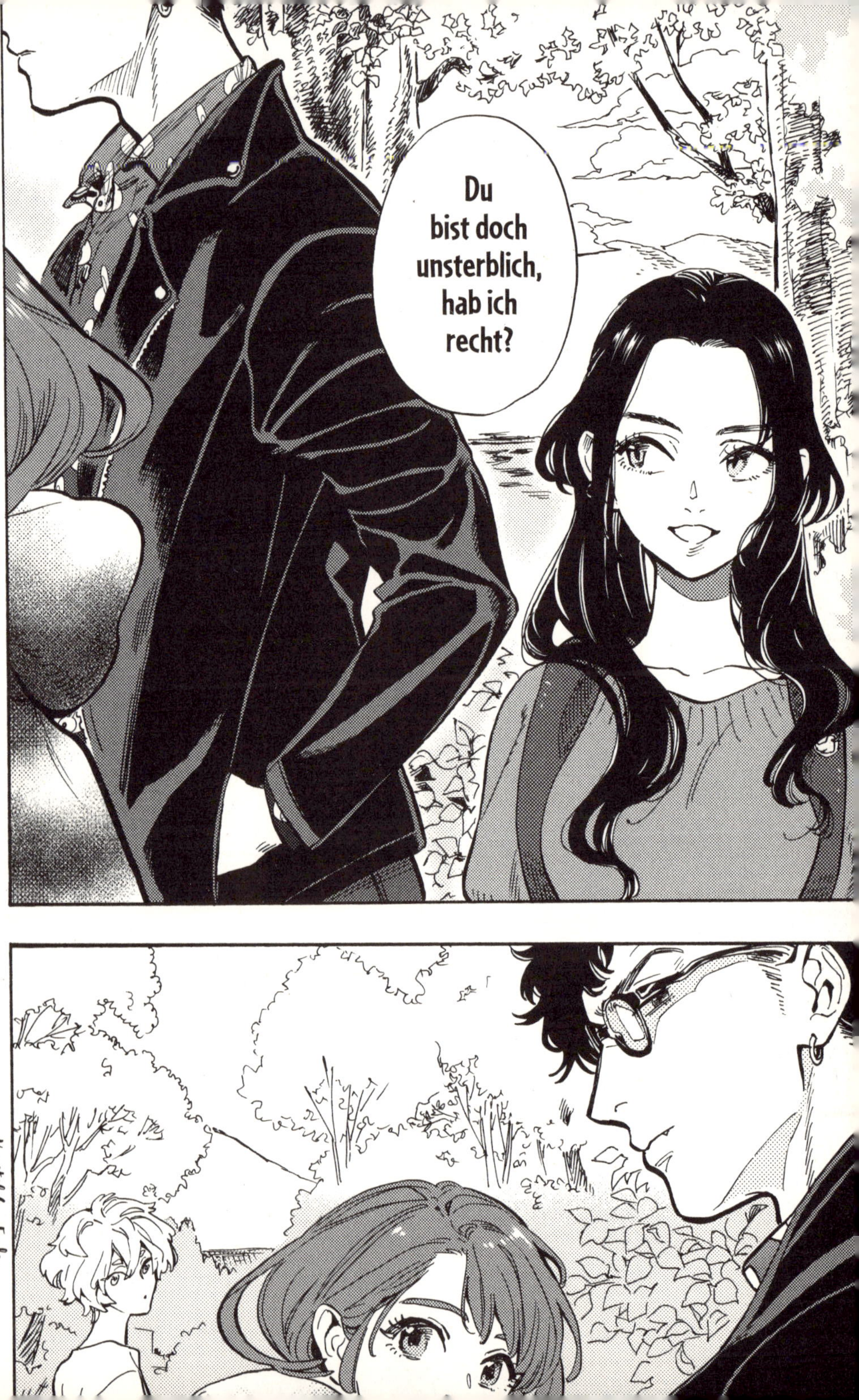

Kapitel 6 – Ende

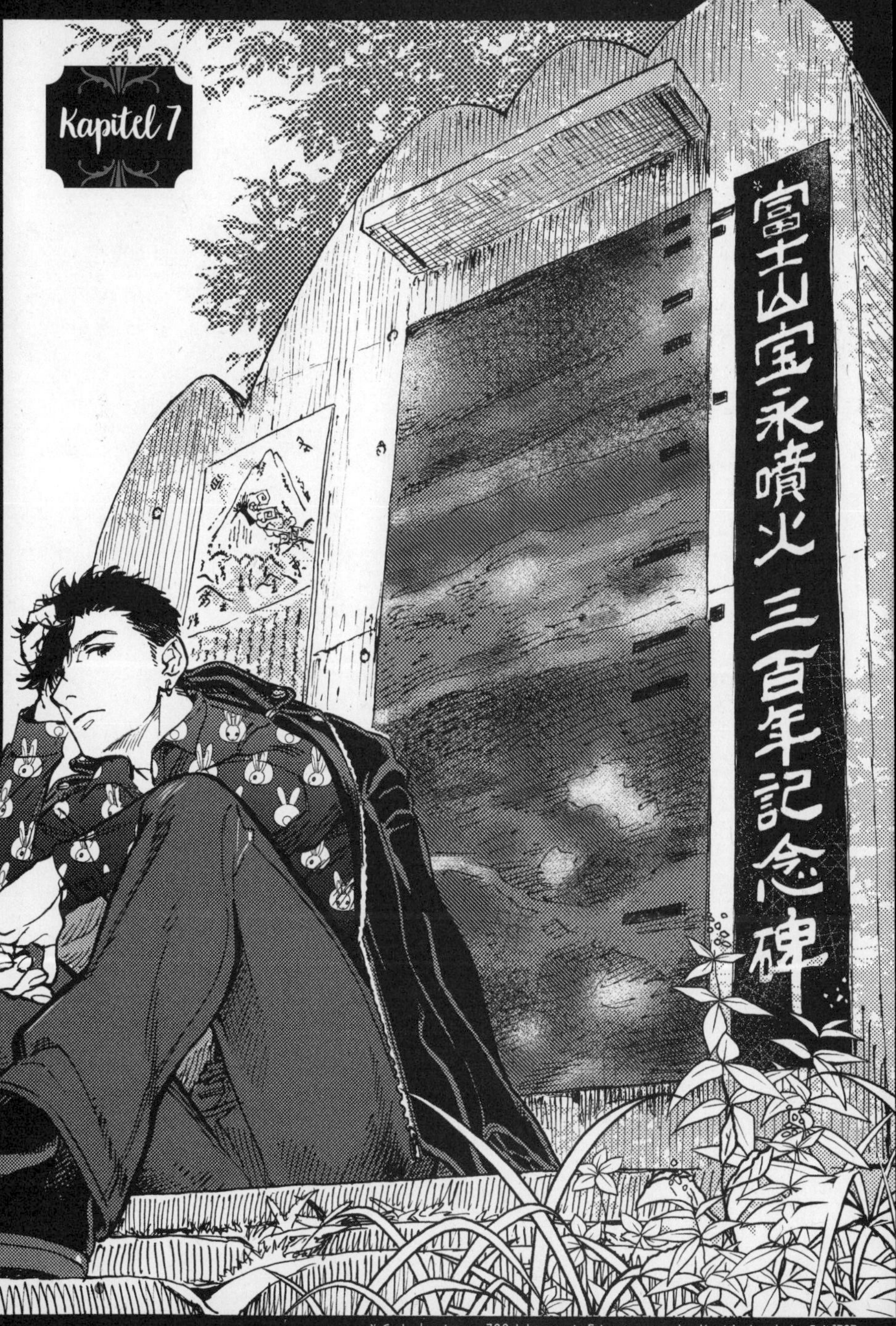

* Gedenkstein zum 300. Jahrestag in Erinnerung an den Hoei-Ausbruch des Fuji 1707

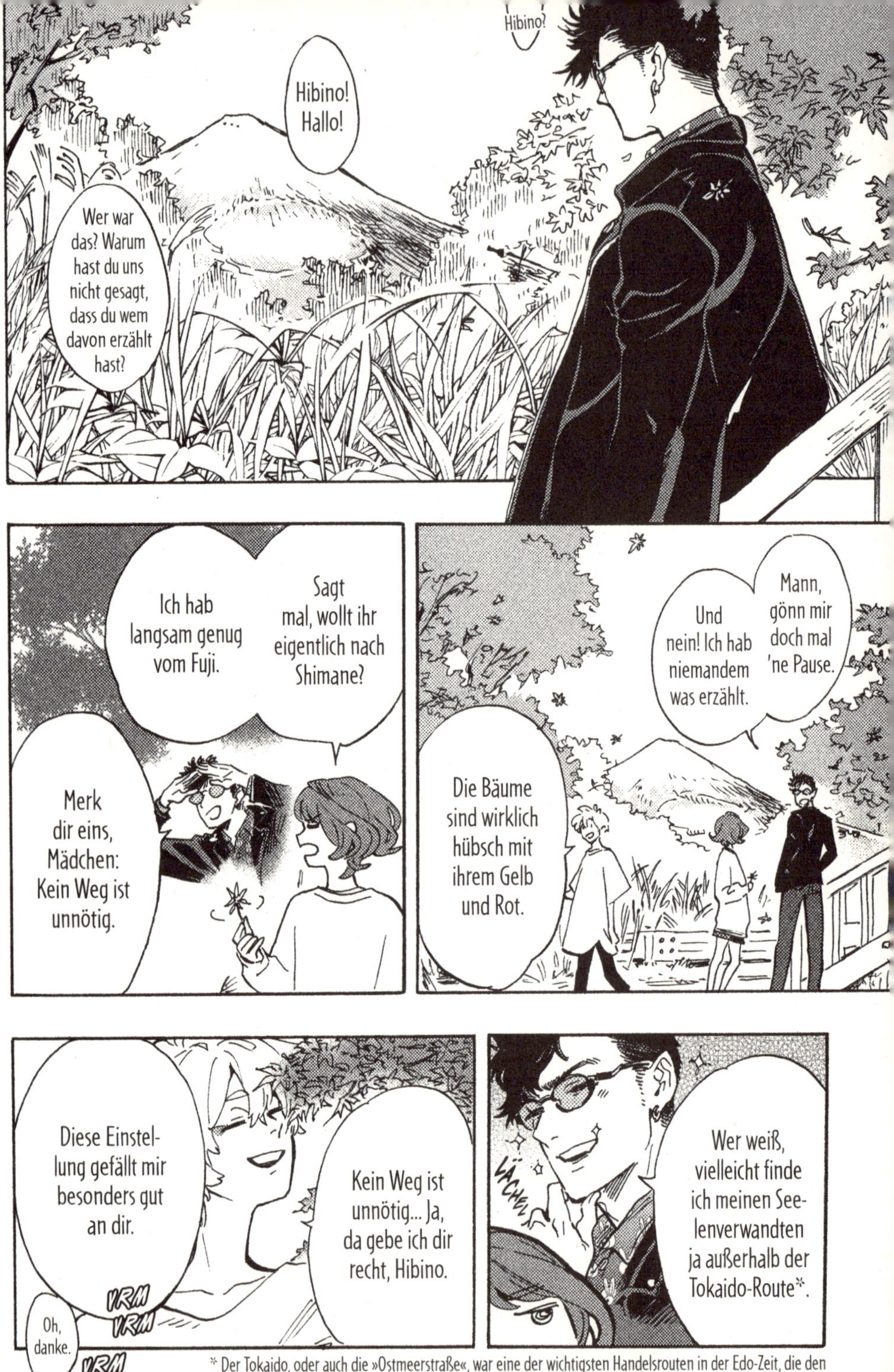

* Der Tokaido, oder auch die »Ostmeerstraße«, war eine der wichtigsten Handelsrouten in der Edo-Zeit, die den Regierungssitz des Tokugawa-Shogunats in Edo mit der kaiserlichen Hauptstadt Kyoto verband.

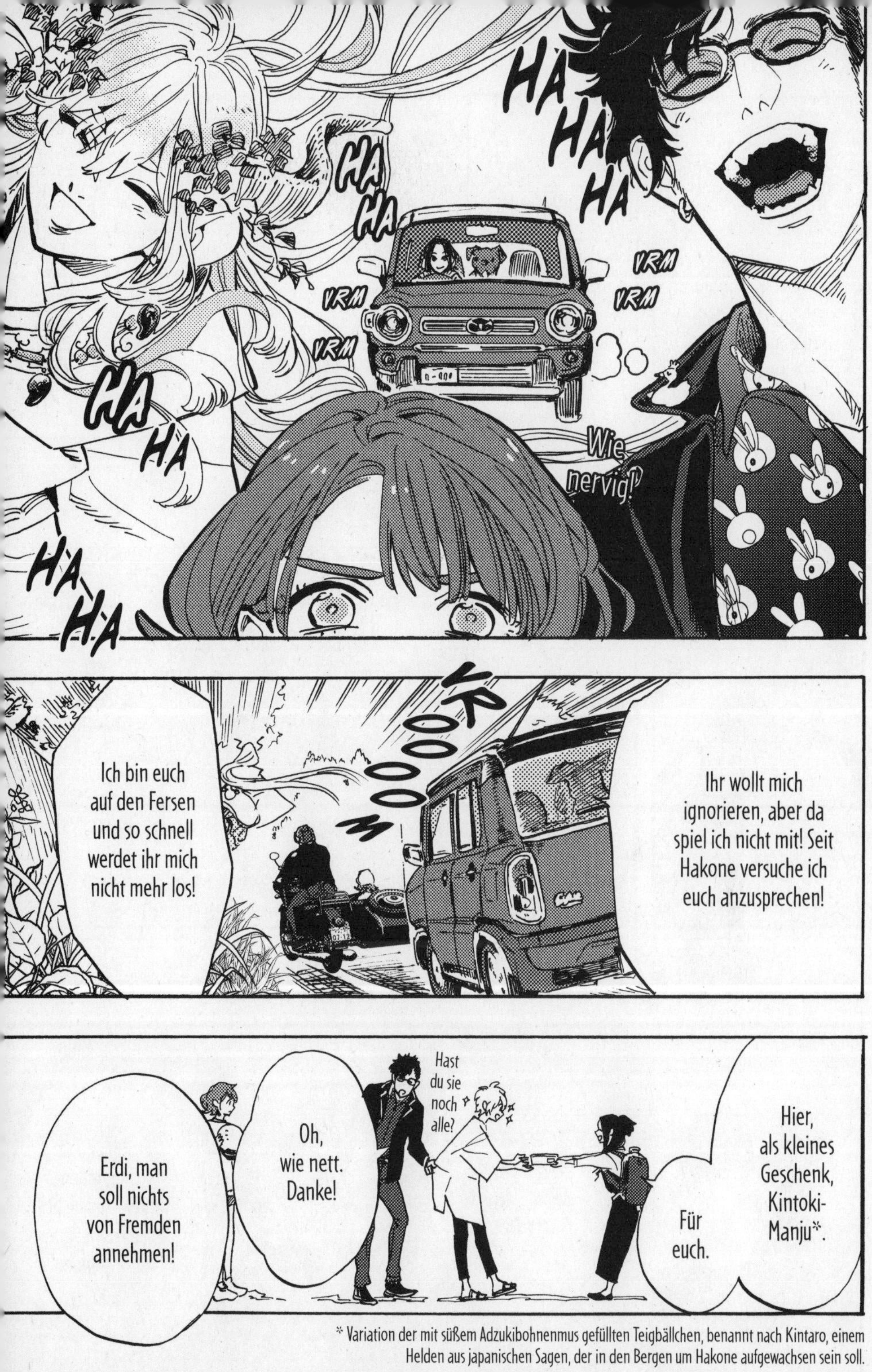

* Variation der mit süßem Adzukibohnenmus gefüllten Teigbällchen, benannt nach Kintaro, einem Helden aus japanischen Sagen, der in den Bergen um Hakone aufgewachsen sein soll.

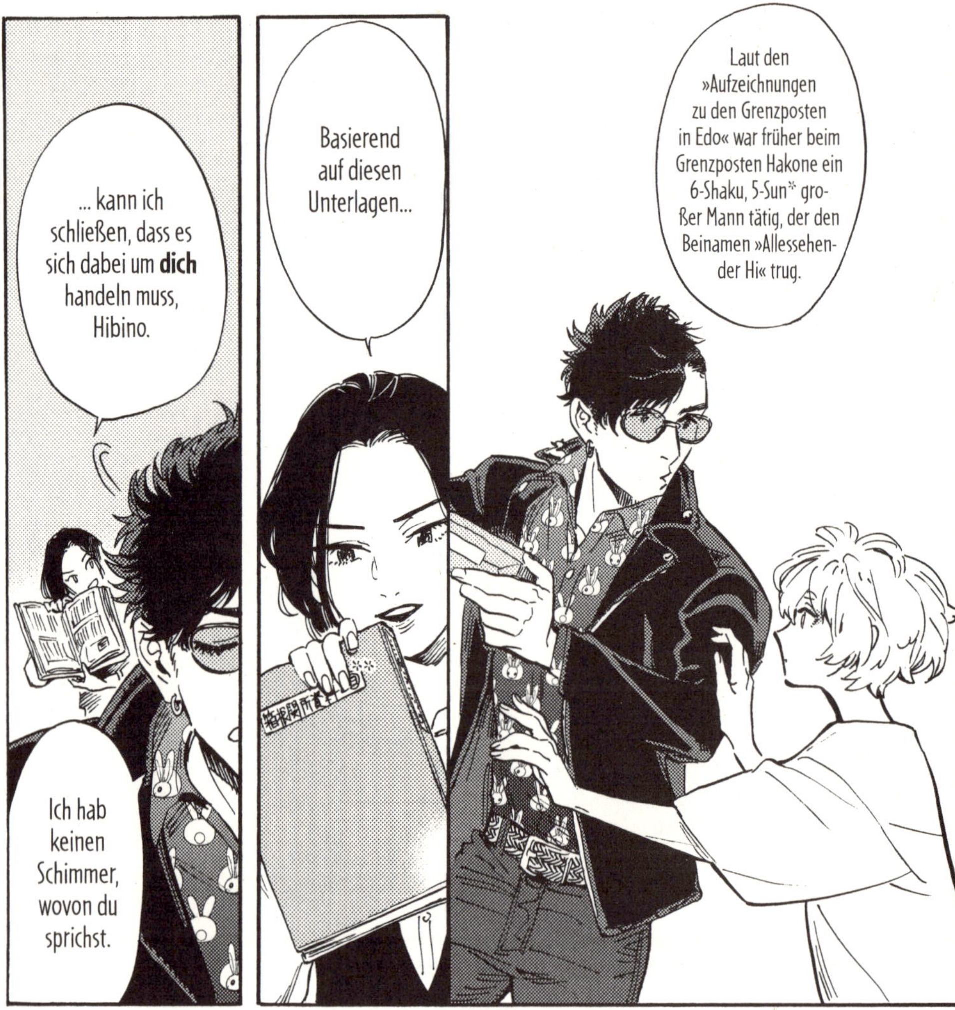

** Aufzeichnungen zum Grenzposten Hakone

* 6-Shaku, 5-Sun = ca. 197 Zentimeter

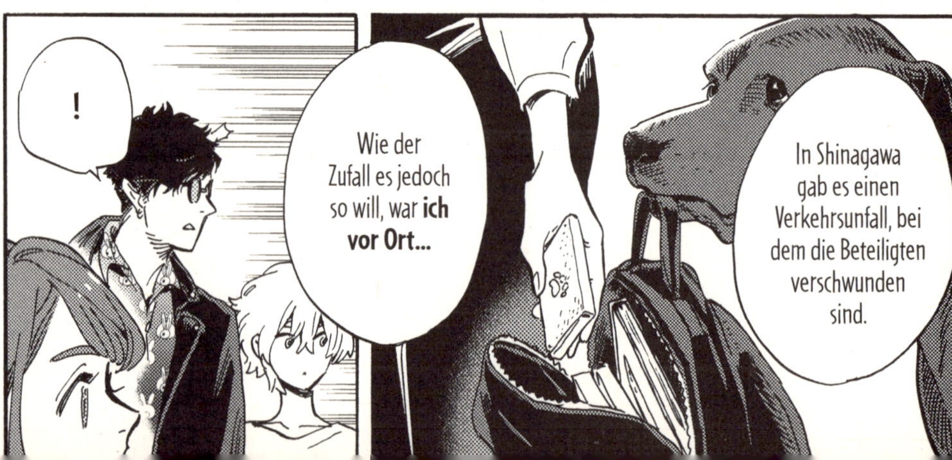

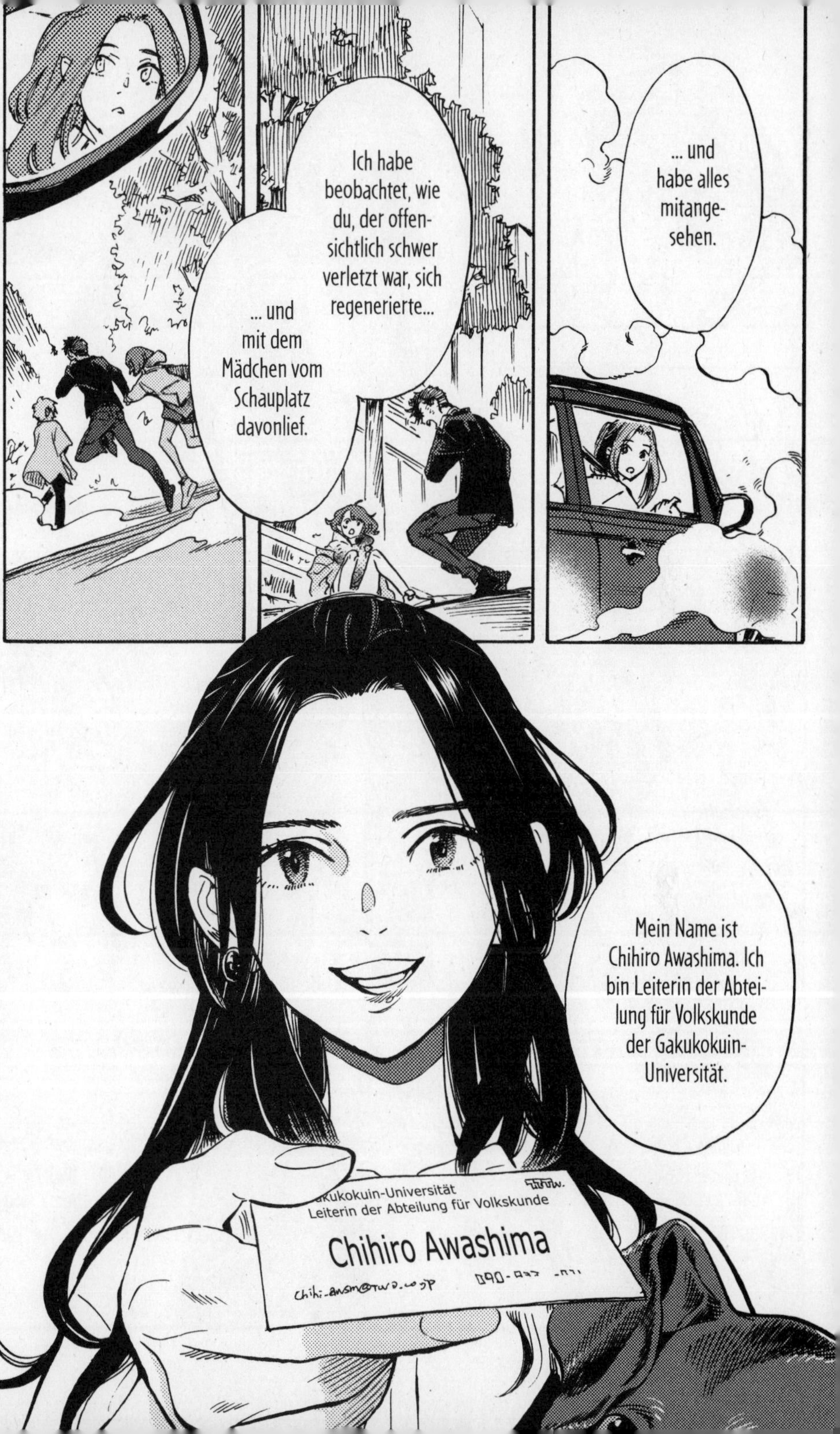

Ich habe beobachtet, wie du, der offensichtlich schwer verletzt war, sich regenerierte...
... und mit dem Mädchen vom Schauplatz davonlief.
... und habe alles mitangesehen.
Mein Name ist Chihiro Awashima. Ich bin Leiterin der Abteilung für Volkskunde der Gakukokuin-Universität.
akukokuin-Universität
Leiterin der Abteilung für Volkskunde
Chihiro Awashima

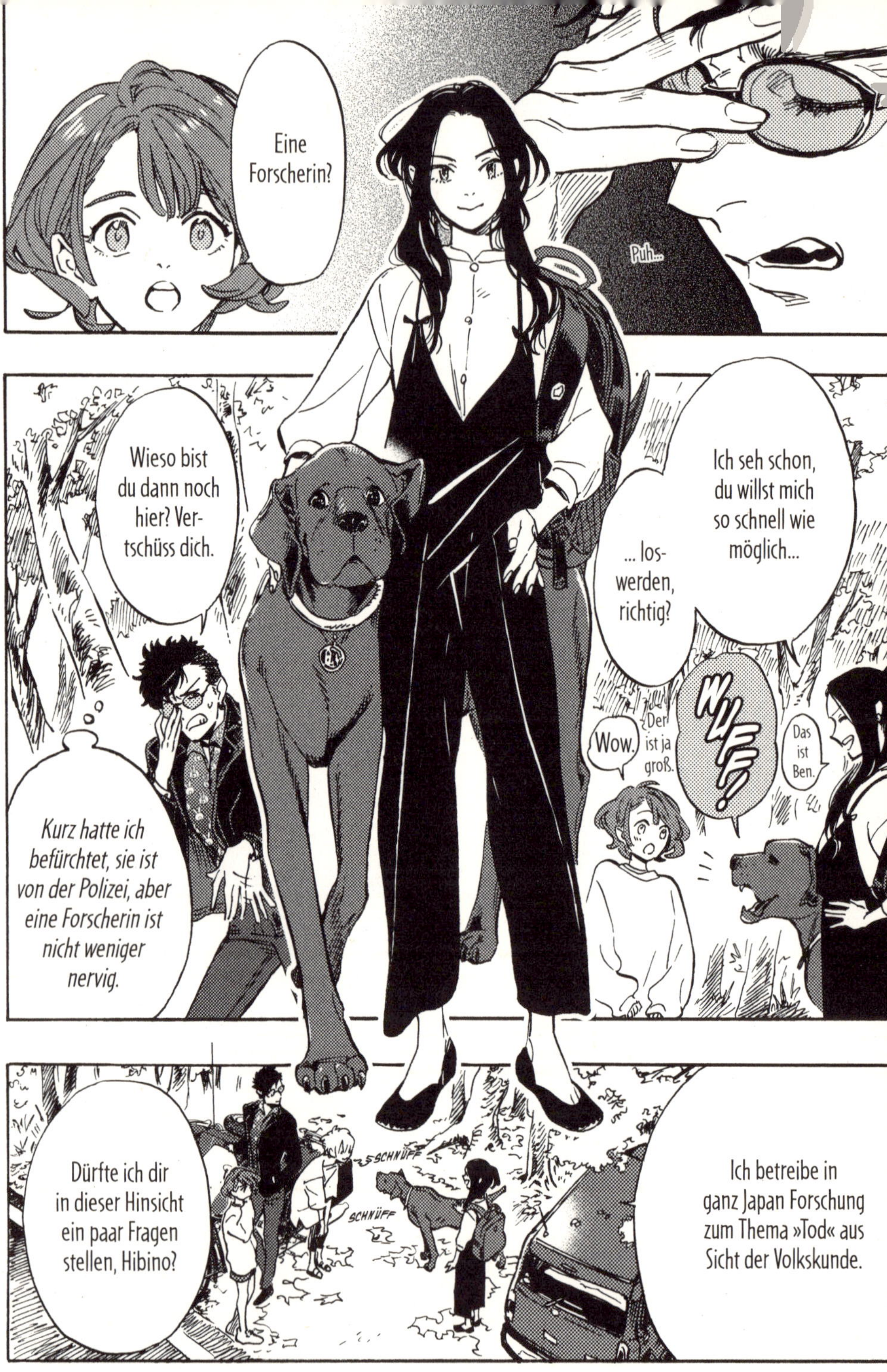
Puh...
Eine Forscherin?
Ich seh schon, du willst mich so schnell wie möglich...
... los-werden, richtig?
Wieso bist du dann noch hier? Vertschüss dich.
Das ist Ben.
WUFF!
Der ist ja groß.
Wow.
Kurz hatte ich befürchtet, sie ist von der Polizei, aber eine Forscherin ist nicht weniger nervig.
Ich betreibe in ganz Japan Forschung zum Thema »Tod« aus Sicht der Volkskunde.
SCHNÜFF
SCHNÜFF
Dürfte ich dir in dieser Hinsicht ein paar Fragen stellen, Hibino?

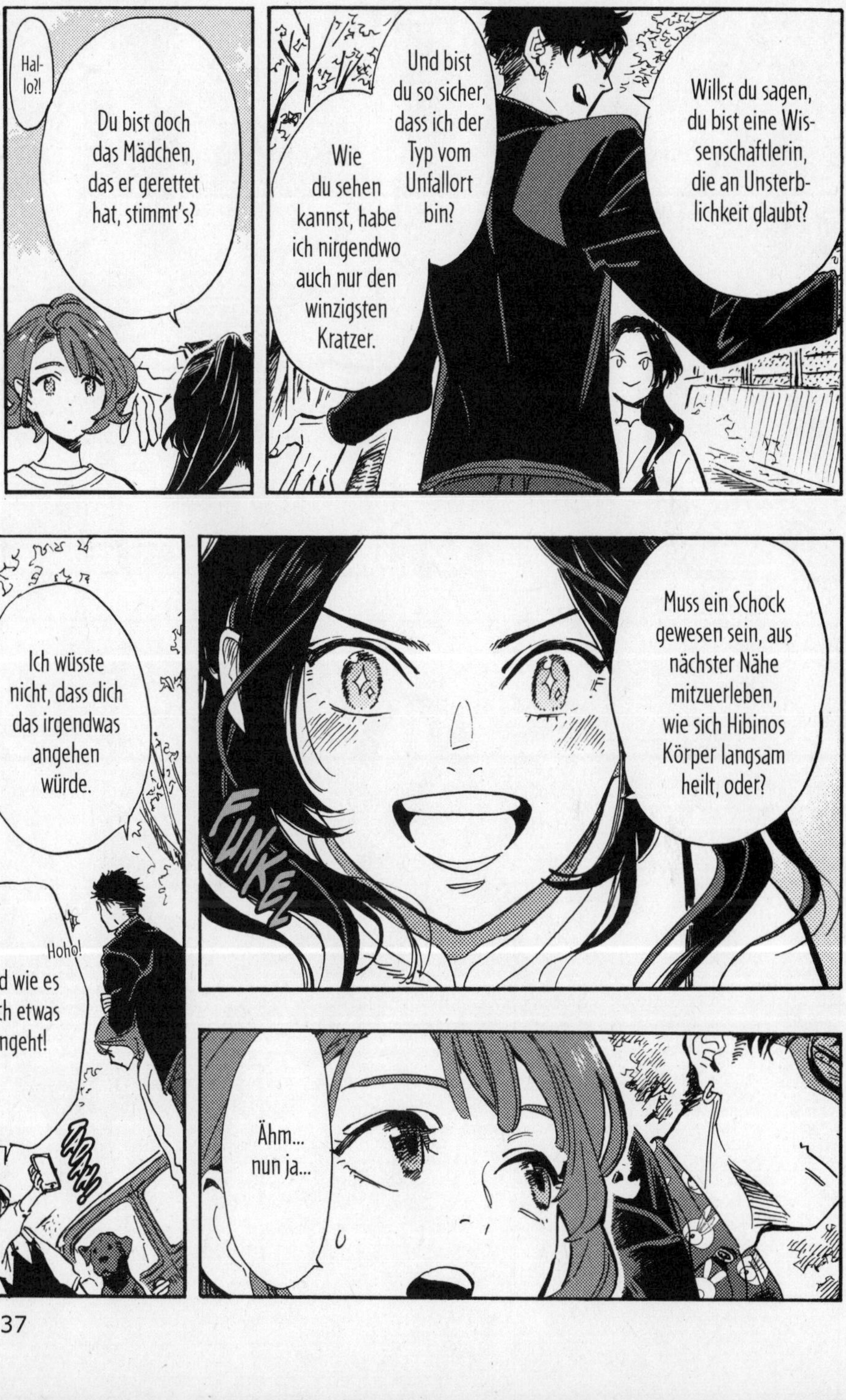

Willst du sagen, du bist eine Wissenschaftlerin, die an Unsterblichkeit glaubt?
Und bist du so sicher, dass ich der Typ vom Unfallort bin?
Wie du sehen kannst, habe ich nirgendwo auch nur den winzigsten Kratzer.
Du bist doch das Mädchen, das er gerettet hat, stimmt's?
Hallo?!
Muss ein Schock gewesen sein, aus nächster Nähe mitzuerleben, wie sich Hibinos Körper langsam heilt, oder?
FUNKEL
Ich wüsste nicht, dass dich das irgendwas angehen würde.
Hoho!
Und wie es mich etwas angeht!
Ähm... nun ja...

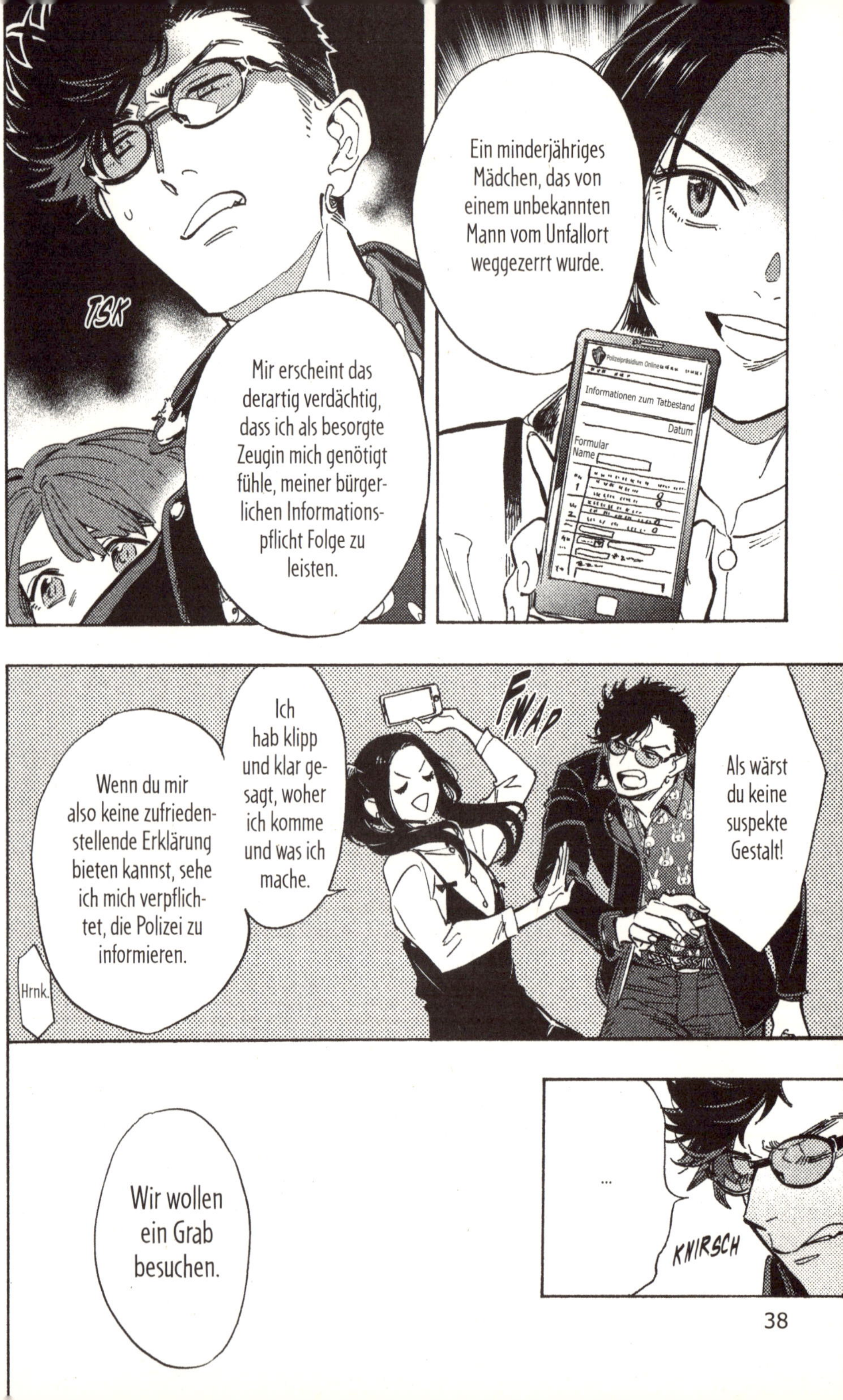
Ein minderjähriges Mädchen, das von einem unbekannten Mann vom Unfallort weggezerrt wurde.
Polizeipräsidium Online
Informationen zum Tatbestand
Datum
Formular
Name
TSK
Mir erscheint das derartig verdächtig, dass ich als besorgte Zeugin mich genötigt fühle, meiner bürgerlichen Informationspflicht Folge zu leisten.
Als wärst du keine suspekte Gestalt!
FWAP
Ich hab klipp und klar gesagt, woher ich komme und was ich mache.
Wenn du mir also keine zufriedenstellende Erklärung bieten kannst, sehe ich mich verpflichtet, die Polizei zu informieren.
Hrnk.
...
KNIRSCH
Wir wollen ein Grab besuchen.

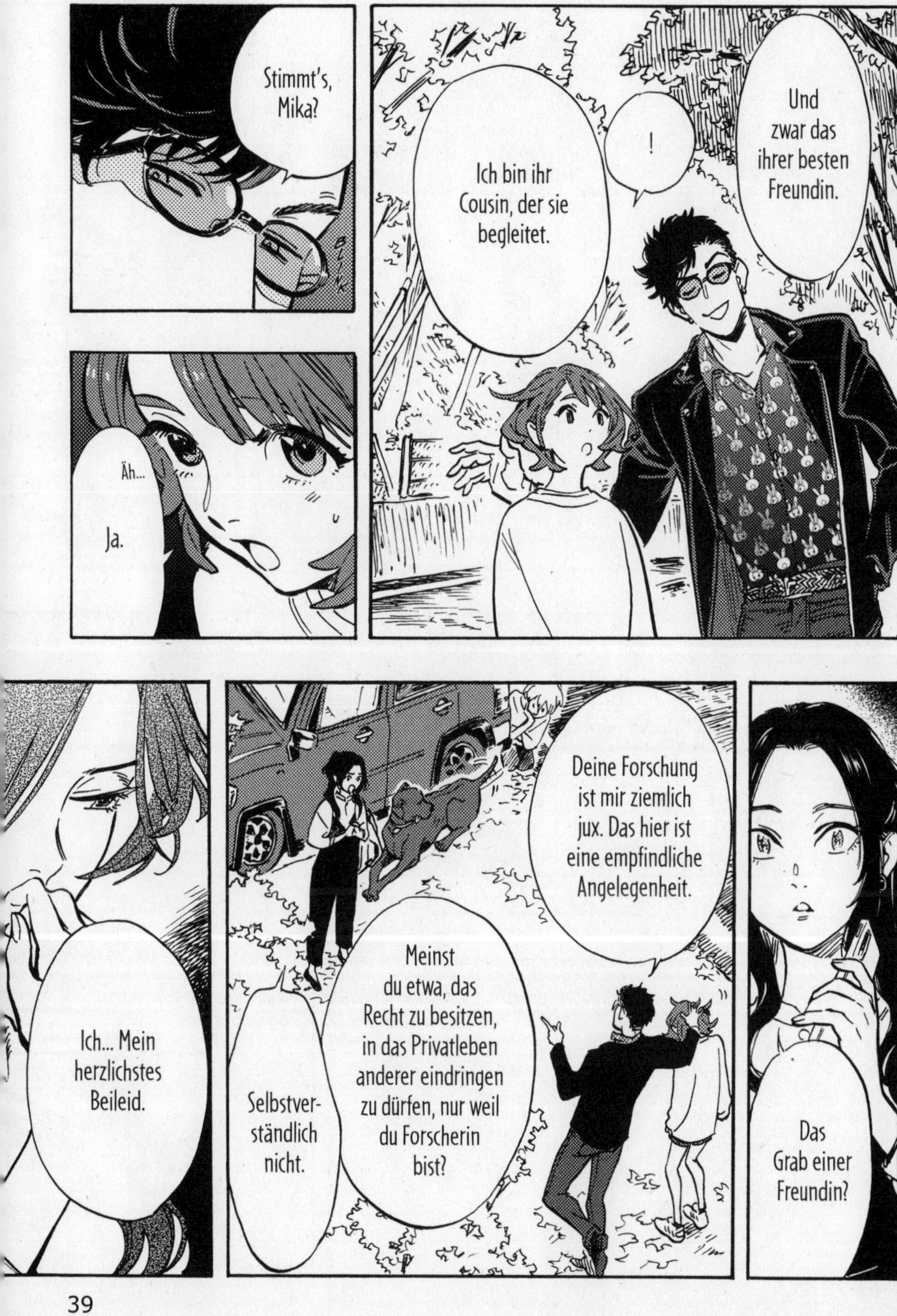
Und zwar das ihrer besten Freundin.
!
Ich bin ihr Cousin, der sie begleitet.
Stimmt's, Mika?
Äh...
Ja.
Das Grab einer Freundin?
Deine Forschung ist mir ziemlich jux. Das hier ist eine empfindliche Angelegenheit.
Meinst du etwa, das Recht zu besitzen, in das Privatleben anderer eindringen zu dürfen, nur weil du Forscherin bist?
Selbstverständlich nicht.
Ich... Mein herzlichstes Beileid.

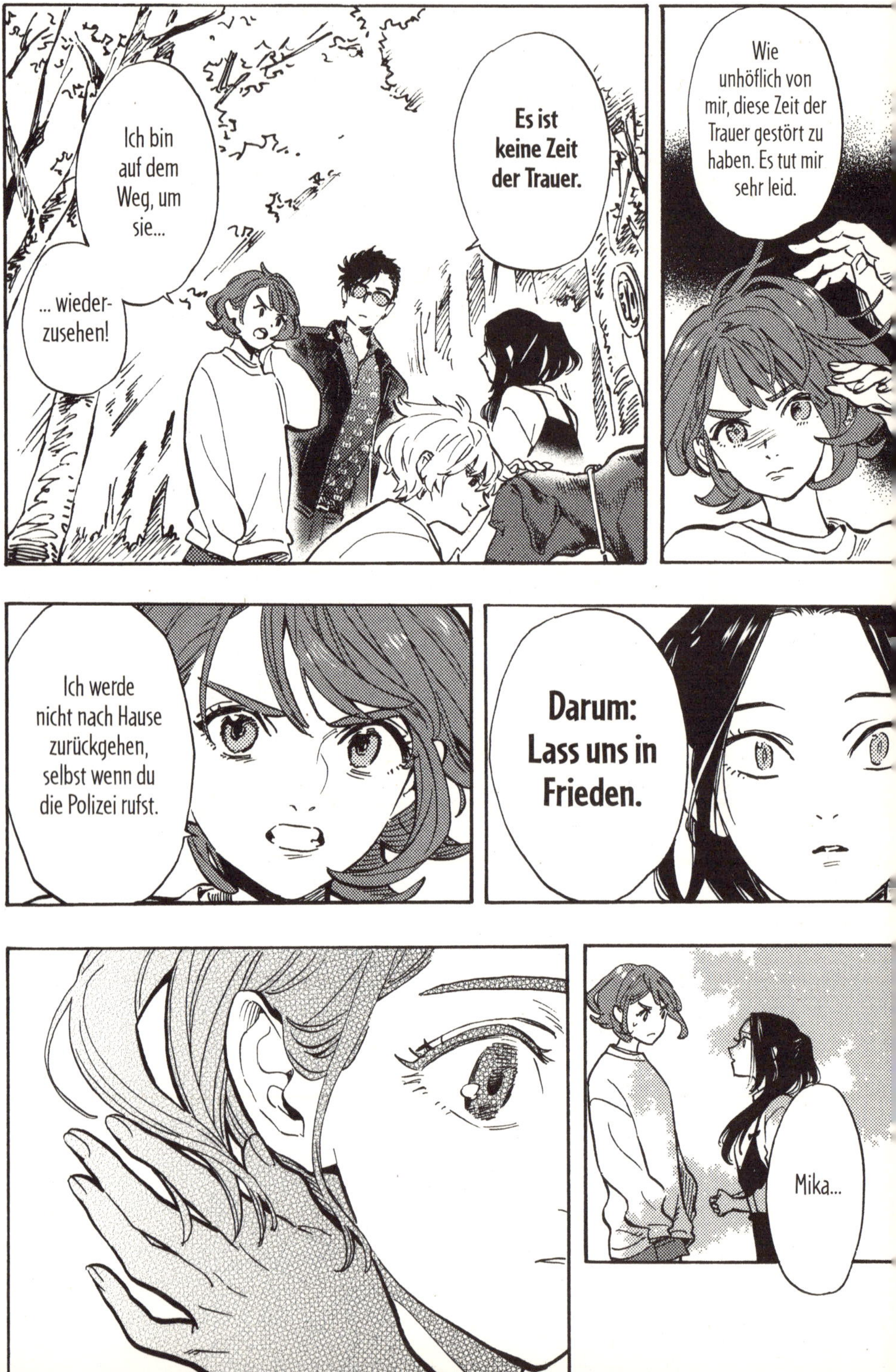
Wie unhöflich von mir, diese Zeit der Trauer gestört zu haben. Es tut mir sehr leid.
Es ist keine Zeit der Trauer.
Ich bin auf dem Weg, um sie...
... wieder-zusehen!
Darum: Lass uns in Frieden.
Ich werde nicht nach Hause zurückgehen, selbst wenn du die Polizei rufst.
Mika...

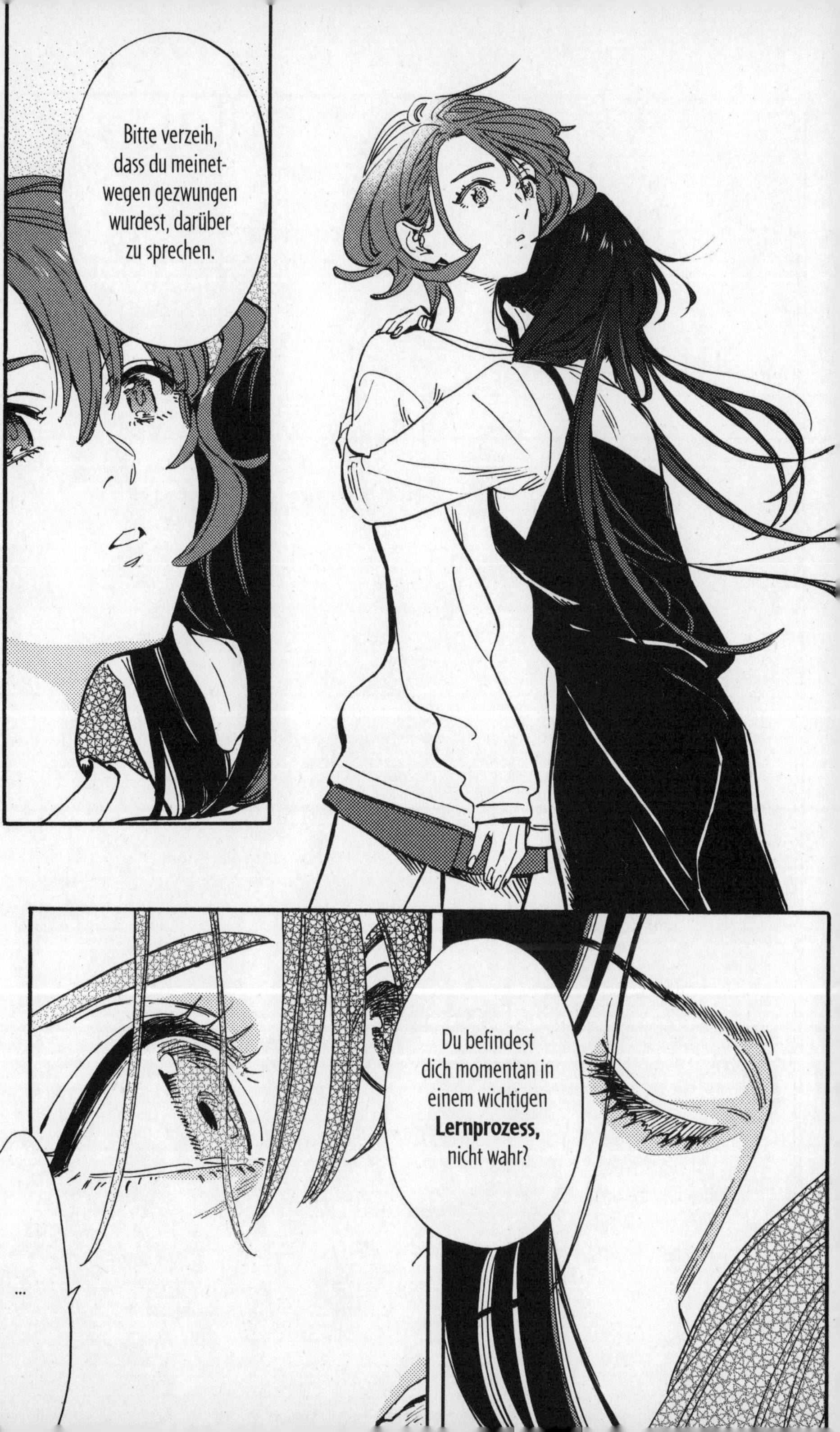
Bitte verzeih, dass du meinetwegen gezwungen wurdest, darüber zu sprechen.
Du befindest dich momentan in einem wichtigen **Lernprozess,** nicht wahr?
...

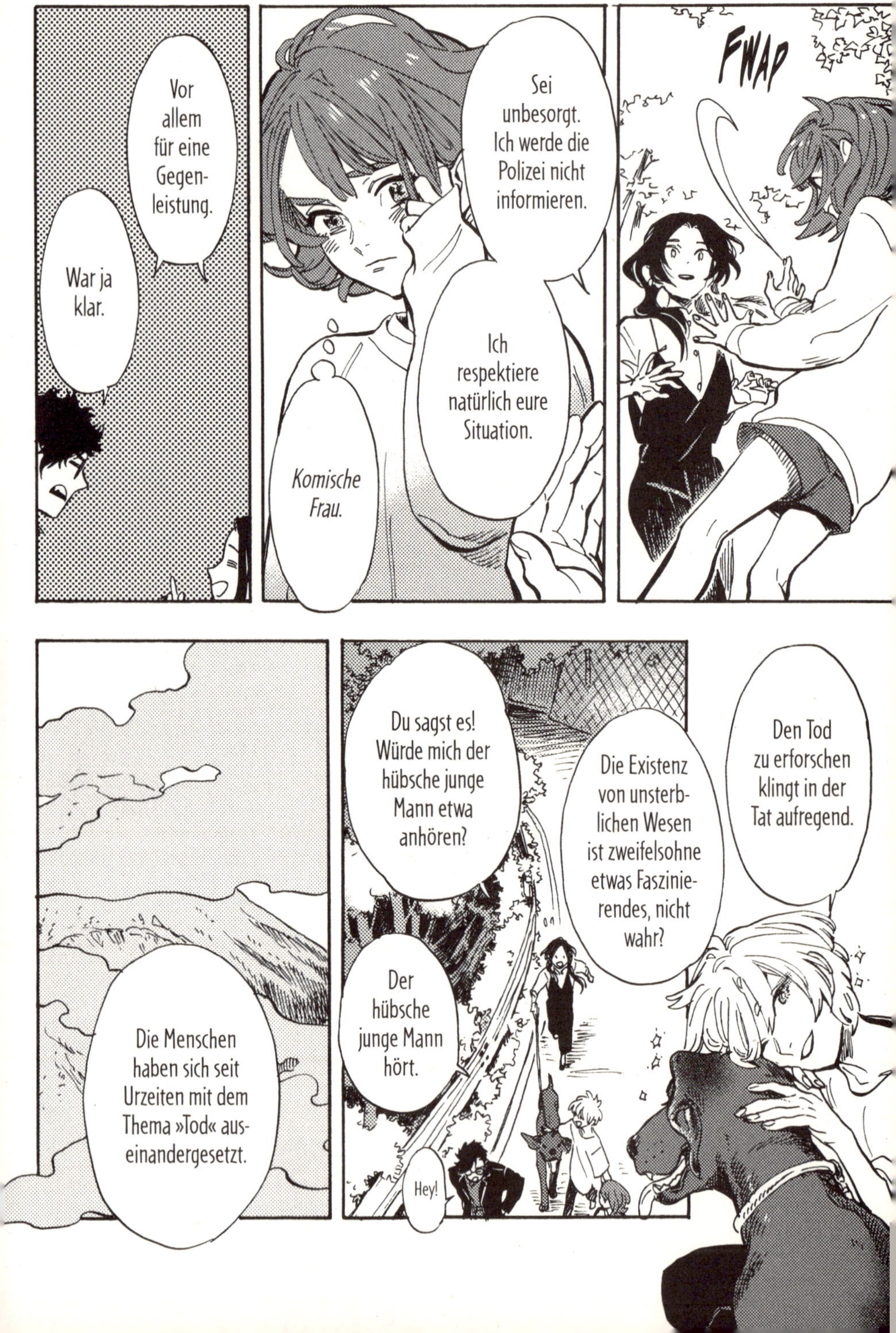
FWAP
Sei unbesorgt. Ich werde die Polizei nicht informieren.
Ich respektiere natürlich eure Situation.
Komische Frau.
Vor allem für eine Gegen-leistung.
War ja klar.
Den Tod zu erforschen klingt in der Tat aufregend.
Die Existenz von unsterb-lichen Wesen ist zweifelsohne etwas Faszinie-rendes, nicht wahr?
Du sagst es! Würde mich der hübsche junge Mann etwa anhören?
Der hübsche junge Mann hört.
Hey!
Die Menschen haben sich seit Urzeiten mit dem Thema »Tod« aus-einandergesetzt.

* Amitabha

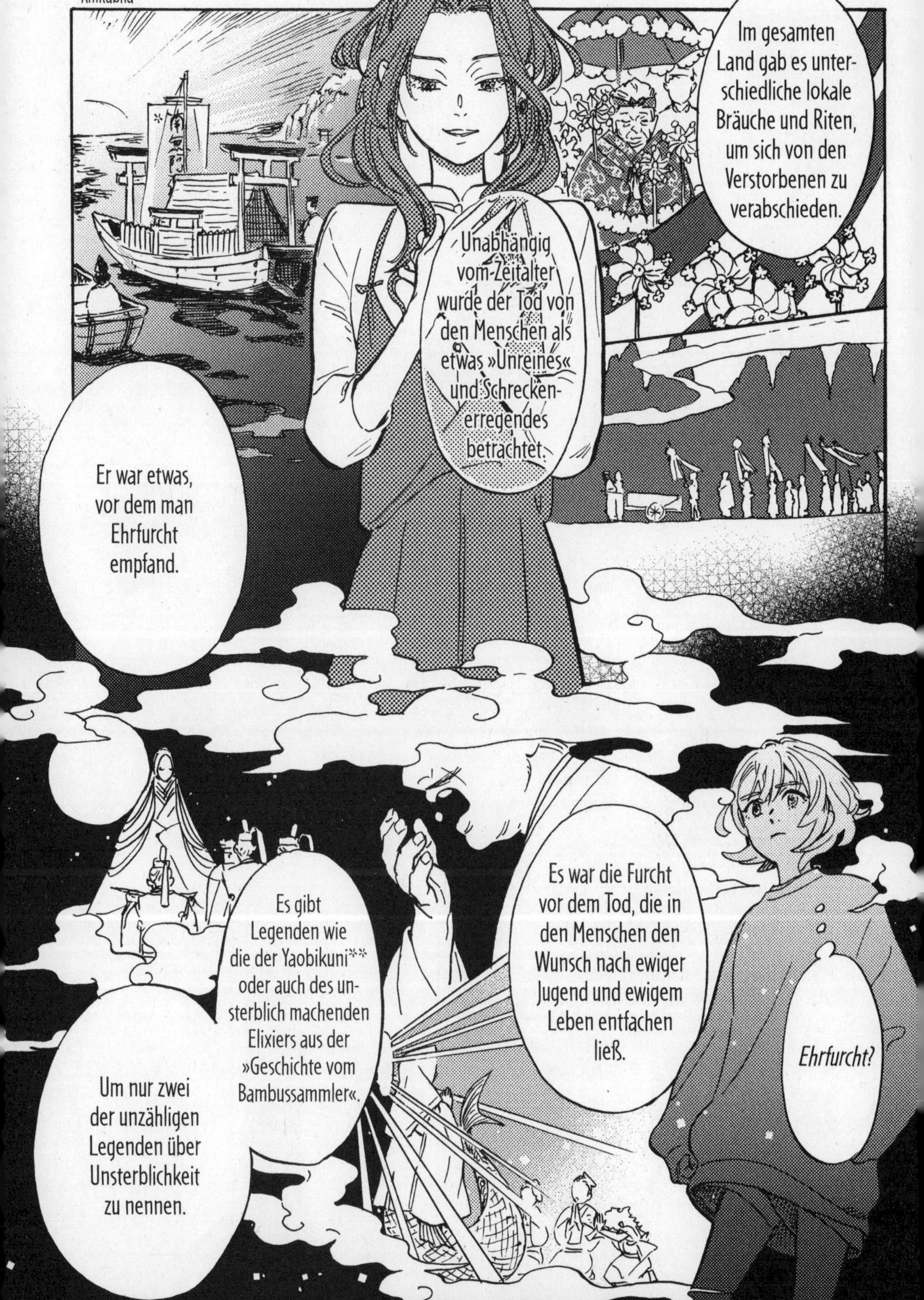

** Legende über eine Achthundertjährige, die ihr jugendliches Aussehen bis zum Tod behielt, weil sie als Kind aus Versehen das Fleisch eines Fischmenschen (Ningyo) verspeiste.

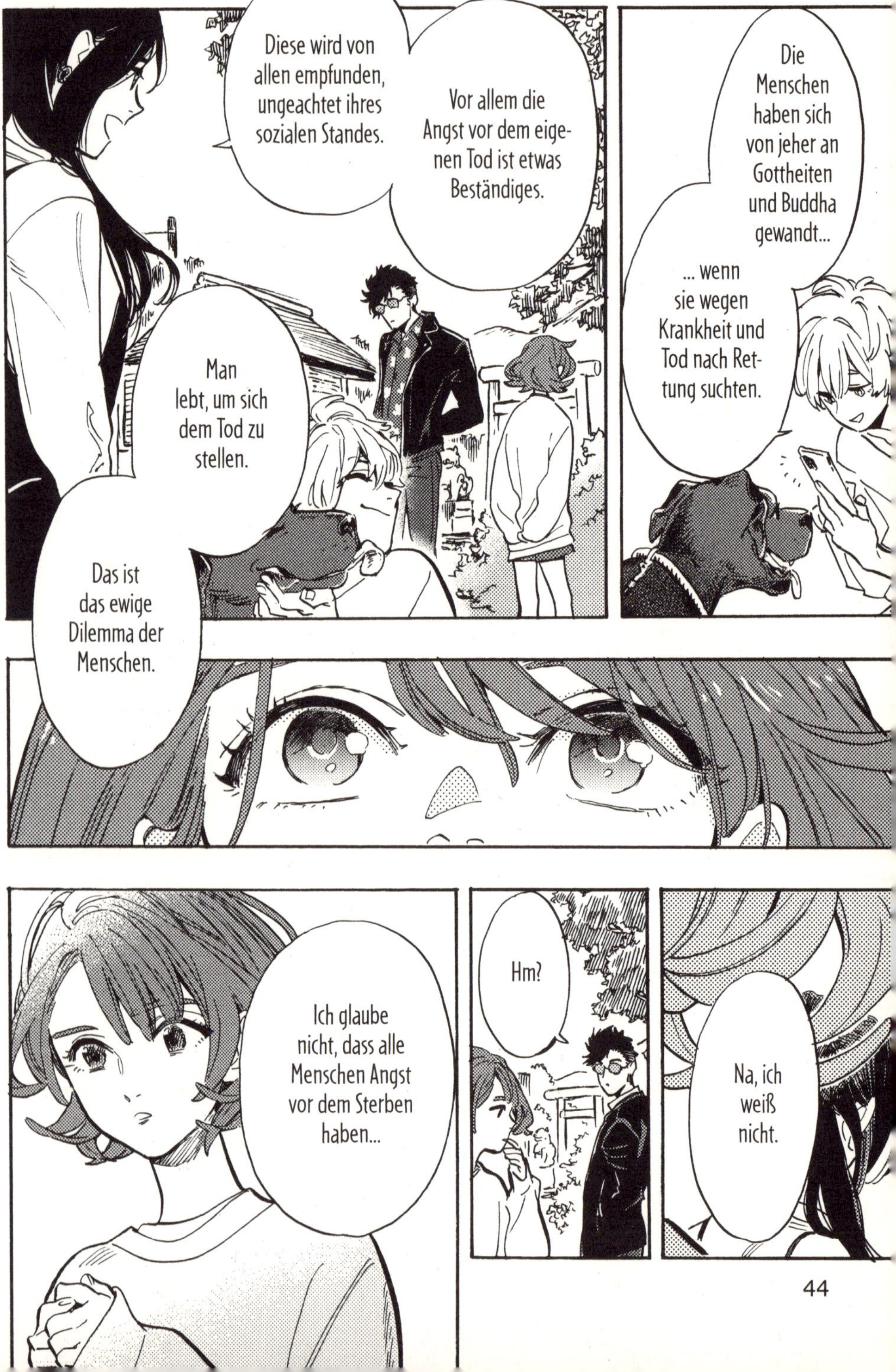

Die Menschen haben sich von jeher an Gottheiten und Buddha gewandt...
... wenn sie wegen Krankheit und Tod nach Rettung suchten.
Vor allem die Angst vor dem eigenen Tod ist etwas Beständiges.
Diese wird von allen empfunden, ungeachtet ihres sozialen Standes.
Man lebt, um sich dem Tod zu stellen.
Das ist das ewige Dilemma der Menschen.
Na, ich weiß nicht.
Hm?
Ich glaube nicht, dass alle Menschen Angst vor dem Sterben haben...

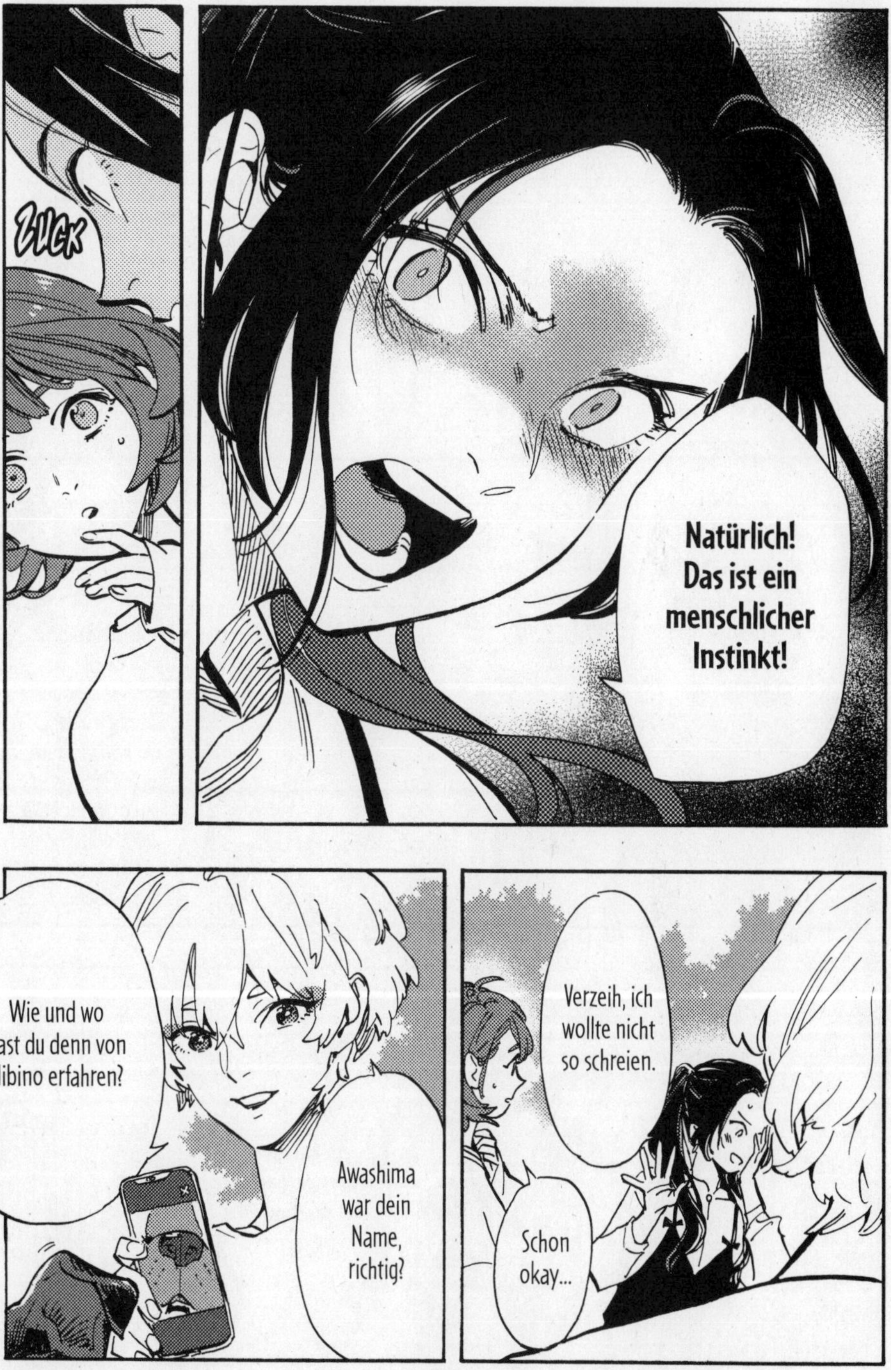
Natürlich! Das ist ein menschlicher Instinkt!
ZUCK
Verzeih, ich wollte nicht so schreien.
Schon okay...
Awashima war dein Name, richtig?
Wie und wo hast du denn von Hibino erfahren?

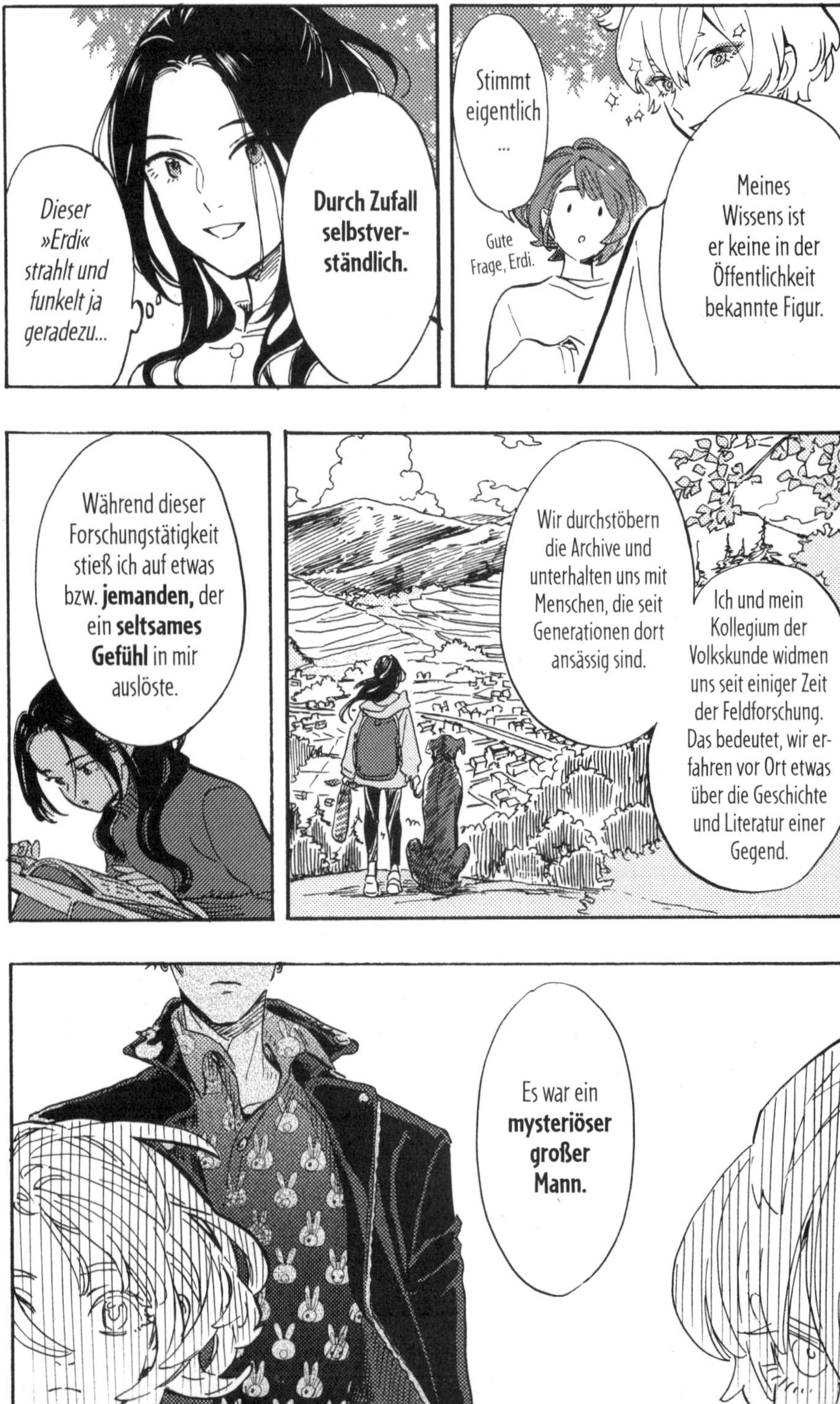
Meines Wissens ist er keine in der Öffentlichkeit bekannte Figur.
Stimmt eigentlich …
Gute Frage, Erdi.
Durch Zufall selbstverständlich.
Dieser »Erdi« strahlt und funkelt ja geradezu...
Ich und mein Kollegium der Volkskunde widmen uns seit einiger Zeit der Feldforschung. Das bedeutet, wir erfahren vor Ort etwas über die Geschichte und Literatur einer Gegend.
Wir durchstöbern die Archive und unterhalten uns mit Menschen, die seit Generationen dort ansässig sind.
Während dieser Forschungstätigkeit stieß ich auf etwas bzw. **jemanden,** der ein **seltsames Gefühl** in mir auslöste.
Es war ein **mysteriöser großer Mann.**

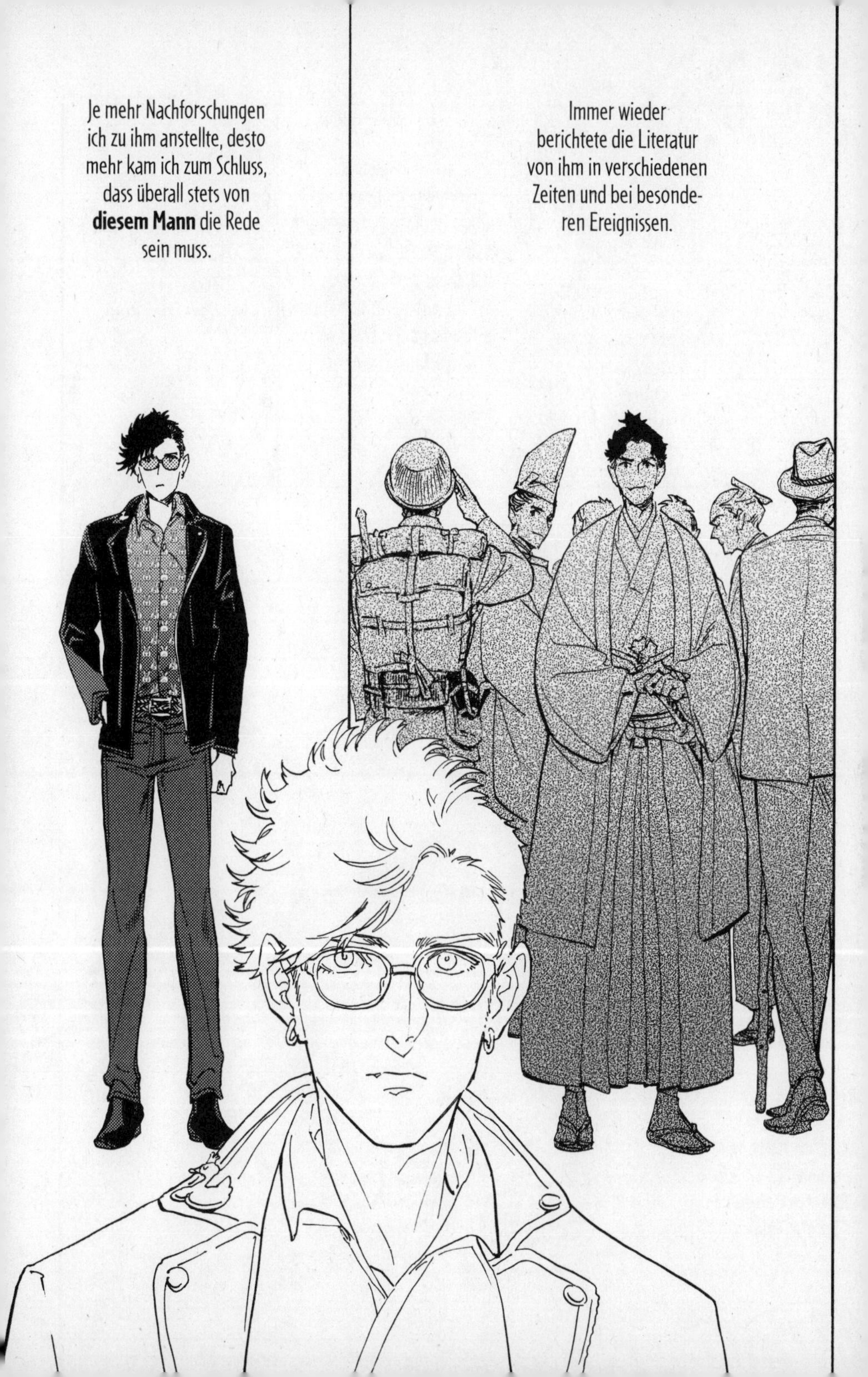
Immer wieder berichtete die Literatur von ihm in verschiedenen Zeiten und bei besonderen Ereignissen.
Je mehr Nachforschungen ich zu ihm anstellte, desto mehr kam ich zum Schluss, dass überall stets von **diesem Mann** die Rede sein muss.

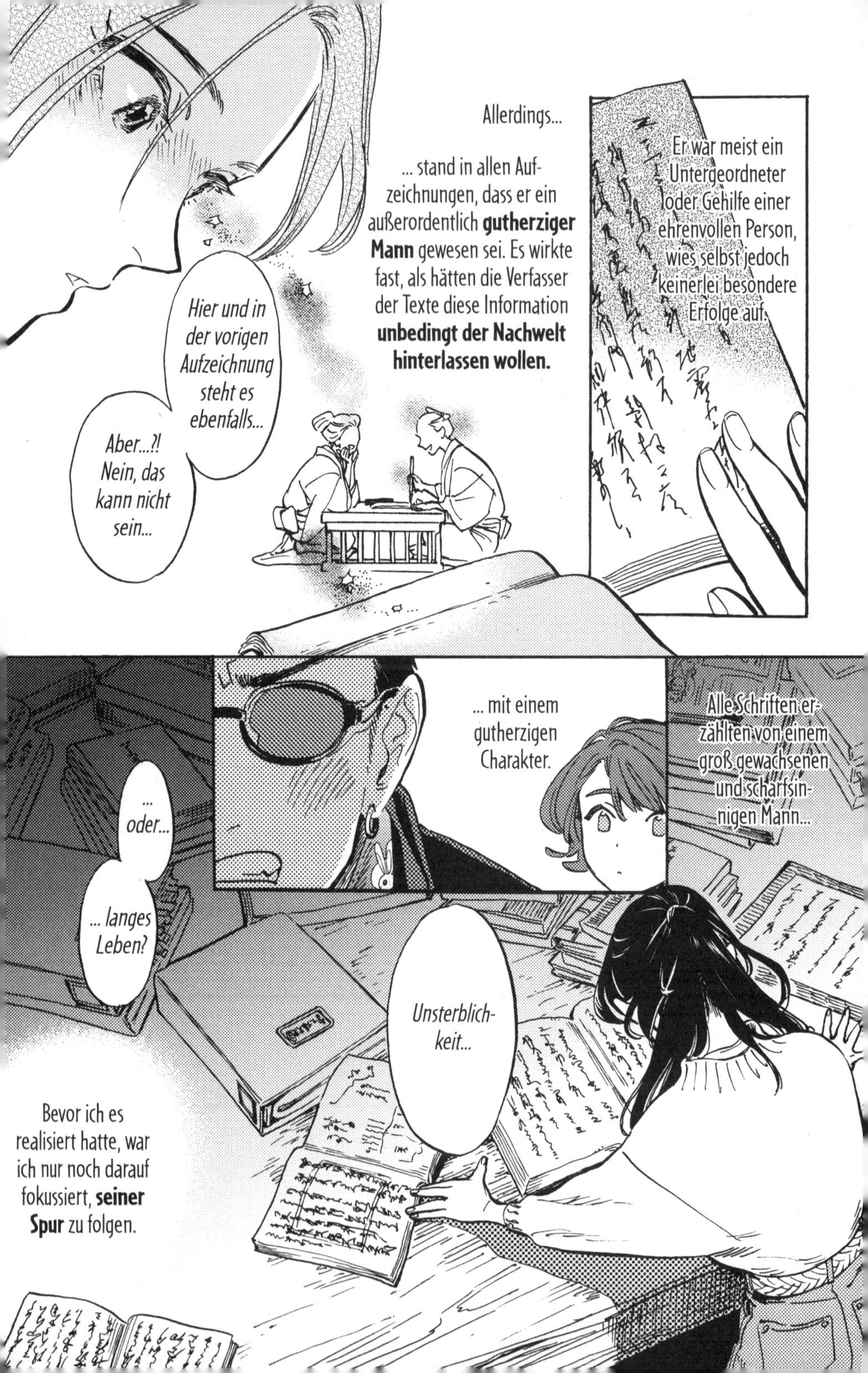
Er war meist ein Untergeordneter oder Gehilfe einer ehrenvollen Person, wies selbst jedoch keinerlei besondere Erfolge auf.
Allerdings...
... stand in allen Aufzeichnungen, dass er ein außerordentlich **gutherziger Mann** gewesen sei. Es wirkte fast, als hätten die Verfasser der Texte diese Information **unbedingt der Nachwelt hinterlassen wollen.**
Hier und in der vorigen Aufzeichnung steht es ebenfalls...
Aber...?! Nein, das kann nicht sein...
Alle Schriften erzählten von einem groß gewachsenen und scharfsinnigen Mann...
... mit einem gutherzigen Charakter.
... oder...
... langes Leben?
Unsterblichkeit...
Bevor ich es realisiert hatte, war ich nur noch darauf fokussiert, **seiner Spur** zu folgen.

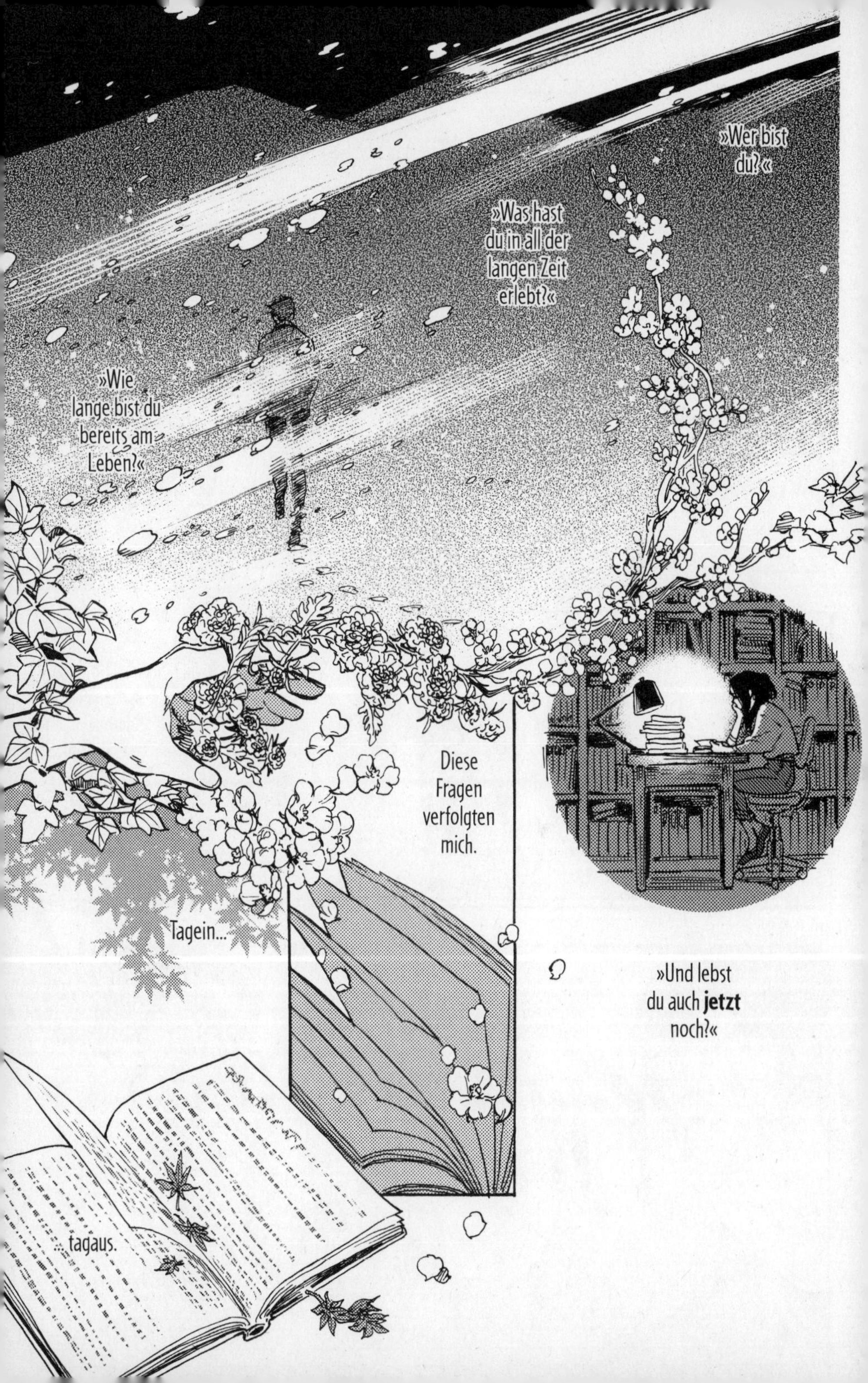
»Wer bist du?«
»Was hast du in all der langen Zeit erlebt?«
»Wie lange bist du bereits am Leben?«
»Und lebst du auch **jetzt** noch?«
Diese Fragen verfolgten mich.
Tagein...
...tagaus.

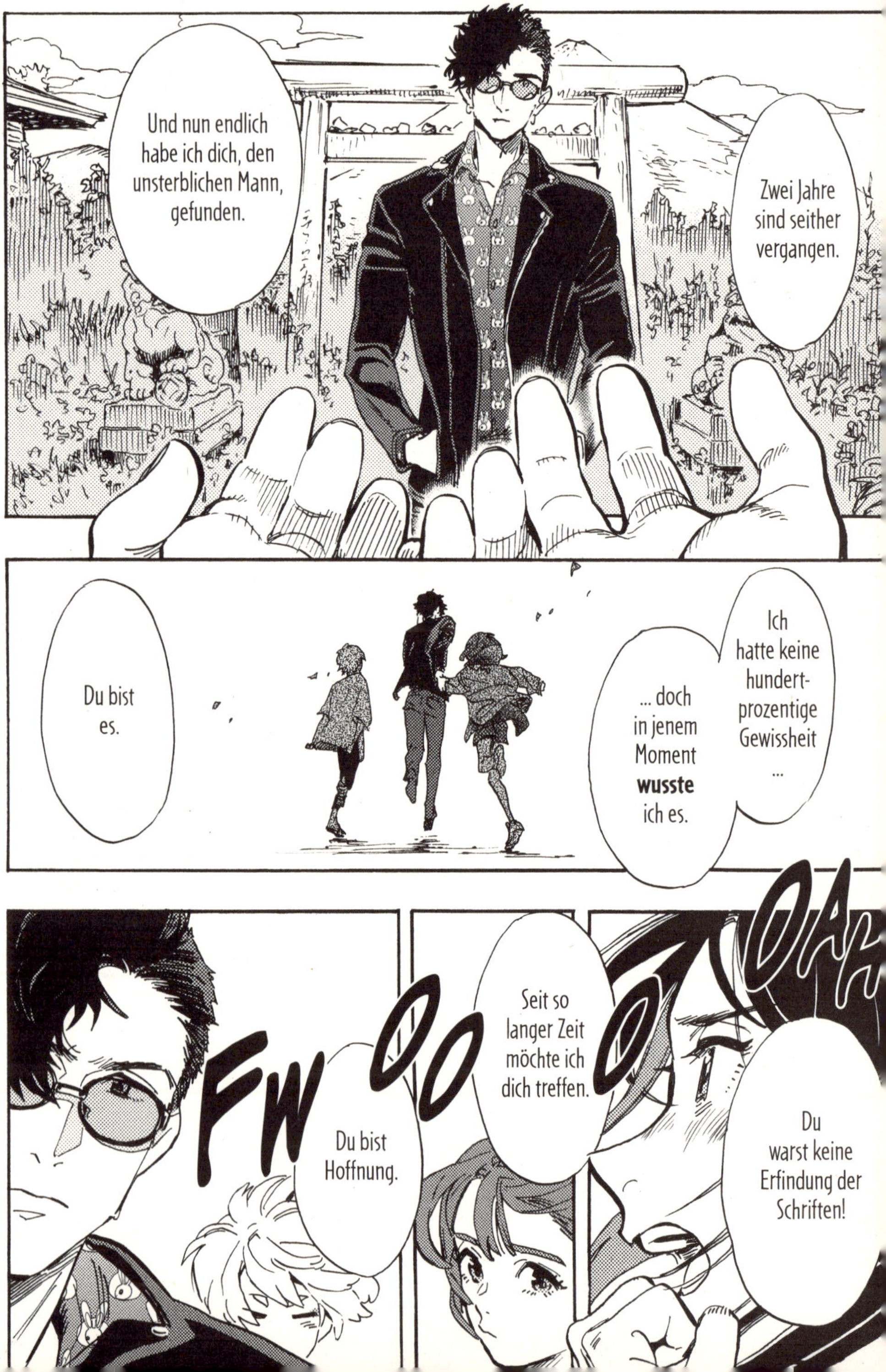
Zwei Jahre sind seither vergangen.
Und nun endlich habe ich dich, den unsterblichen Mann, gefunden.
Ich hatte keine hundertprozentige Gewissheit ...
... doch in jenem Moment **wusste** ich es.
Du bist es.
FWOOOOOAH
Du warst keine Erfindung der Schriften!
Seit so langer Zeit möchte ich dich treffen.
Du bist Hoffnung.

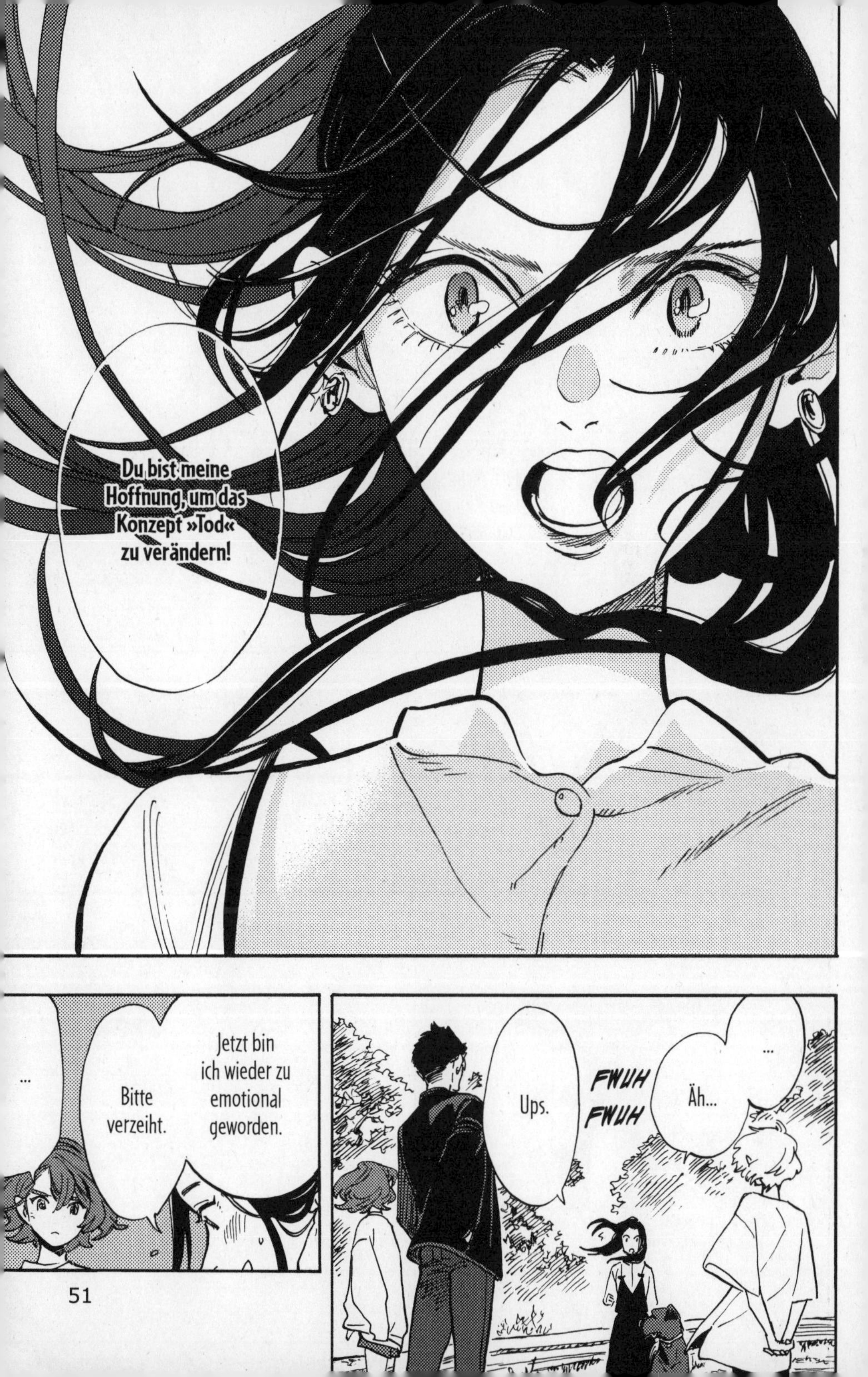
Du bist meine Hoffnung, um das Konzept »Tod« zu verändern!
…
Äh…
FWUH
FWUH
Ups.
Jetzt bin ich wieder zu emotional geworden.
Bitte verzeiht.
…

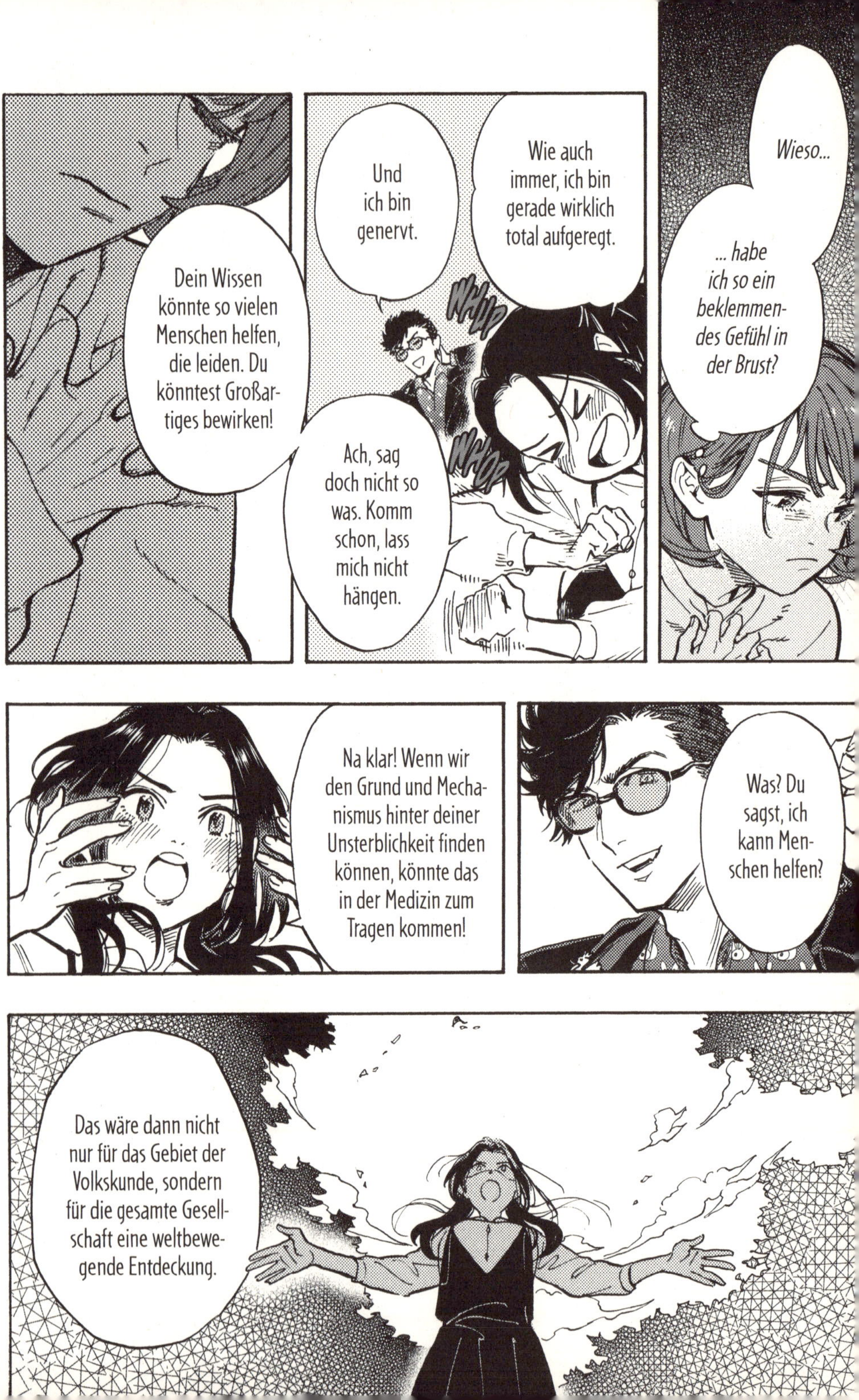

Wieso...
... habe ich so ein beklemmendes Gefühl in der Brust?
Wie auch immer, ich bin gerade wirklich total aufgeregt.
Und ich bin genervt.
Ach, sag doch nicht so was. Komm schon, lass mich nicht hängen.
Dein Wissen könnte so vielen Menschen helfen, die leiden. Du könntest Großartiges bewirken!
Was? Du sagst, ich kann Menschen helfen?
Na klar! Wenn wir den Grund und Mechanismus hinter deiner Unsterblichkeit finden können, könnte das in der Medizin zum Tragen kommen!
Das wäre dann nicht nur für das Gebiet der Volkskunde, sondern für die gesamte Gesellschaft eine weltbewegende Entdeckung.

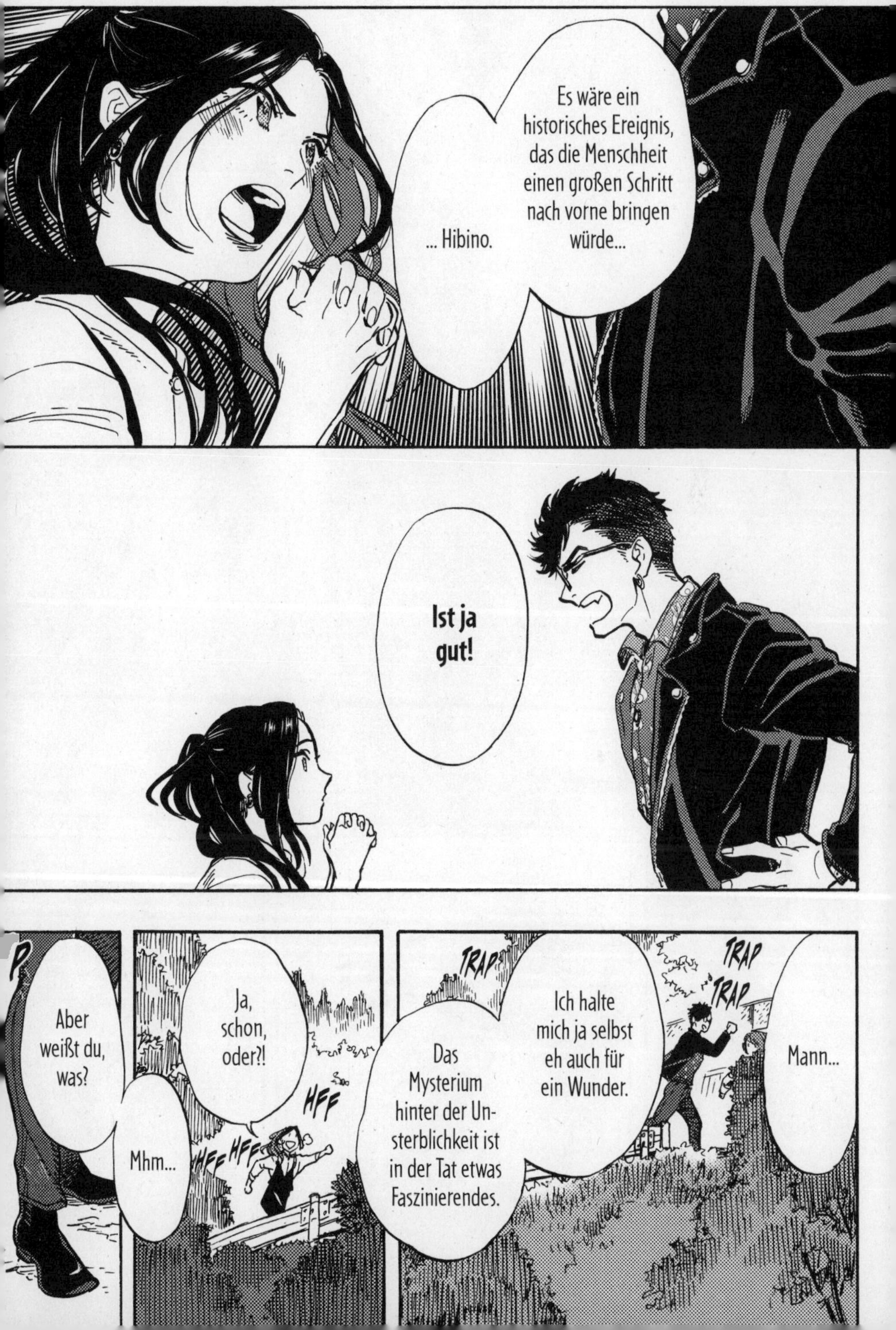
Es wäre ein historisches Ereignis, das die Menschheit einen großen Schritt nach vorne bringen würde...
... Hibino.
Ist ja gut!
Mann...
TRAP
TRAP
Ich halte mich ja selbst eh auch für ein Wunder.
TRAP
Das Mysterium hinter der Unsterblichkeit ist in der Tat etwas Faszinierendes.
HFF
Ja, schon, oder?!
HFF HFF
Mhm...
Aber weißt du, was?
P

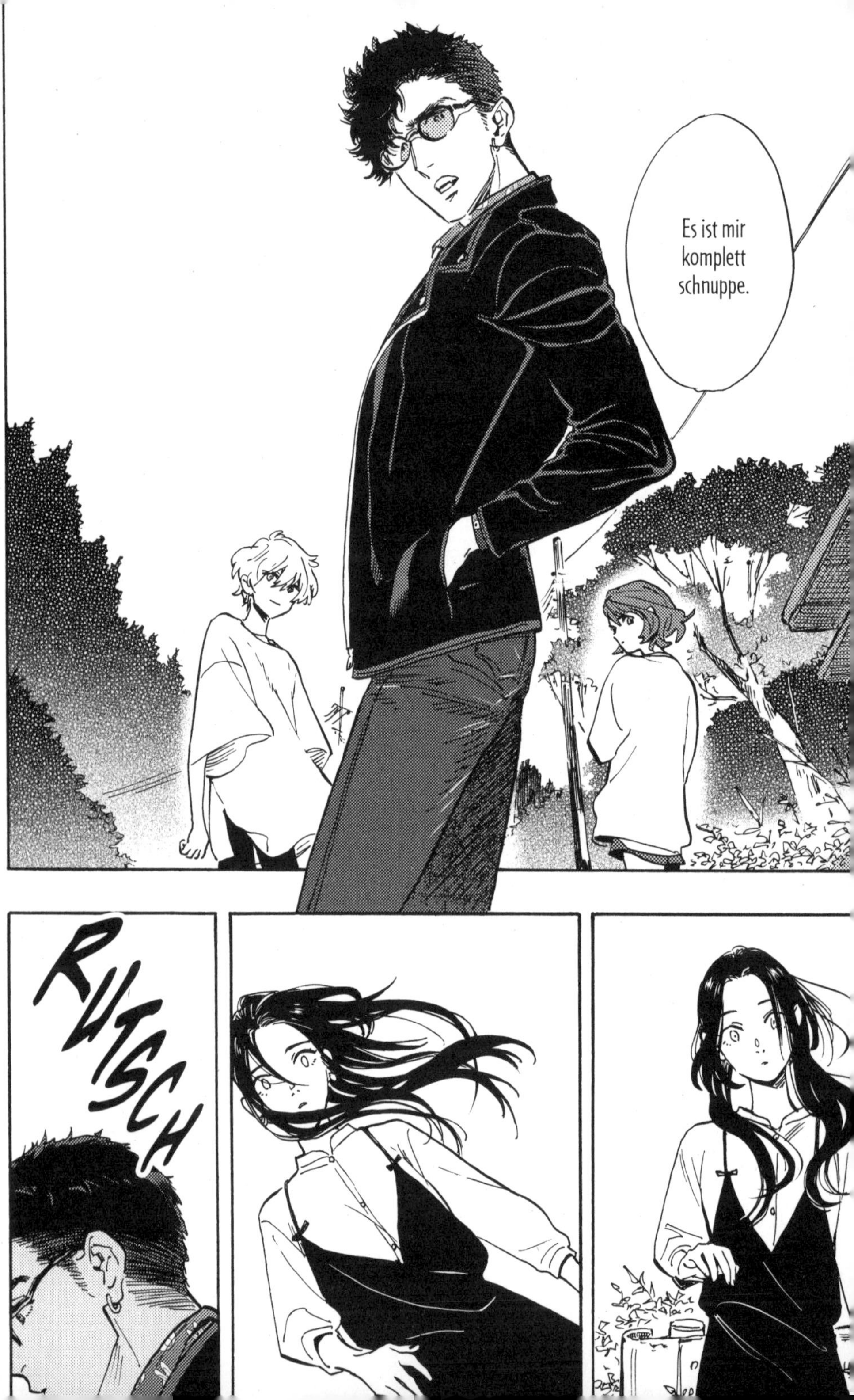
Es ist mir komplett schnuppe.
RUTSCH

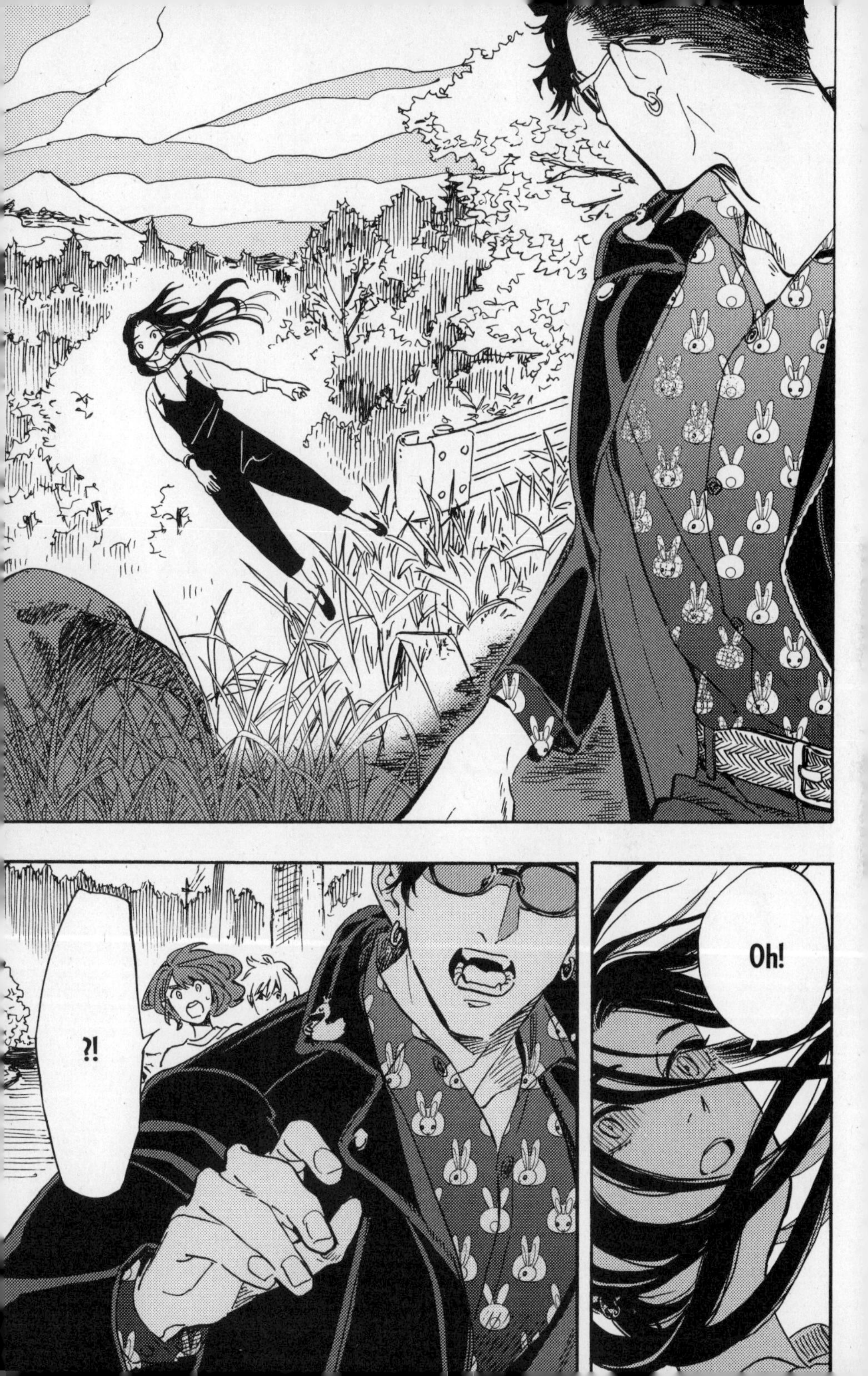
Oh!
?!

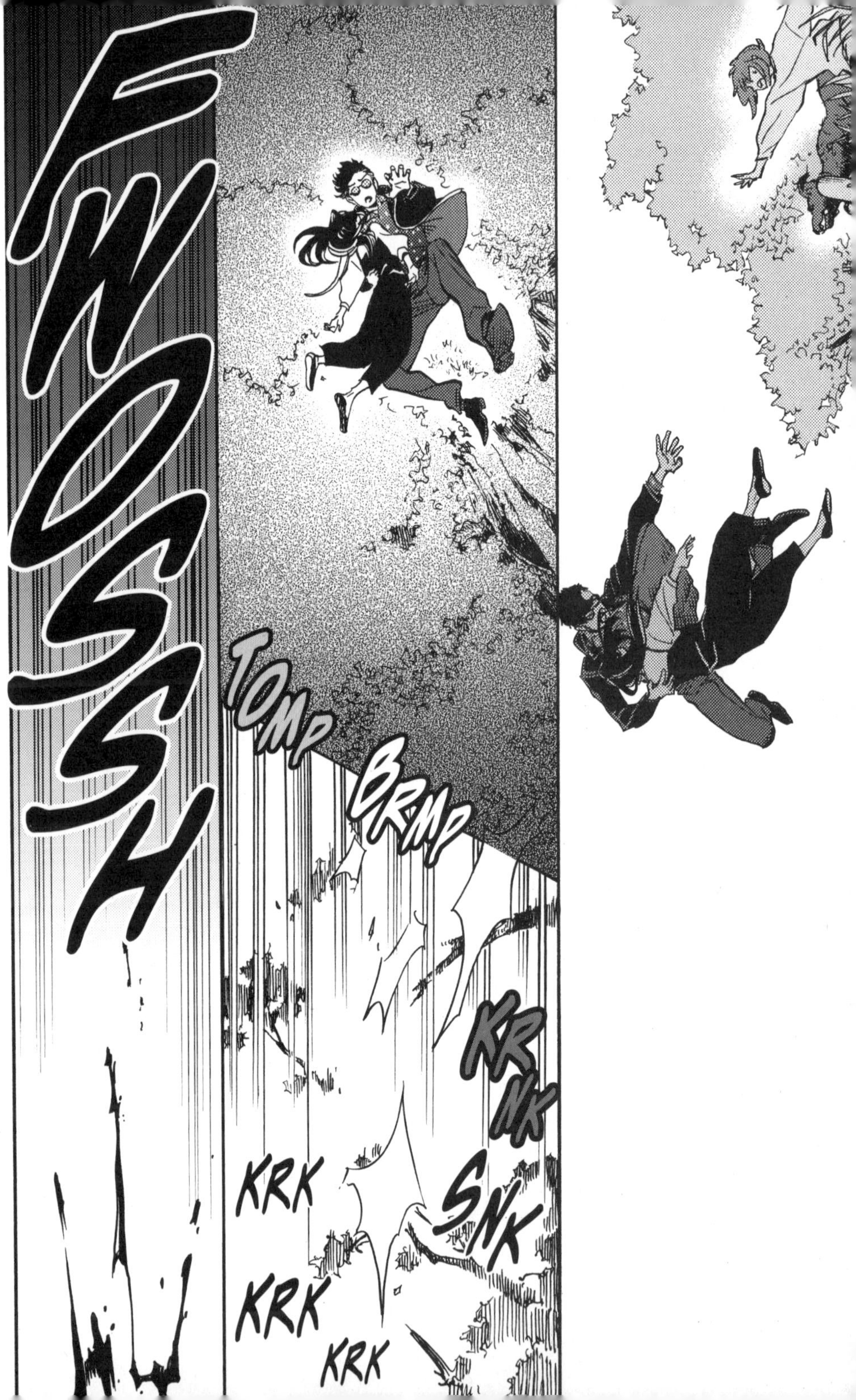

FWOOSH
TOMP
BRMP
KRNK
SNK
KRK
KRK
KRK

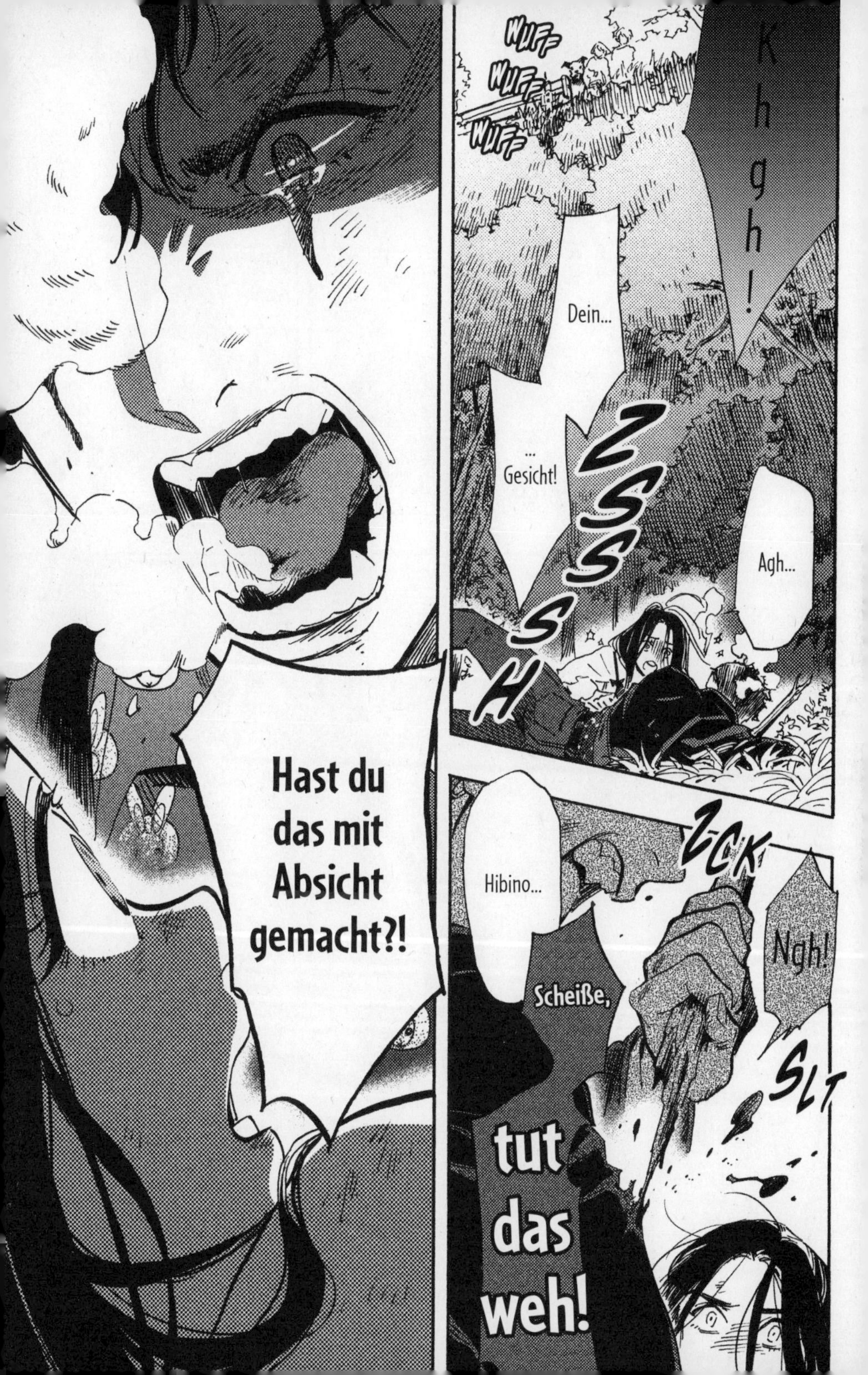

WUFF
WUFF
WUFF
Khgh!
Agh...
Dein...
... Gesicht!
ZSSSSH
ZCK
Ngh!
Hibino...
Scheiße,
tut das weh!
SLT
Hast du das mit Absicht gemacht?!

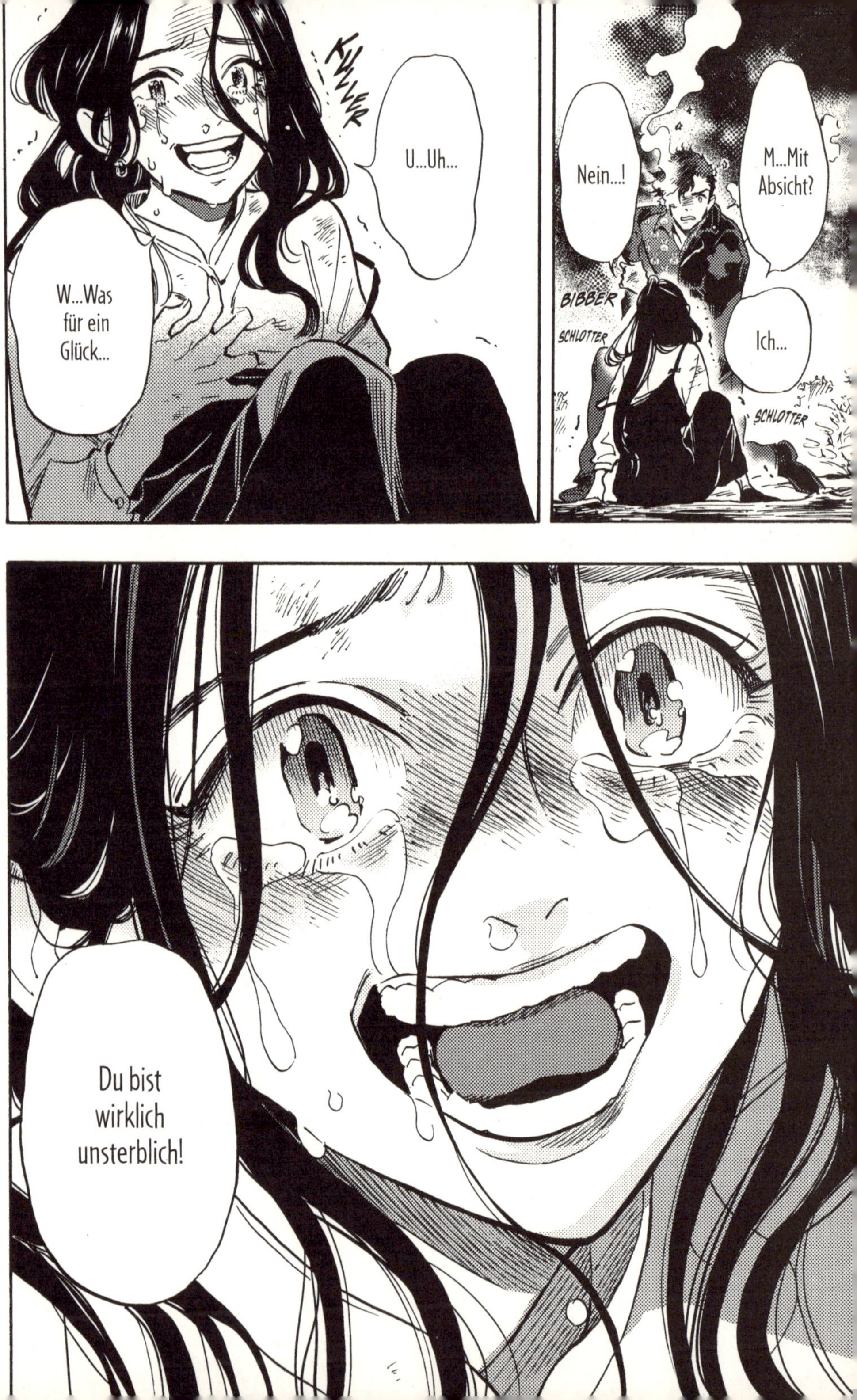
M...Mit Absicht?
Nein...!
Ich...
BIBBER
SCHLOTTER
SCHLOTTER
U...Uh...
W...Was für ein Glück...
Du bist wirklich unsterblich!

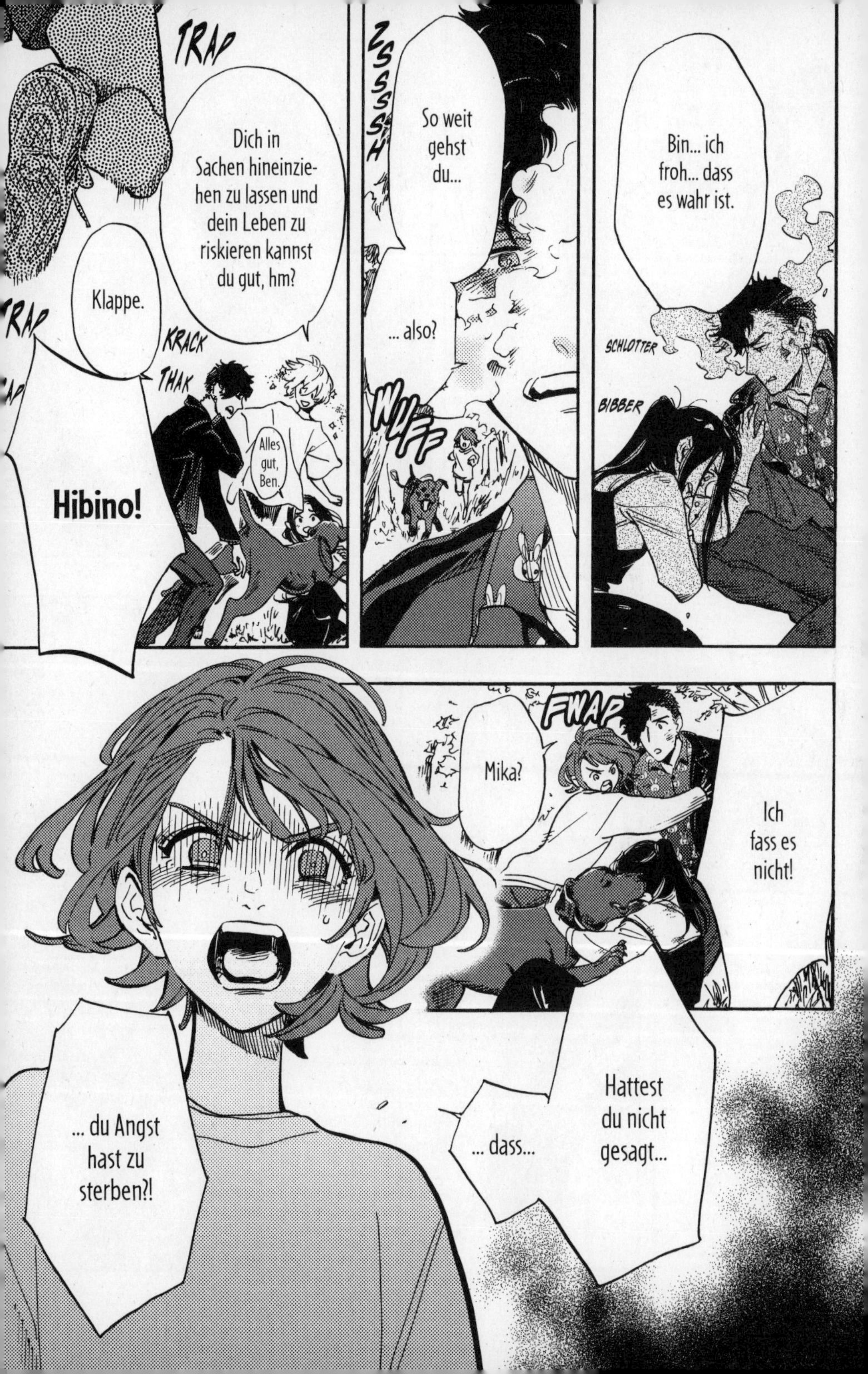
Bin... ich froh... dass es wahr ist.
SCHLOTTER
BIBBER
ZSSSSH
So weit gehst du...
... also?
WUFF
TRAP
Dich in Sachen hineinziehen zu lassen und dein Leben zu riskieren kannst du gut, hm?
Klappe.
TRAP
KRACK
THAK
Alles gut, Ben.
Hibino!
FWAP
Mika?
Ich fass es nicht!
Hattest du nicht gesagt...
... dass...
... du Angst hast zu sterben?!

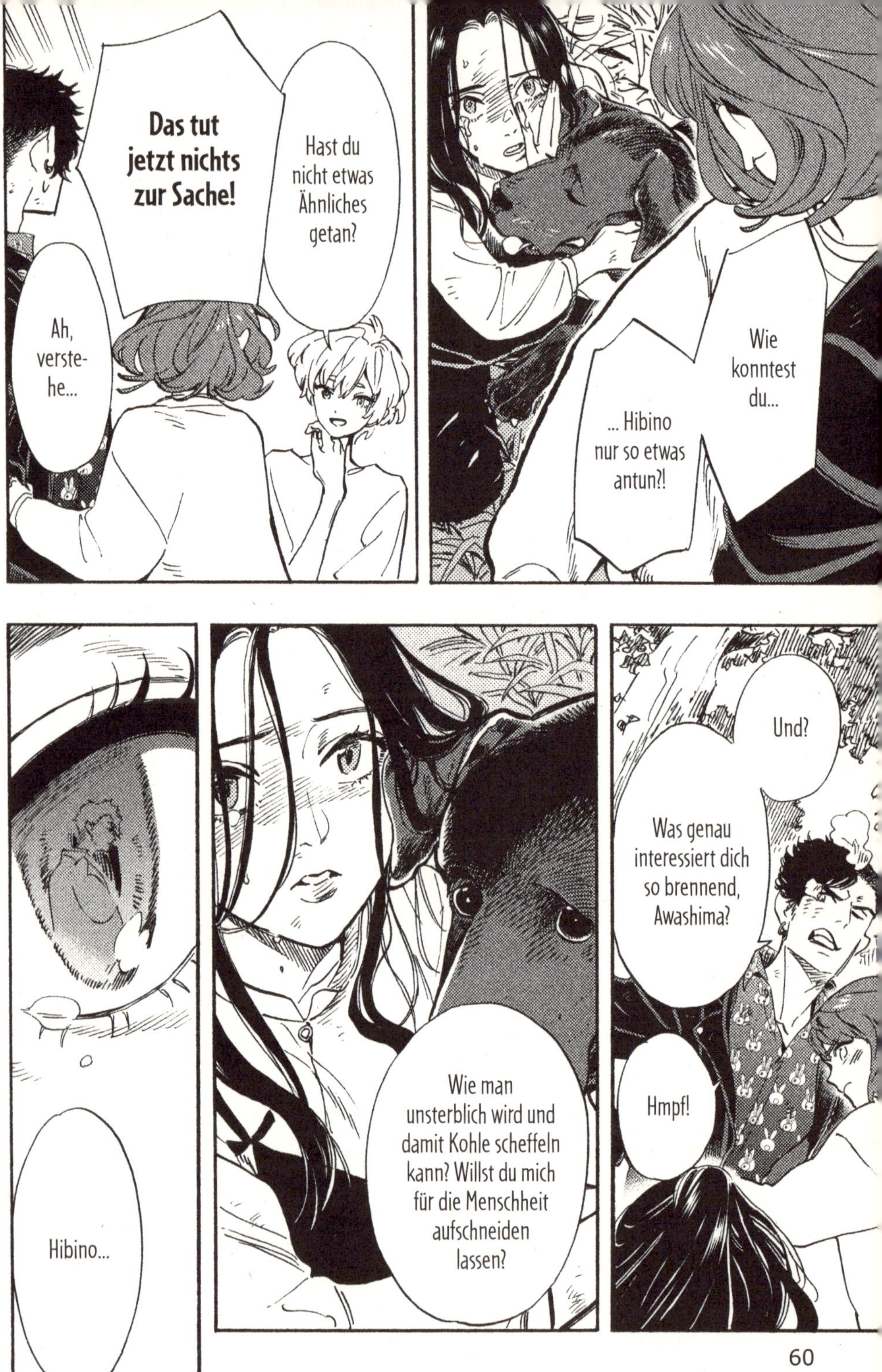
Wie konntest du...
... Hibino nur so etwas antun?!
Hast du nicht etwas Ähnliches getan?
Das tut jetzt nichts zur Sache!
Ah, verste-he...
Und?
Was genau interessiert dich so brennend, Awashima?
Hmpf!
Wie man unsterblich wird und damit Kohle scheffeln kann? Willst du mich für die Menschheit aufschneiden lassen?
Hibino...

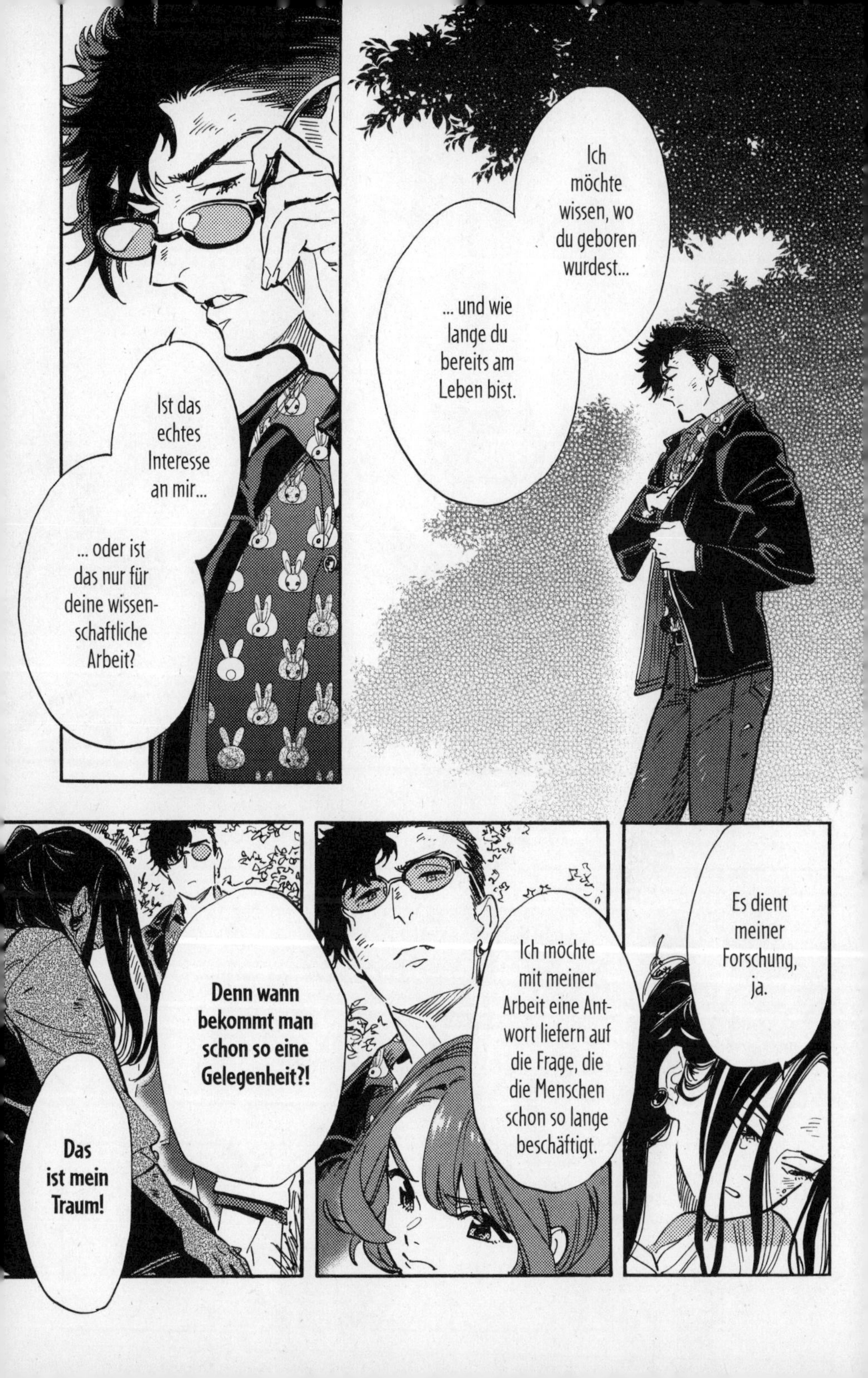
Ich möchte wissen, wo du geboren wurdest...
... und wie lange du bereits am Leben bist.
Ist das echtes Interesse an mir...
... oder ist das nur für deine wissen-schaftliche Arbeit?
Es dient meiner Forschung, ja.
Ich möchte mit meiner Arbeit eine Ant-wort liefern auf die Frage, die die Menschen schon so lange beschäftigt.
Denn wann bekommt man schon so eine Gelegenheit?!
Das ist mein Traum!

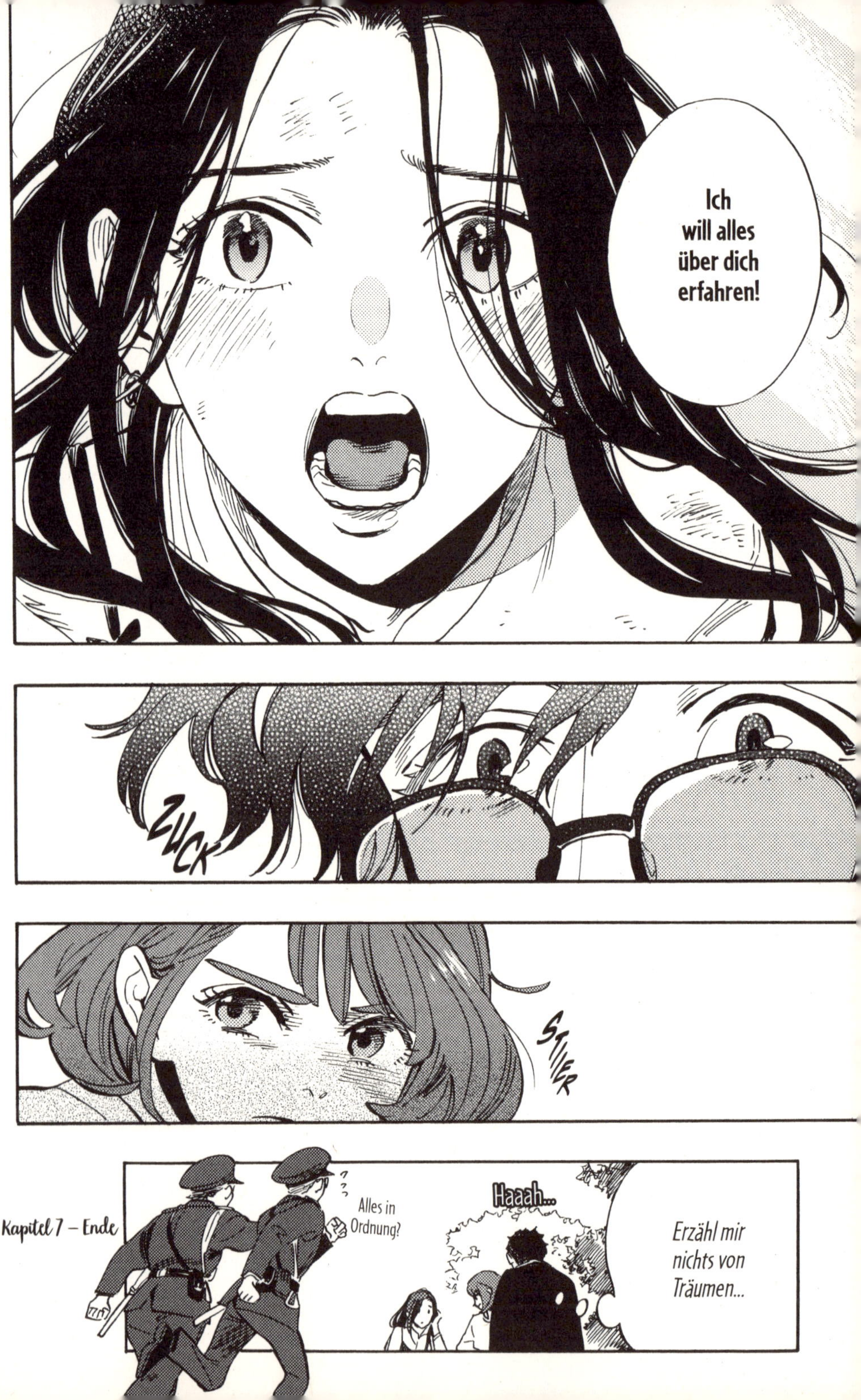

Ich will alles über dich erfahren!
ZUCK
STIER
Erzähl mir nichts von Träumen...
Haaah...
Alles in Ordnung?
Kapitel 7 – Ende

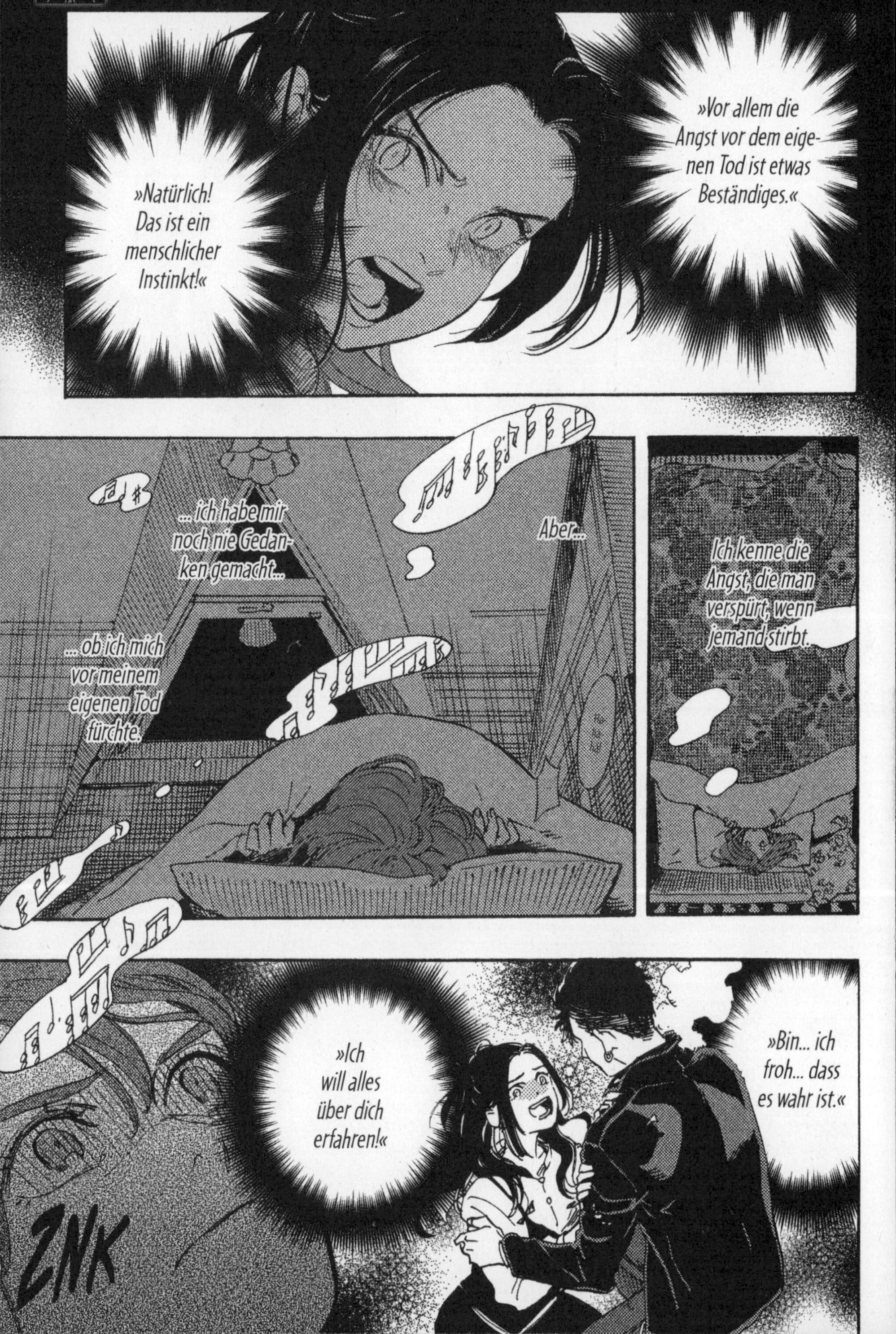
»Vor allem die Angst vor dem eigenen Tod ist etwas Beständiges.«
»Natürlich! Das ist ein menschlicher Instinkt!«
Ich kenne die Angst, die man verspürt, wenn jemand stirbt.
Aber...
... ich habe mir noch nie Gedanken gemacht...
... ob ich mich vor meinem eigenen Tod fürchte.
»Bin... ich froh... dass es wahr ist.«
»Ich will alles über dich erfahren!«
ZNK

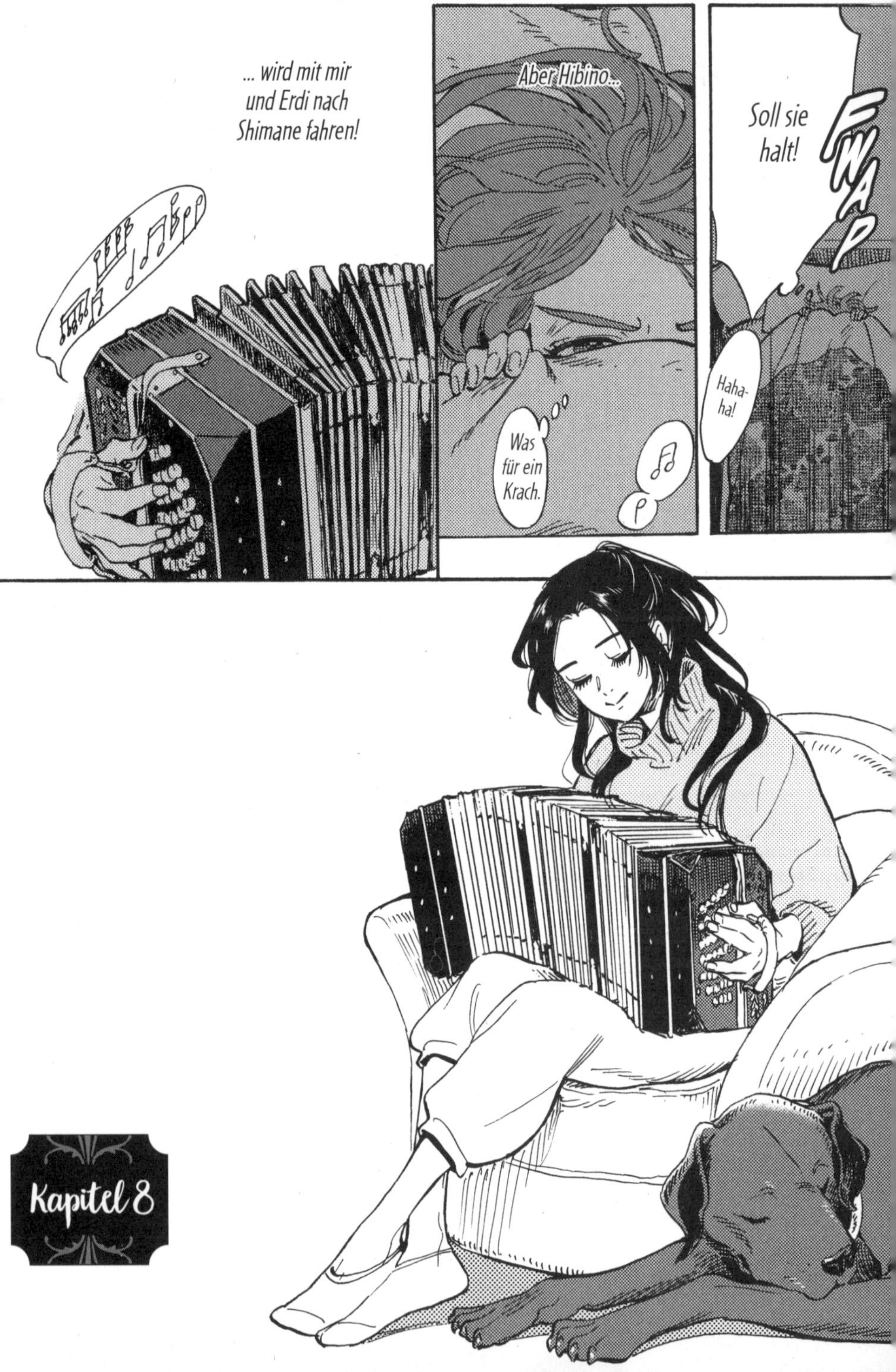
Soll sie
halt!
FWAP
Haha-
ha!
Aber Hibino...
Was
für ein
Krach.
... wird mit mir
und Erdi nach
Shimane fahren!
Kapitel 8

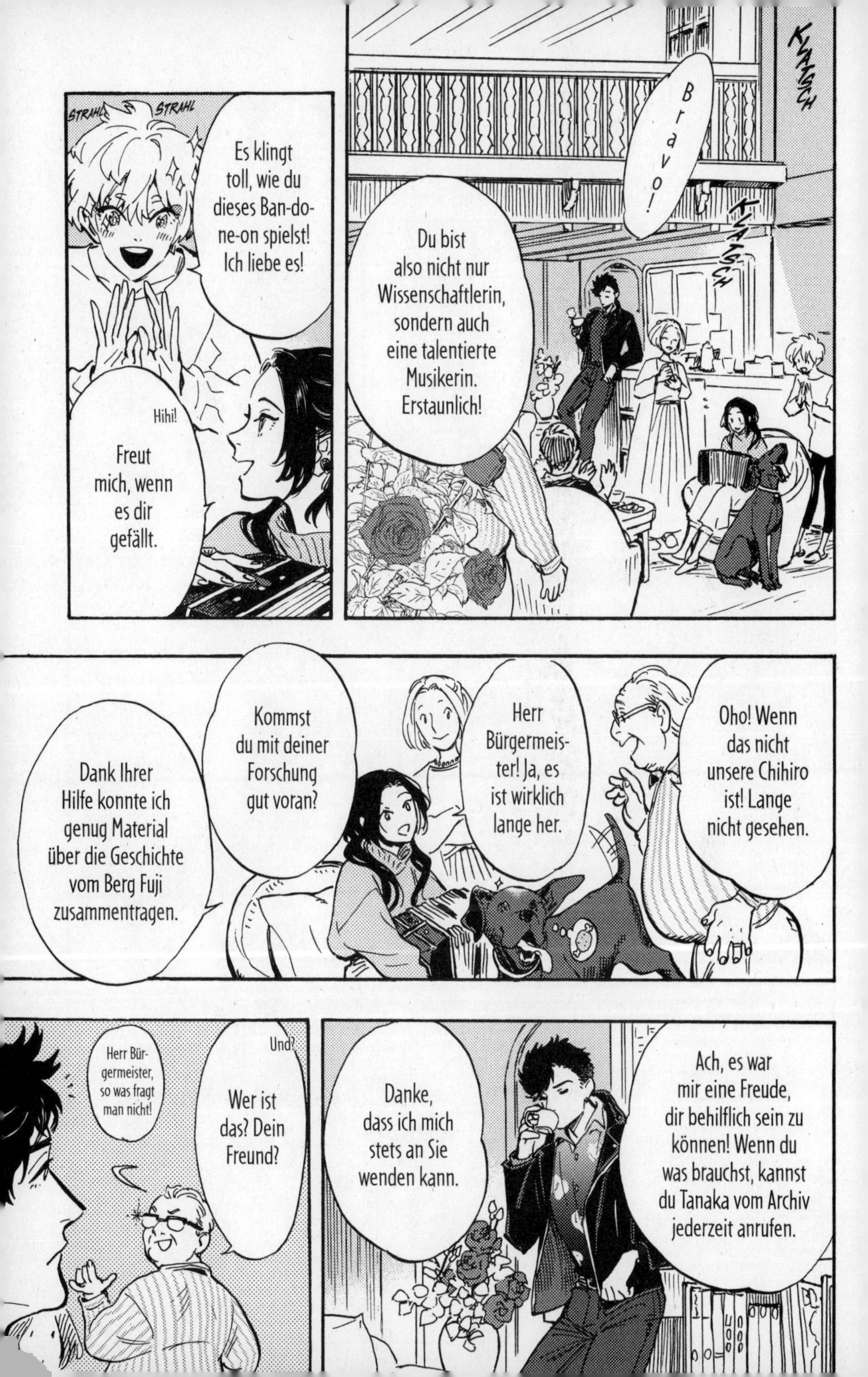
KLATSCH
Bravo!
KLATSCH
Du bist also nicht nur Wissenschaftlerin, sondern auch eine talentierte Musikerin. Erstaunlich!
STRAHL STRAHL
Es klingt toll, wie du dieses Ban-do-ne-on spielst! Ich liebe es!
Hihi!
Freut mich, wenn es dir gefällt.
Oho! Wenn das nicht unsere Chihiro ist! Lange nicht gesehen.
Herr Bürgermeis-ter! Ja, es ist wirklich lange her.
Kommst du mit deiner Forschung gut voran?
Dank Ihrer Hilfe konnte ich genug Material über die Geschichte vom Berg Fuji zusammentragen.
Ach, es war mir eine Freude, dir behilflich sein zu können! Wenn du was brauchst, kannst du Tanaka vom Archiv jederzeit anrufen.
Danke, dass ich mich stets an Sie wenden kann.
Und?
Wer ist das? Dein Freund?
Herr Bür-germeister, so was fragt man nicht!

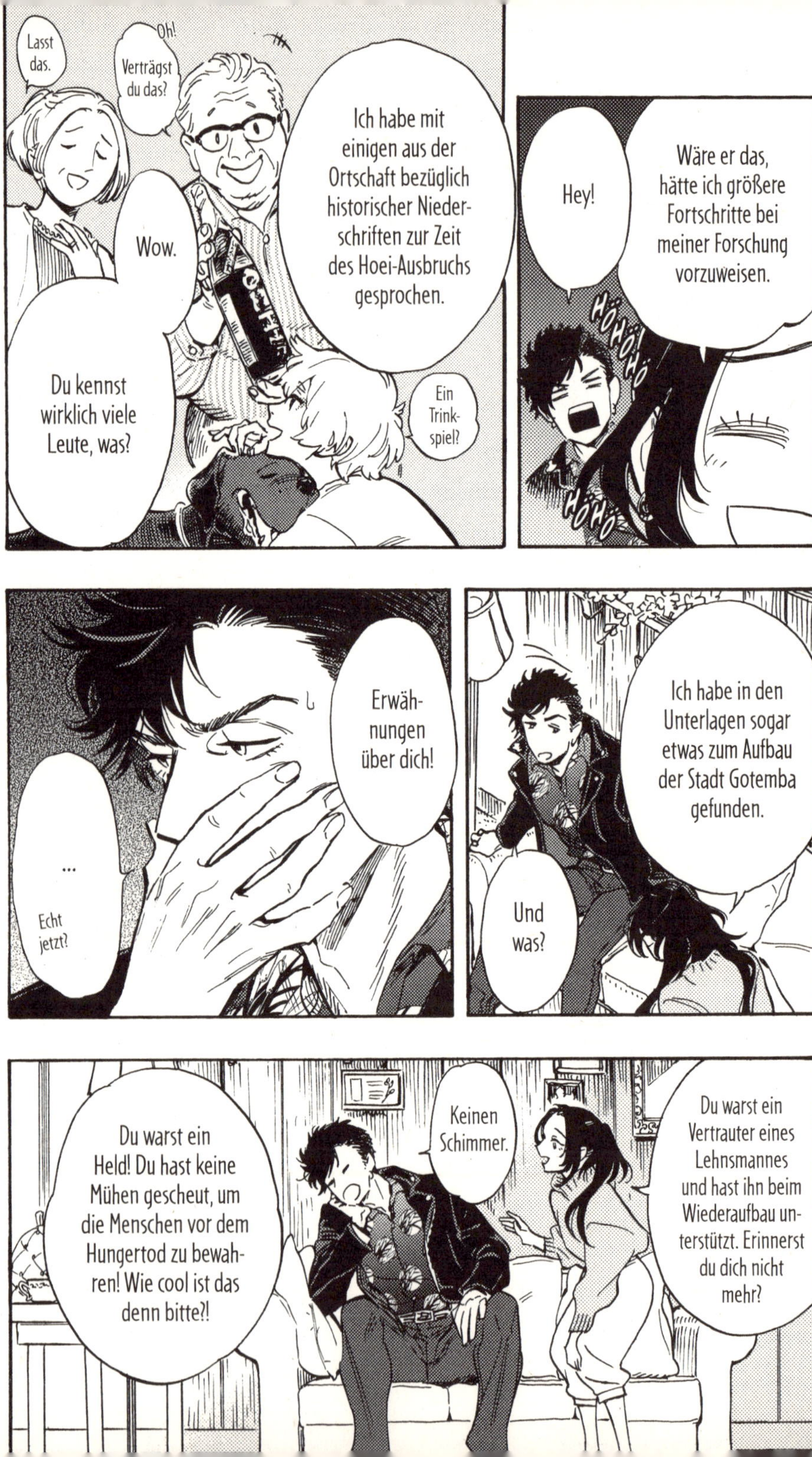
Wäre er das, hätte ich größere Fortschritte bei meiner Forschung vorzuweisen.
Hey!
HÖHÖHÖ
HÖHÖ
Ich habe mit einigen aus der Ortschaft bezüglich historischer Niederschriften zur Zeit des Hoei-Ausbruchs gesprochen.
Oh! Verträgst du das?
Lasst das.
Wow.
Ein Trinkspiel?
Du kennst wirklich viele Leute, was?
Ich habe in den Unterlagen sogar etwas zum Aufbau der Stadt Gotemba gefunden.
Und was?
Erwähnungen über dich!
...
Echt jetzt?
Du warst ein Vertrauter eines Lehnsmannes und hast ihn beim Wiederaufbau unterstützt. Erinnerst du dich nicht mehr?
Keinen Schimmer.
Du warst ein Held! Du hast keine Mühen gescheut, um die Menschen vor dem Hungertod zu bewahren! Wie cool ist das denn bitte?!

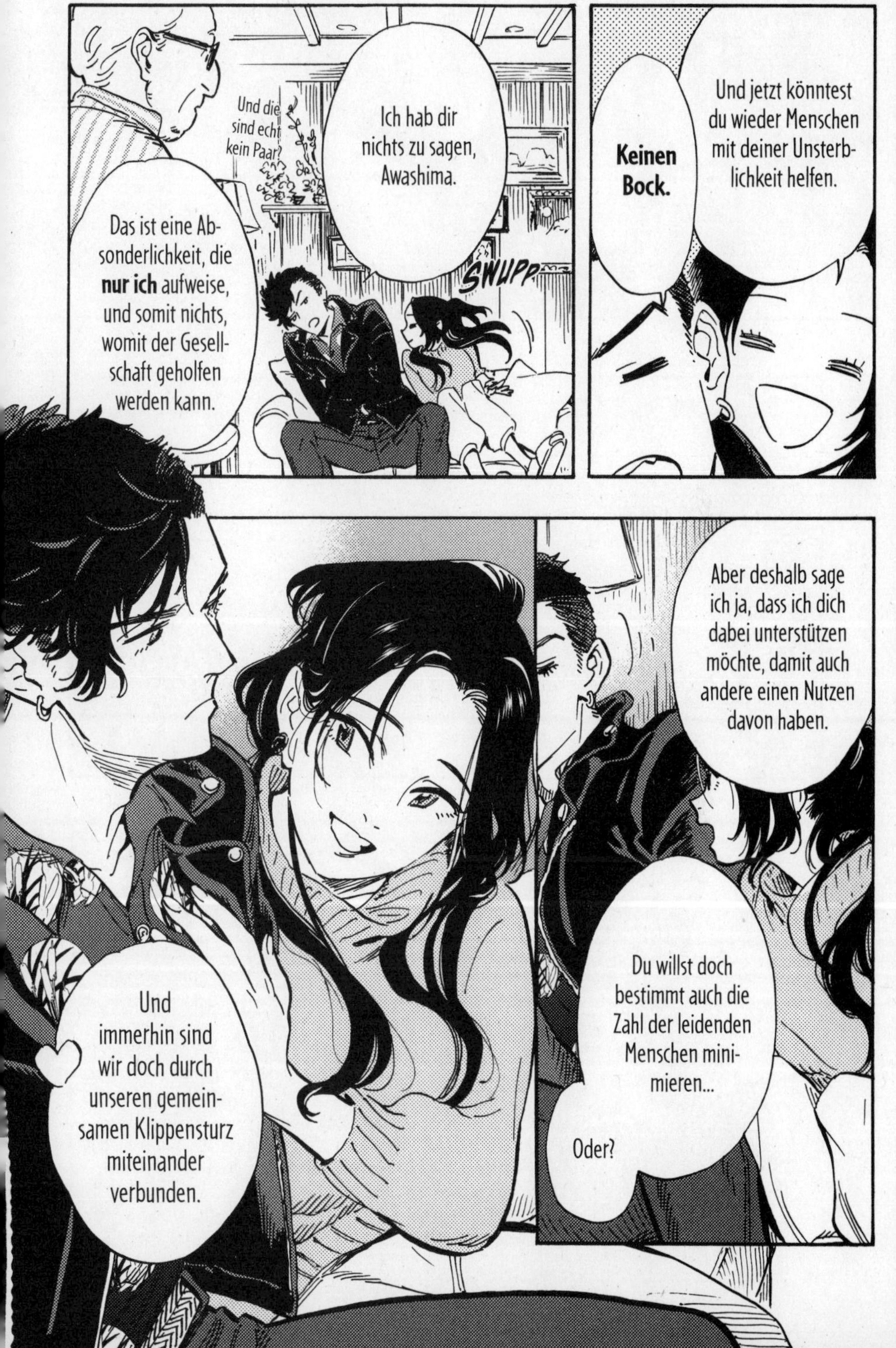
Und jetzt könntest du wieder Menschen mit deiner Unsterblichkeit helfen.
Keinen Bock.
Ich hab dir nichts zu sagen, Awashima.
SWUPP
Und die sind echt kein Paar?
Das ist eine Absonderlichkeit, die **nur ich** aufweise, und somit nichts, womit der Gesellschaft geholfen werden kann.
Aber deshalb sage ich ja, dass ich dich dabei unterstützen möchte, damit auch andere einen Nutzen davon haben.
Du willst doch bestimmt auch die Zahl der leidenden Menschen minimieren...
Oder?
Und immerhin sind wir doch durch unseren gemeinsamen Klippensturz miteinander verbunden.

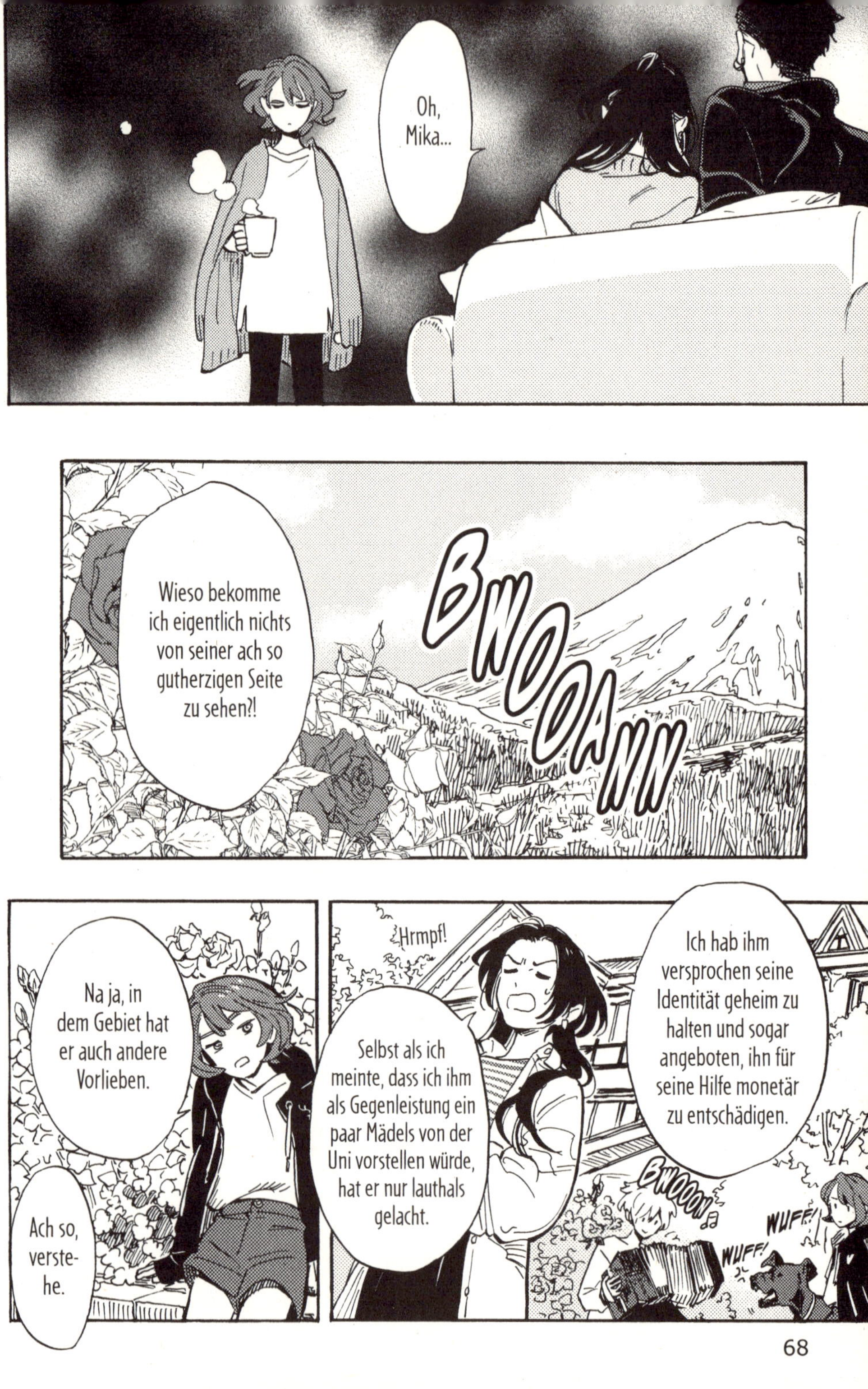
Oh, Mika...
Wieso bekomme ich eigentlich nichts von seiner ach so gutherzigen Seite zu sehen?!
BWOOANN
Ich hab ihm versprochen seine Identität geheim zu halten und sogar angeboten, ihn für seine Hilfe monetär zu entschädigen.
Hrmpf!
Selbst als ich meinte, dass ich ihm als Gegenleistung ein paar Mädels von der Uni vorstellen würde, hat er nur lauthals gelacht.
BWOOON
WUFF!
WUFF!
Na ja, in dem Gebiet hat er auch andere Vorlieben.
Ach so, verste-he.

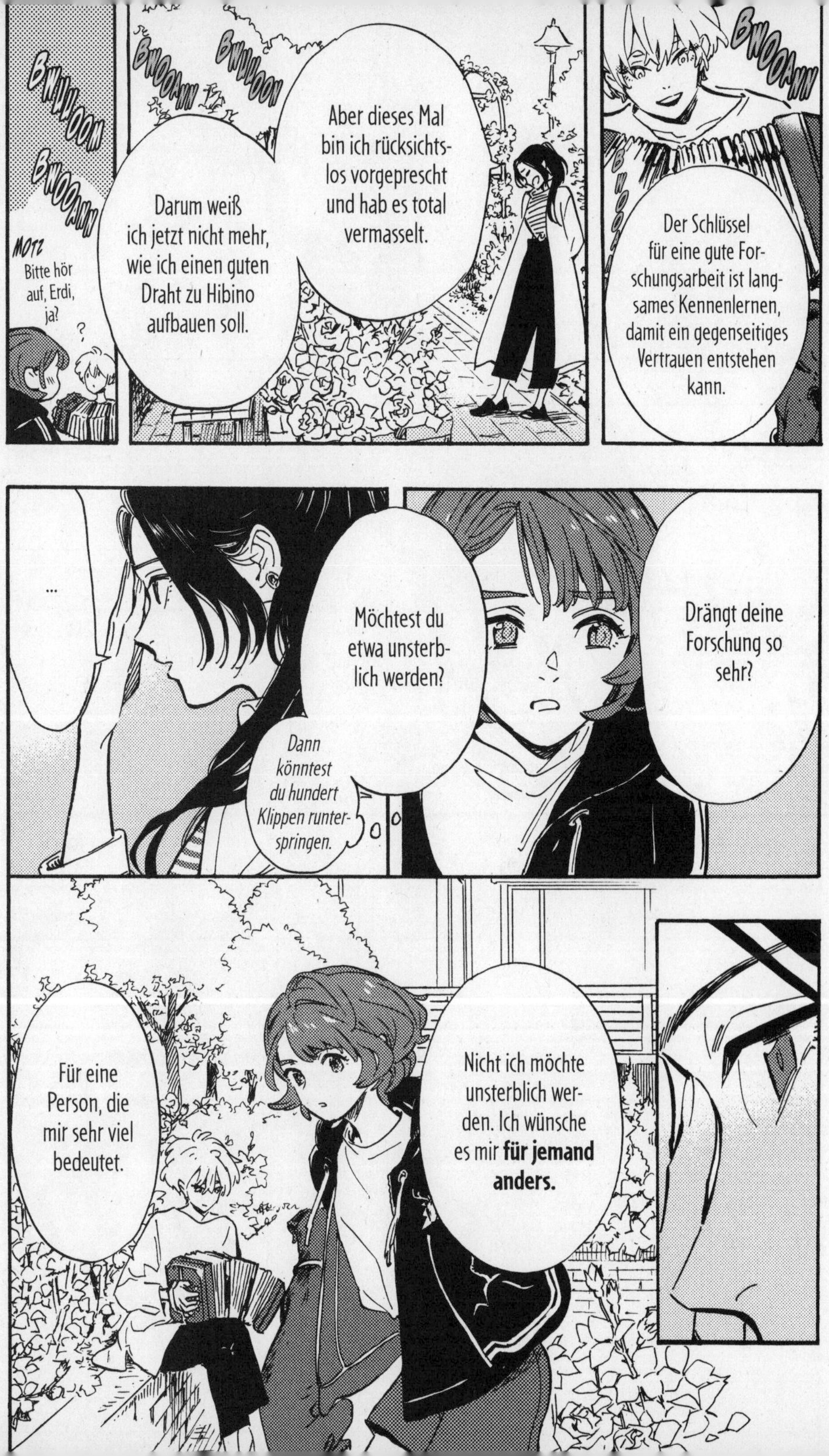
Der Schlüssel für eine gute Forschungsarbeit ist langsames Kennenlernen, damit ein gegenseitiges Vertrauen entstehen kann.
Aber dieses Mal bin ich rücksichtslos vorgeprescht und hab es total vermasselt.
Darum weiß ich jetzt nicht mehr, wie ich einen guten Draht zu Hibino aufbauen soll.
MOTZ
Bitte hör auf, Erdi, ja?
?
Drängt deine Forschung so sehr?
Möchtest du etwa unsterblich werden?
Dann könntest du hundert Klippen runterspringen.
...
Nicht ich möchte unsterblich werden. Ich wünsche es mir **für jemand anders.**
Für eine Person, die mir sehr viel bedeutet.

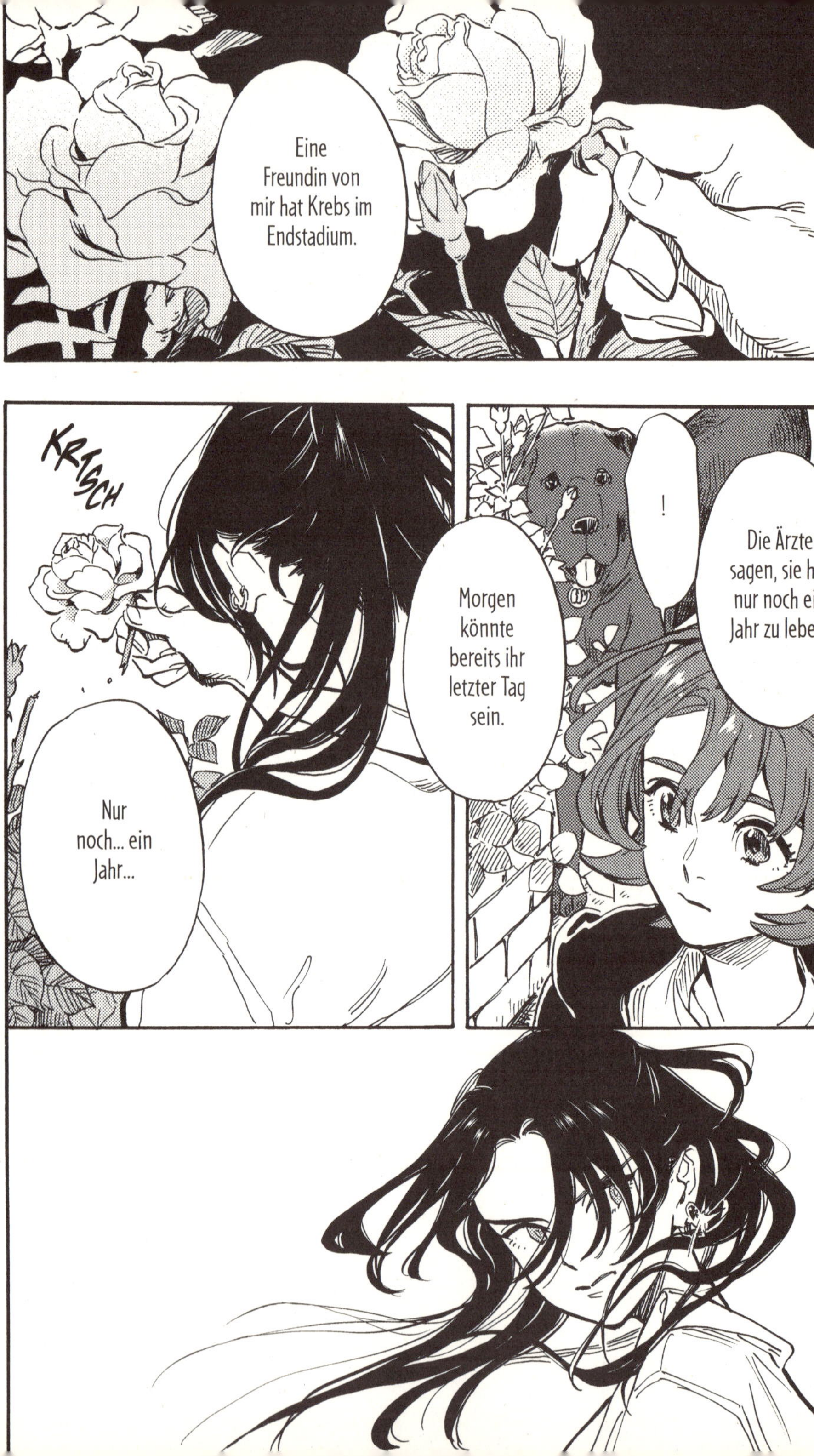
Eine Freundin von mir hat Krebs im Endstadium.
!
Die Ärzte sagen, sie hat nur noch ein Jahr zu leben.
Morgen könnte bereits ihr letzter Tag sein.
KRASCH
Nur noch... ein Jahr...

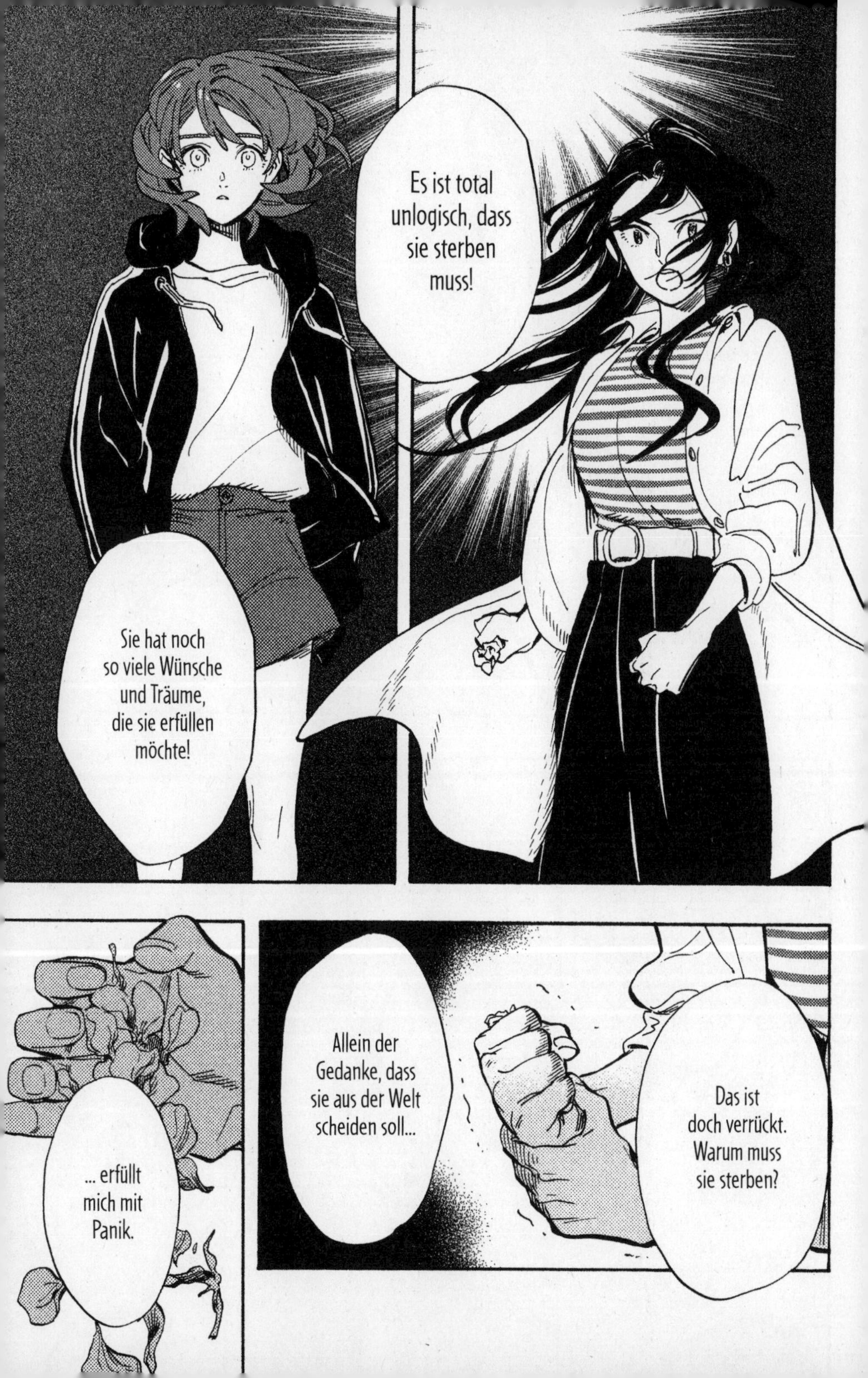
Es ist total unlogisch, dass sie sterben muss!
Sie hat noch so viele Wünsche und Träume, die sie erfüllen möchte!
Das ist doch verrückt. Warum muss sie sterben?
Allein der Gedanke, dass sie aus der Welt scheiden soll...
... erfüllt mich mit Panik.

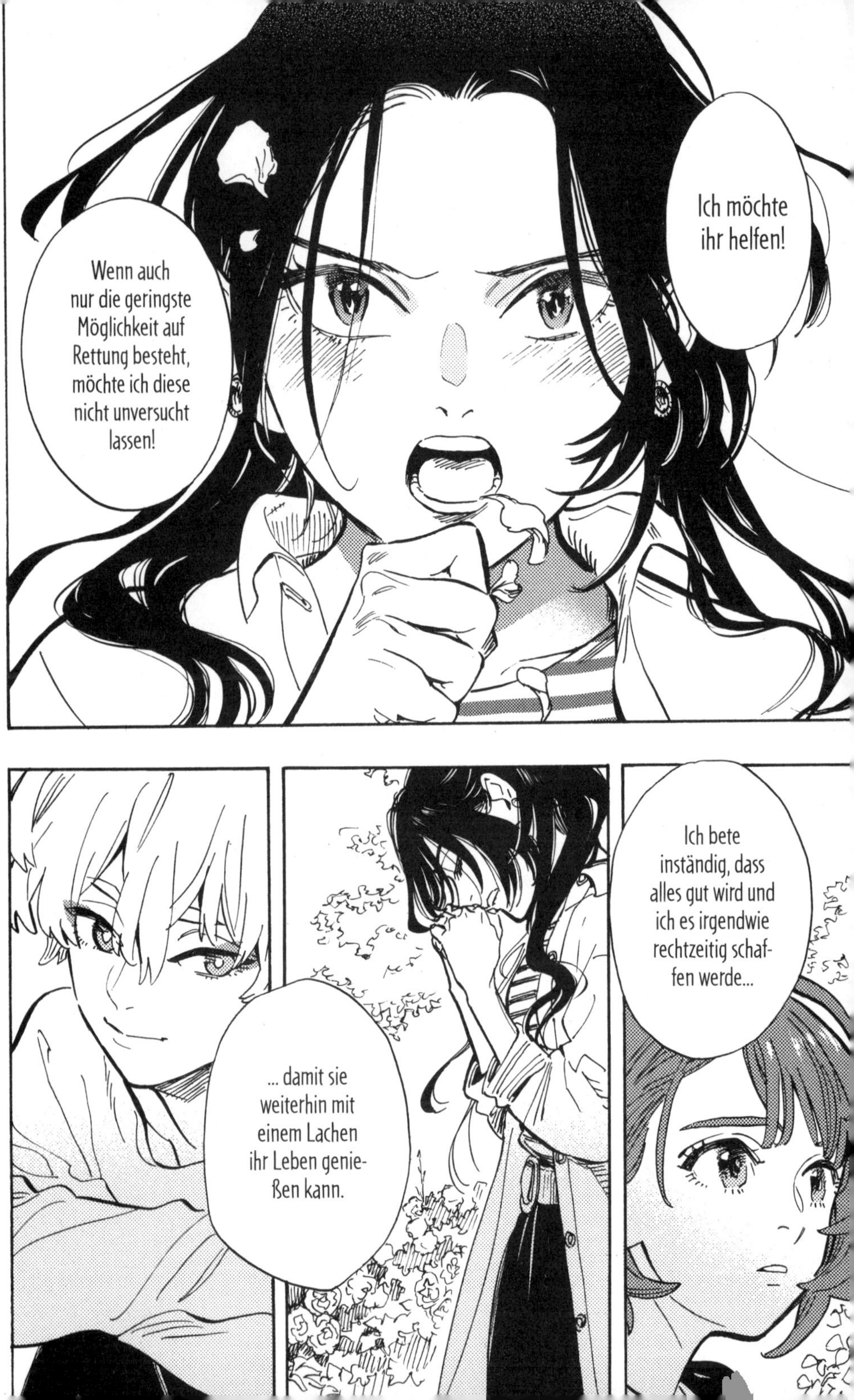
Ich möchte ihr helfen!
Wenn auch nur die geringste Möglichkeit auf Rettung besteht, möchte ich diese nicht unversucht lassen!
Ich bete inständig, dass alles gut wird und ich es irgendwie rechtzeitig schaffen werde...
... damit sie weiterhin mit einem Lachen ihr Leben genießen kann.

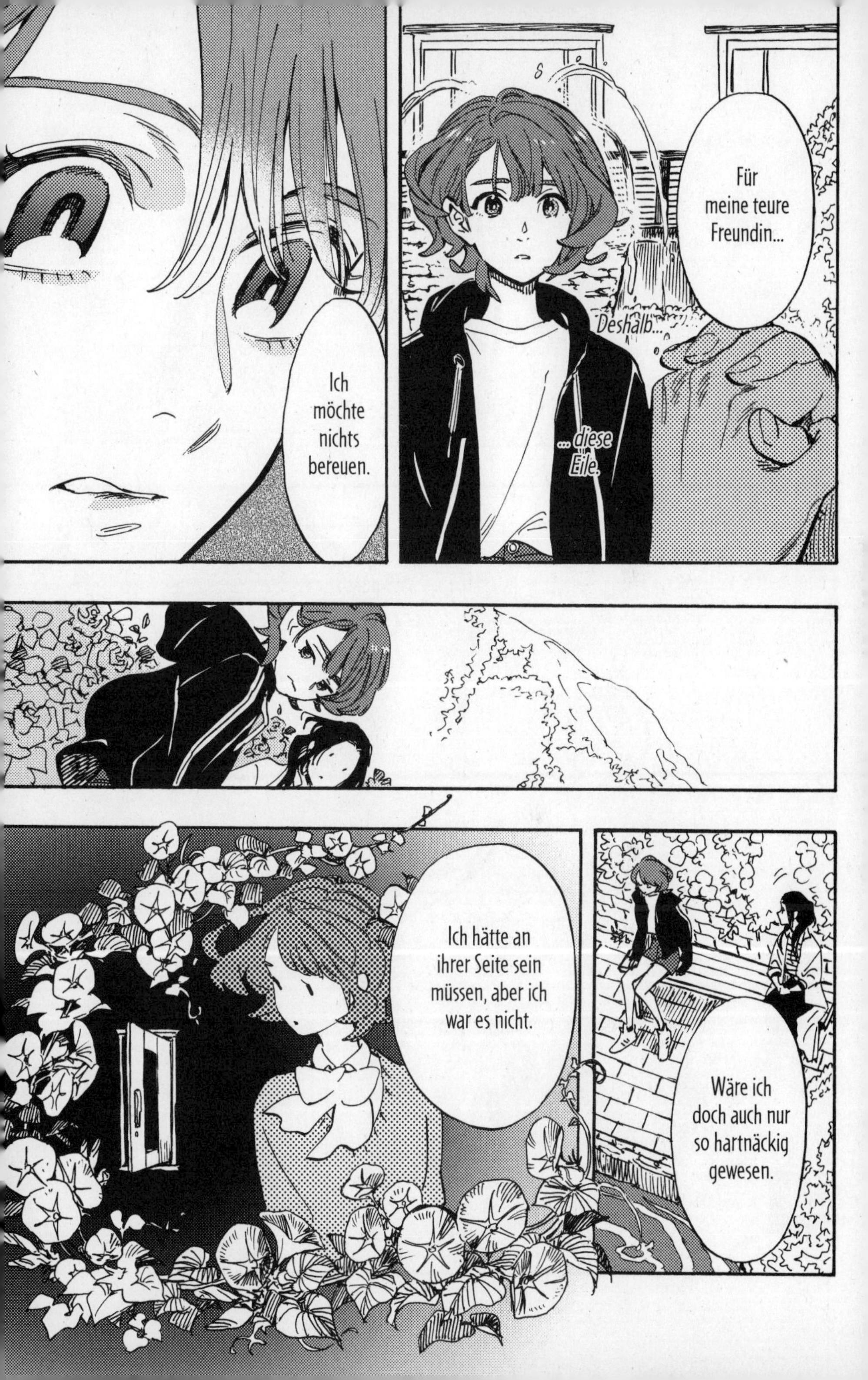
Für meine teure Freundin...
Deshalb...
... diese Eile.
Ich möchte nichts bereuen.
Wäre ich doch auch nur so hartnäckig gewesen.
Ich hätte an ihrer Seite sein müssen, aber ich war es nicht.

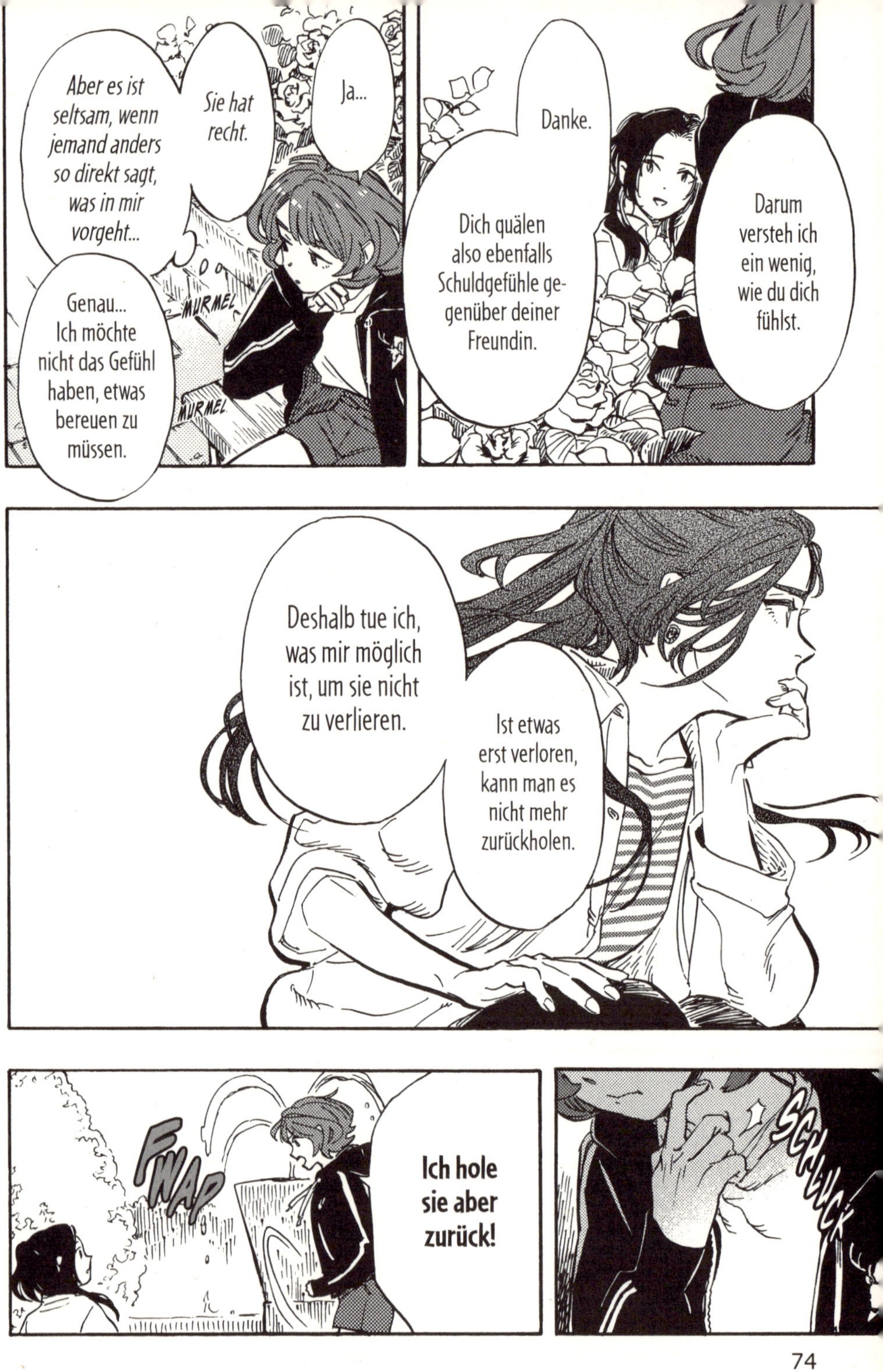
Darum versteh ich ein wenig, wie du dich fühlst.
Dich quälen also ebenfalls Schuldgefühle gegenüber deiner Freundin.
Danke.
Ja...
Sie hat recht.
Aber es ist seltsam, wenn jemand anders so direkt sagt, was in mir vorgeht...
MURMEL
MURMEL
Genau... Ich möchte nicht das Gefühl haben, etwas bereuen zu müssen.
Deshalb tue ich, was mir möglich ist, um sie nicht zu verlieren.
Ist etwas erst verloren, kann man es nicht mehr zurückholen.
SCHLUCK
FWAP
Ich hole sie aber zurück!

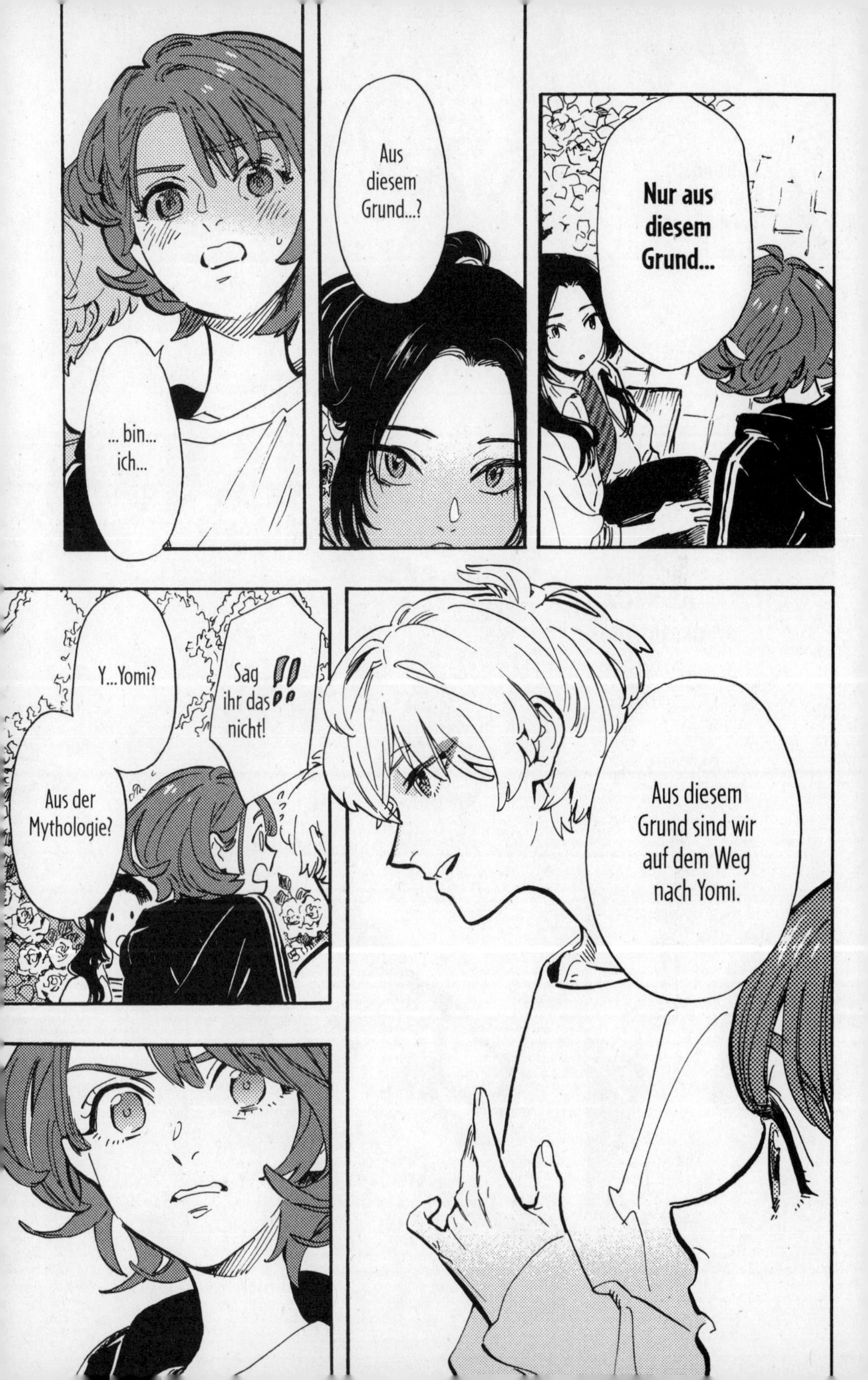
Nur aus diesem Grund...
Aus diesem Grund...?
... bin... ich...
Aus diesem Grund sind wir auf dem Weg nach Yomi.
Sag ihr das nicht!!
Y...Yomi?
Aus der Mythologie?

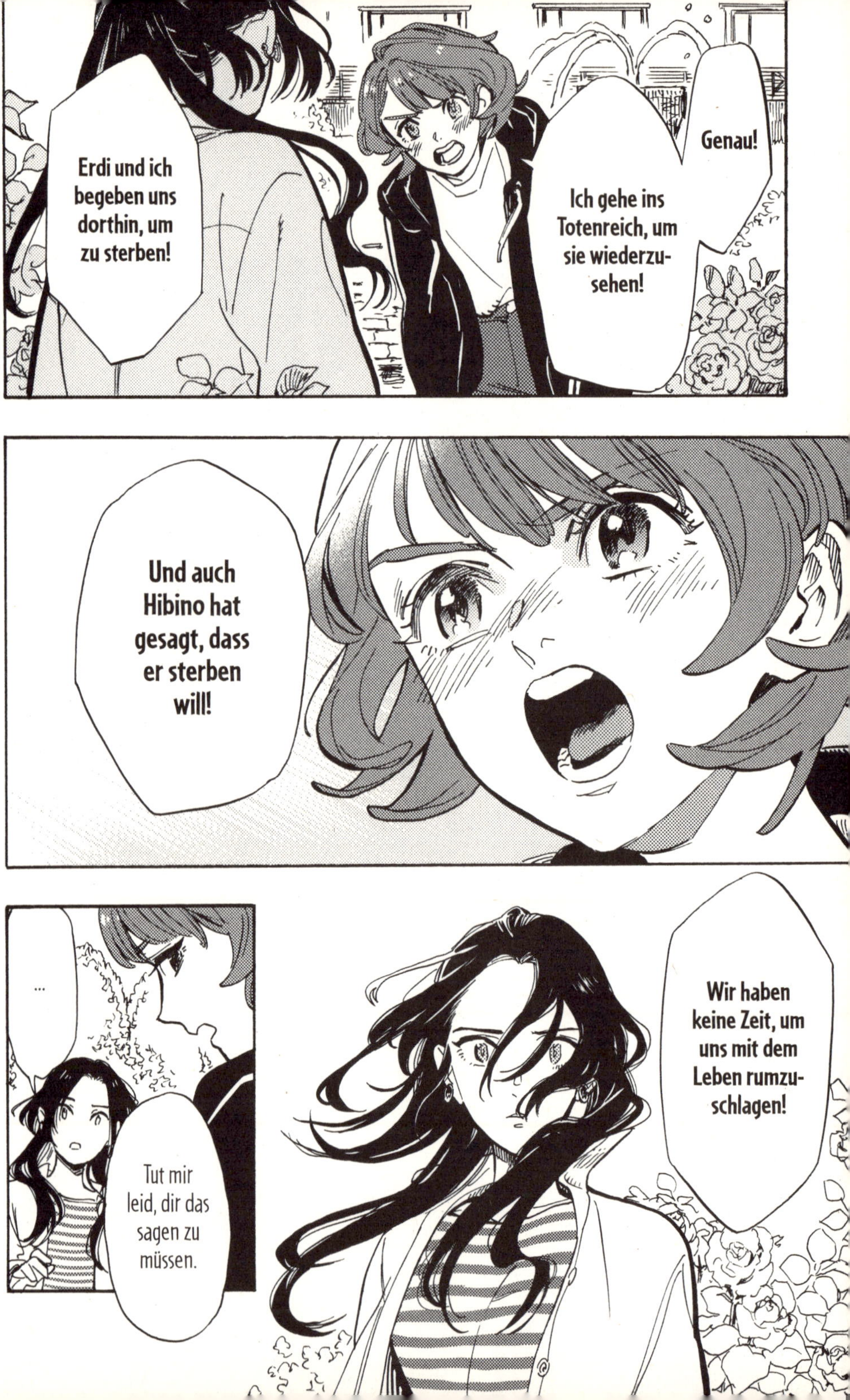

Genau!
Ich gehe ins Totenreich, um sie wiederzusehen!
Erdi und ich begeben uns dorthin, um zu sterben!
Und auch Hibino hat gesagt, dass er sterben will!
Wir haben keine Zeit, um uns mit dem Leben rumzuschlagen!
...
Tut mir leid, dir das sagen zu müssen.

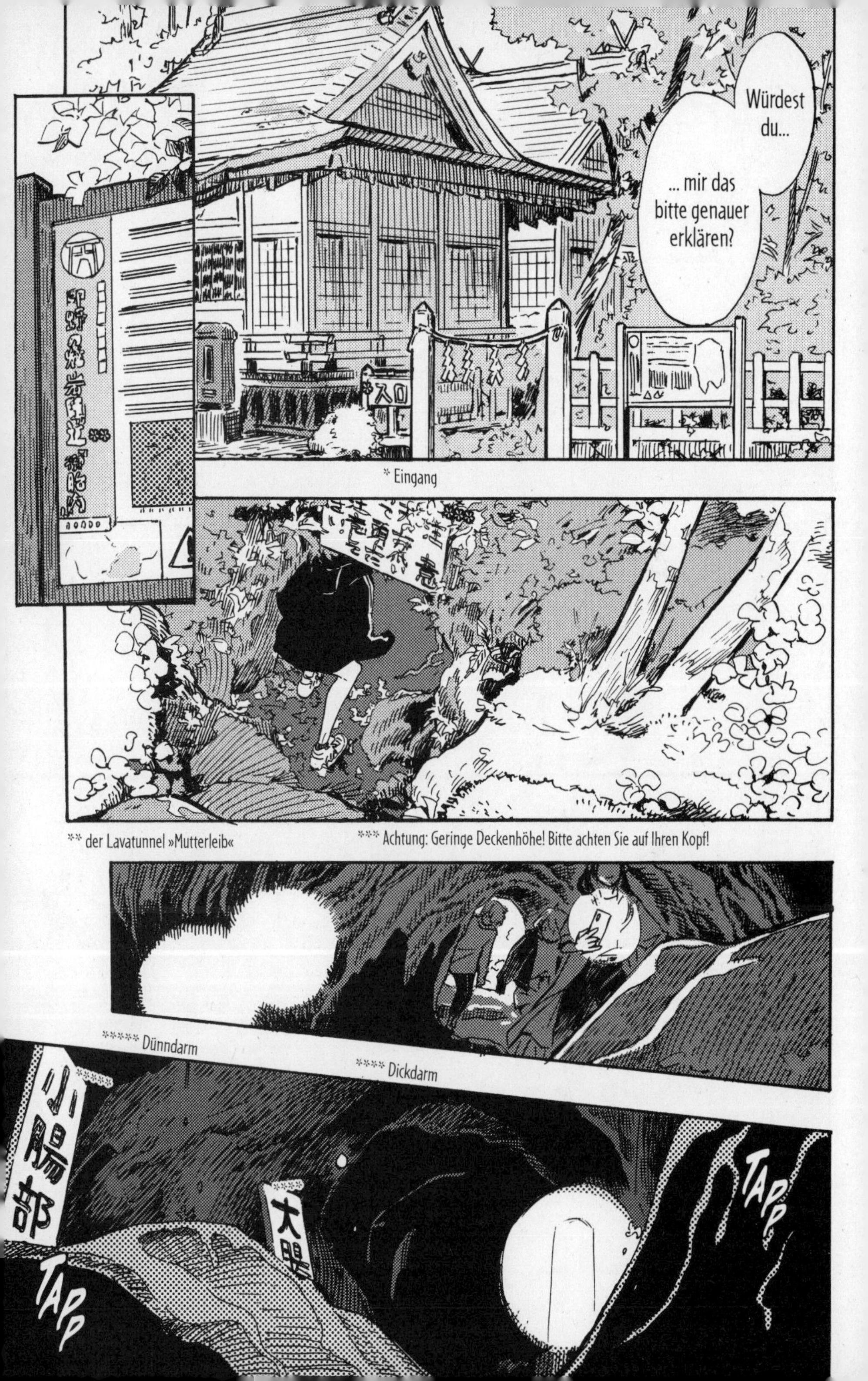
Würdest du...
... mir das bitte genauer erklären?
入口
* Eingang
** der Lavatunnel »Mutterleib«
*** Achtung: Geringe Deckenhöhe! Bitte achten Sie auf Ihren Kopf!
***** Dünndarm
**** Dickdarm
小腸部
大腸
TAPP
TAPP

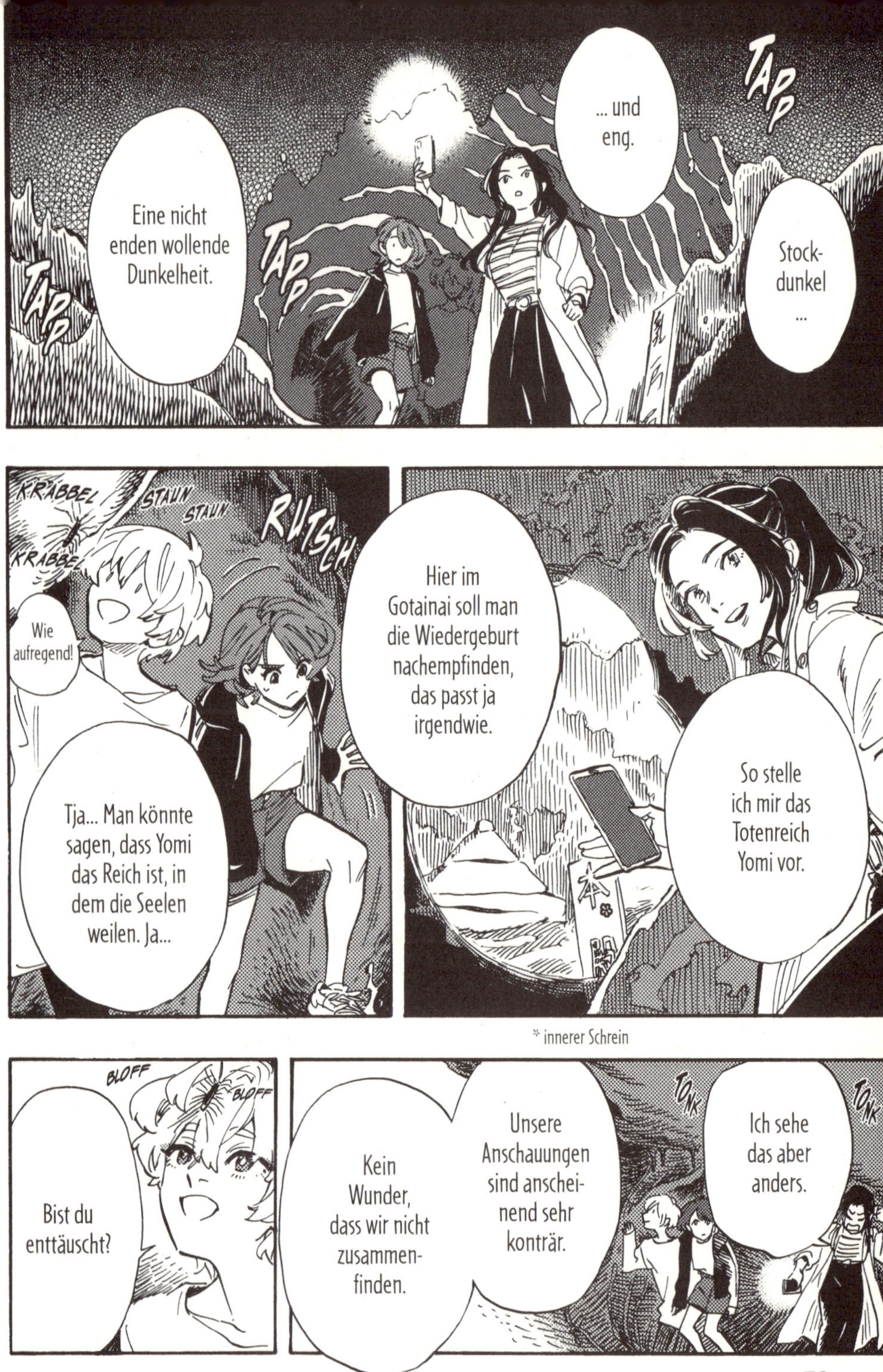

* innerer Schrein

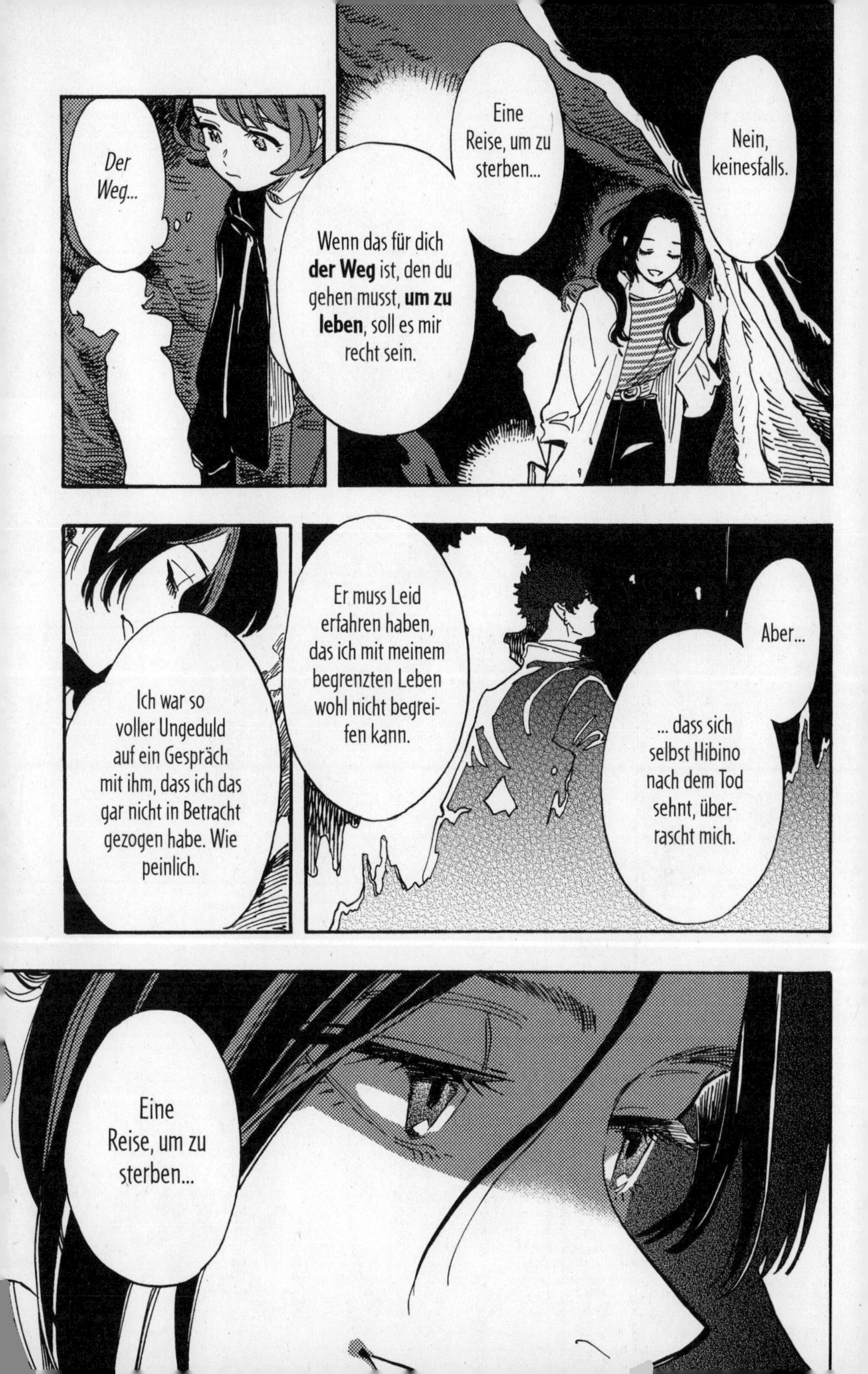
Eine Reise, um zu sterben...
Nein, keinesfalls.
Wenn das für dich **der Weg** ist, den du gehen musst, **um zu leben**, soll es mir recht sein.
Der Weg...
Aber...
... dass sich selbst Hibino nach dem Tod sehnt, überrascht mich.
Er muss Leid erfahren haben, das ich mit meinem begrenzten Leben wohl nicht begreifen kann.
Ich war so voller Ungeduld auf ein Gespräch mit ihm, dass ich das gar nicht in Betracht gezogen habe. Wie peinlich.
Eine Reise, um zu sterben...

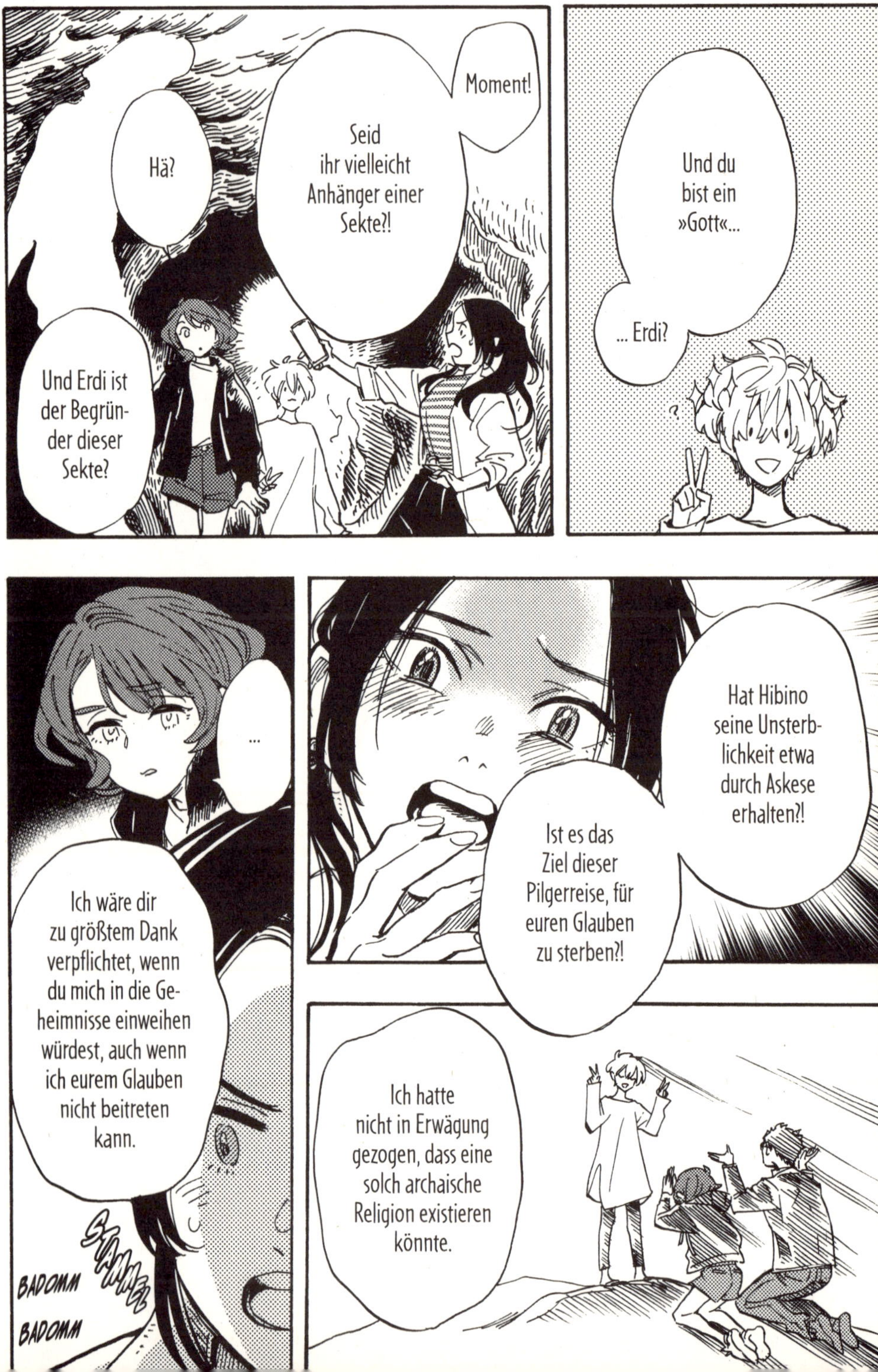
Und du bist ein »Gott«...
... Erdi?
Moment!
Seid ihr vielleicht Anhänger einer Sekte?!
Hä?
Und Erdi ist der Begründer dieser Sekte?
Hat Hibino seine Unsterblichkeit etwa durch Askese erhalten?!
Ist es das Ziel dieser Pilgerreise, für euren Glauben zu sterben?!
Ich hatte nicht in Erwägung gezogen, dass eine solch archaische Religion existieren könnte.
...
Ich wäre dir zu größtem Dank verpflichtet, wenn du mich in die Geheimnisse einweihen würdest, auch wenn ich eurem Glauben nicht beitreten kann.
BADOMM
BADOMM

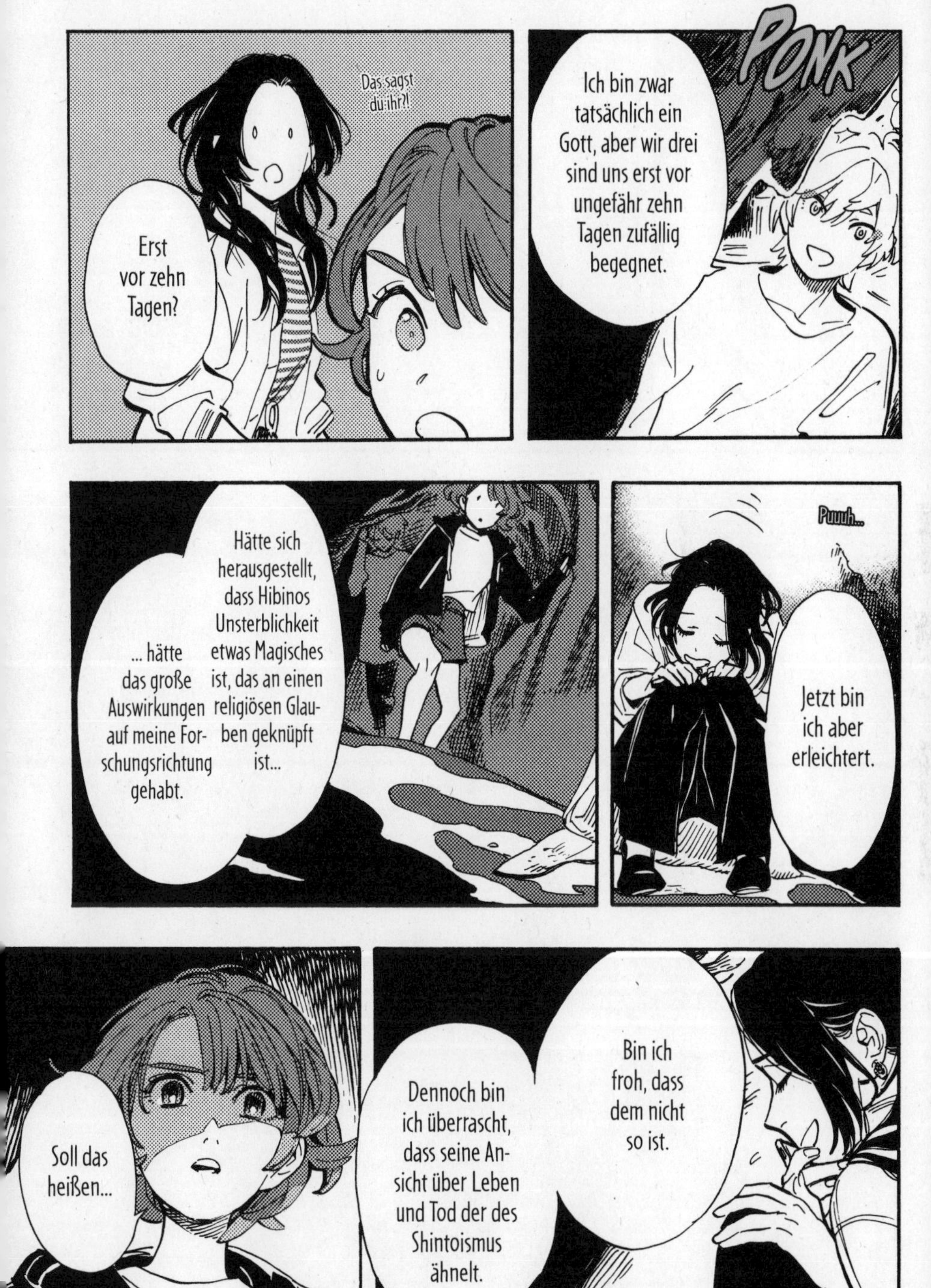
PONK
Ich bin zwar tatsächlich ein Gott, aber wir drei sind uns erst vor ungefähr zehn Tagen zufällig begegnet.
Das sagst du ihr?!
Erst vor zehn Tagen?
Puuuh...
Jetzt bin ich aber erleichtert.
Hätte sich herausgestellt, dass Hibinos Unsterblichkeit etwas Magisches ist, das an einen religiösen Glauben geknüpft ist...
... hätte das große Auswirkungen auf meine Forschungsrichtung gehabt.
Bin ich froh, dass dem nicht so ist.
Dennoch bin ich überrascht, dass seine Ansicht über Leben und Tod der des Shintoismus ähnelt.
Soll das heißen...

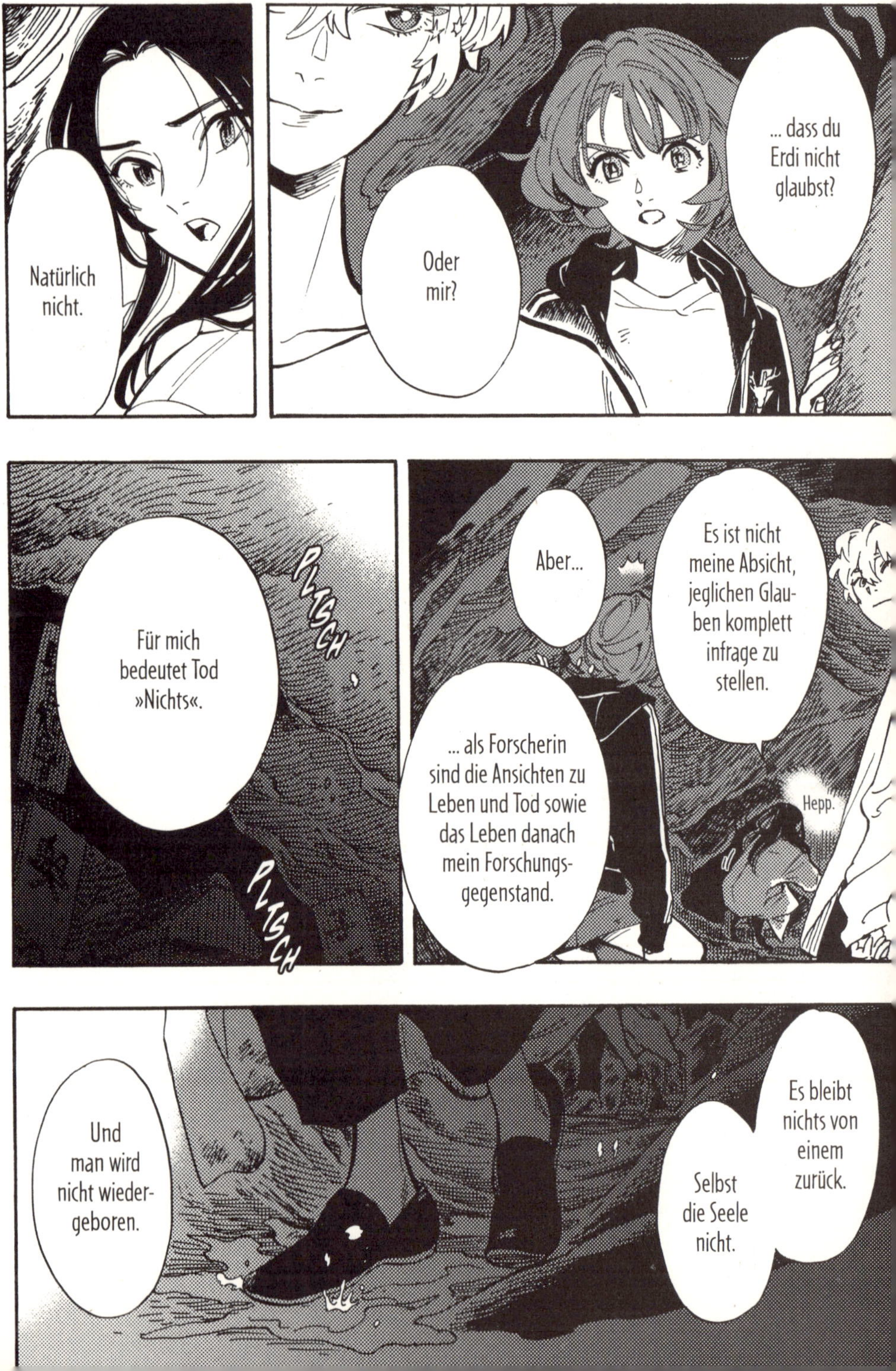
... dass du Erdi nicht glaubst?
Oder mir?
Natürlich nicht.
Es ist nicht meine Absicht, jeglichen Glauben komplett infrage zu stellen.
Aber...
Hepp.
... als Forscherin sind die Ansichten zu Leben und Tod sowie das Leben danach mein Forschungsgegenstand.
PLITSCH
Für mich bedeutet Tod »Nichts«.
PLITSCH
Es bleibt nichts von einem zurück.
Selbst die Seele nicht.
Und man wird nicht wiedergeboren.

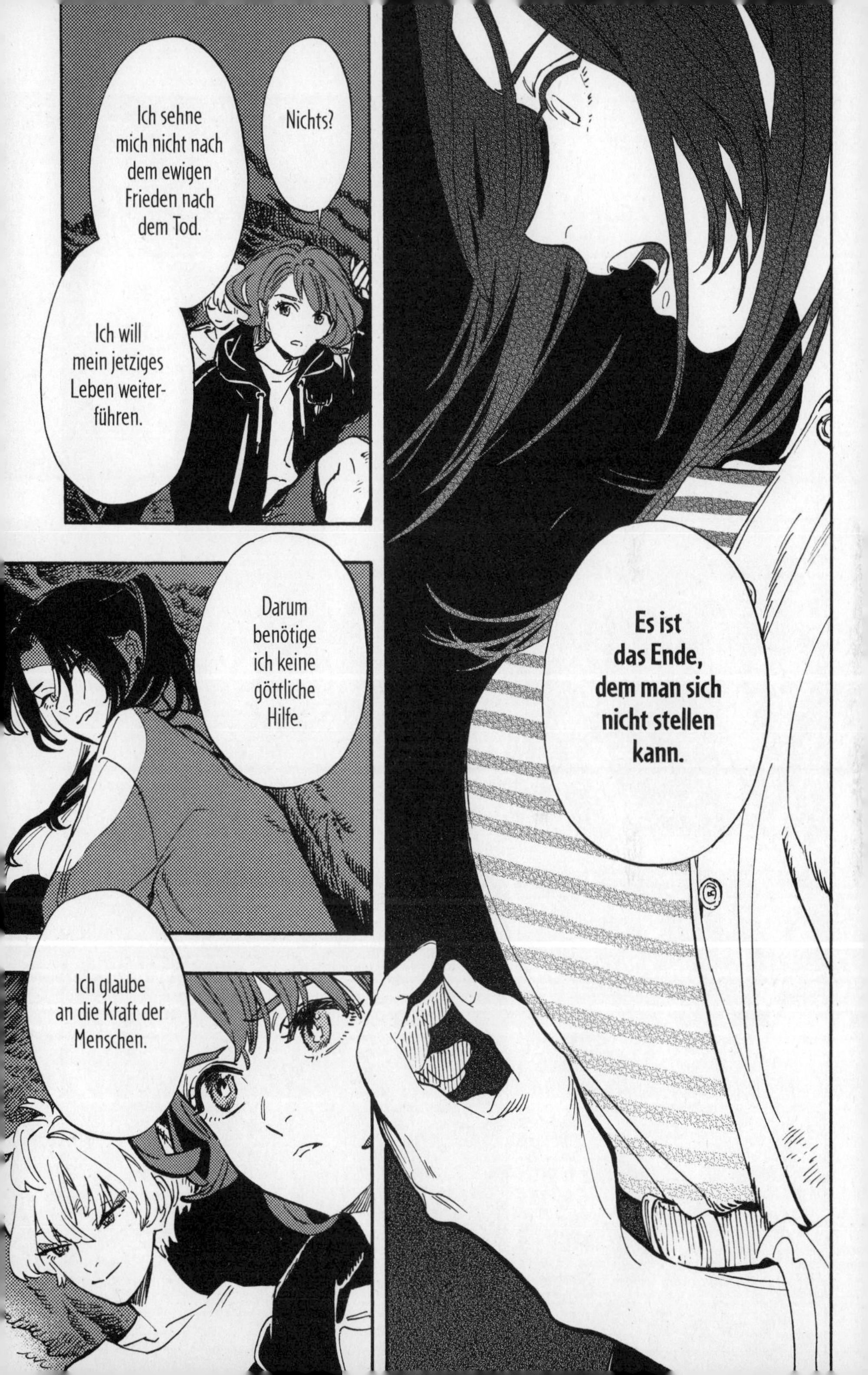
Es ist das Ende, dem man sich nicht stellen kann.
Nichts?
Ich sehne mich nicht nach dem ewigen Frieden nach dem Tod.
Ich will mein jetziges Leben weiterführen.
Darum benötige ich keine göttliche Hilfe.
Ich glaube an die Kraft der Menschen.

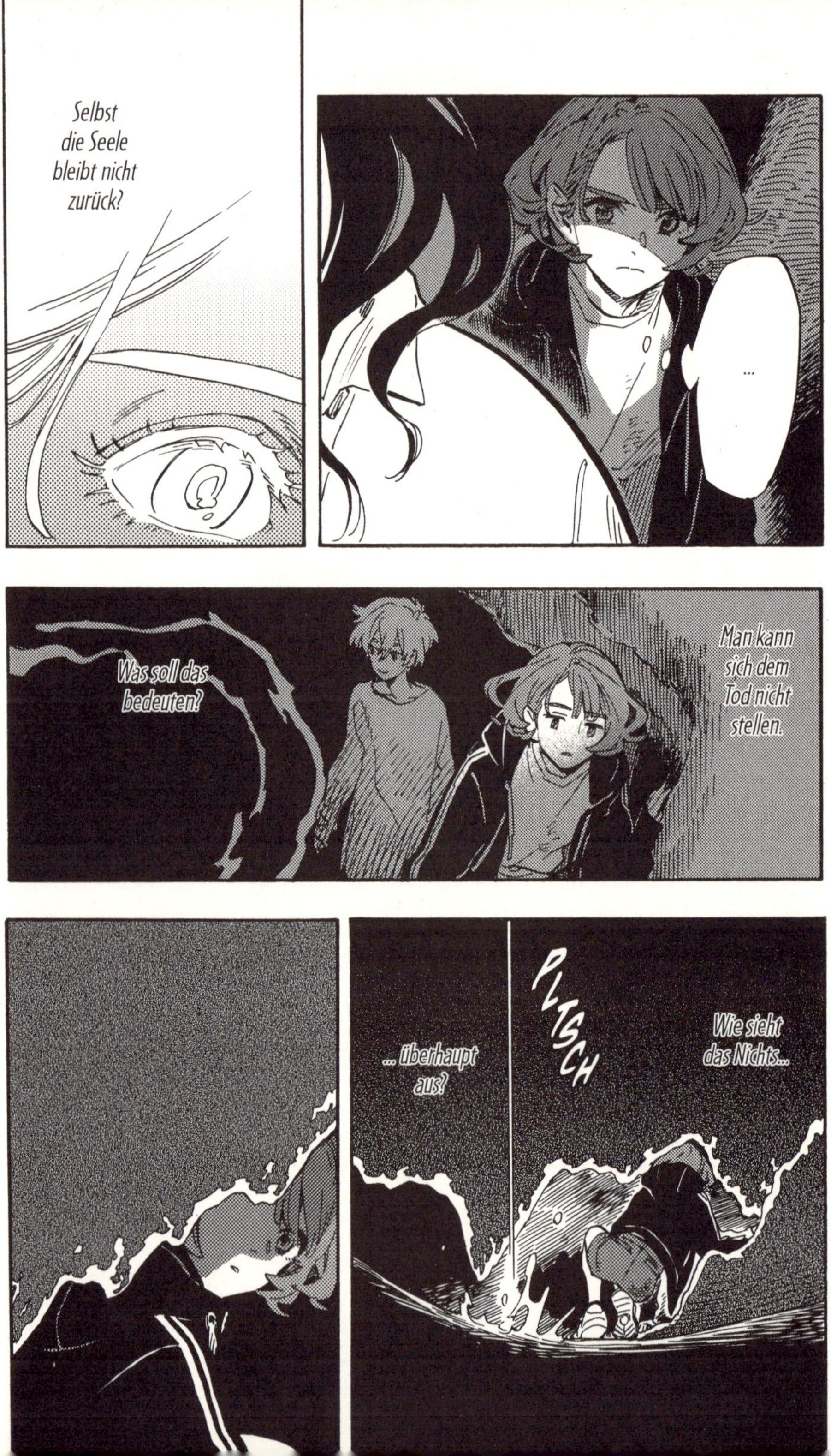
...
Selbst die Seele bleibt nicht zurück?
Man kann sich dem Tod nicht stellen.
Was soll das bedeuten?
Wie sieht das Nichts...
PLTSCH
... überhaupt aus?

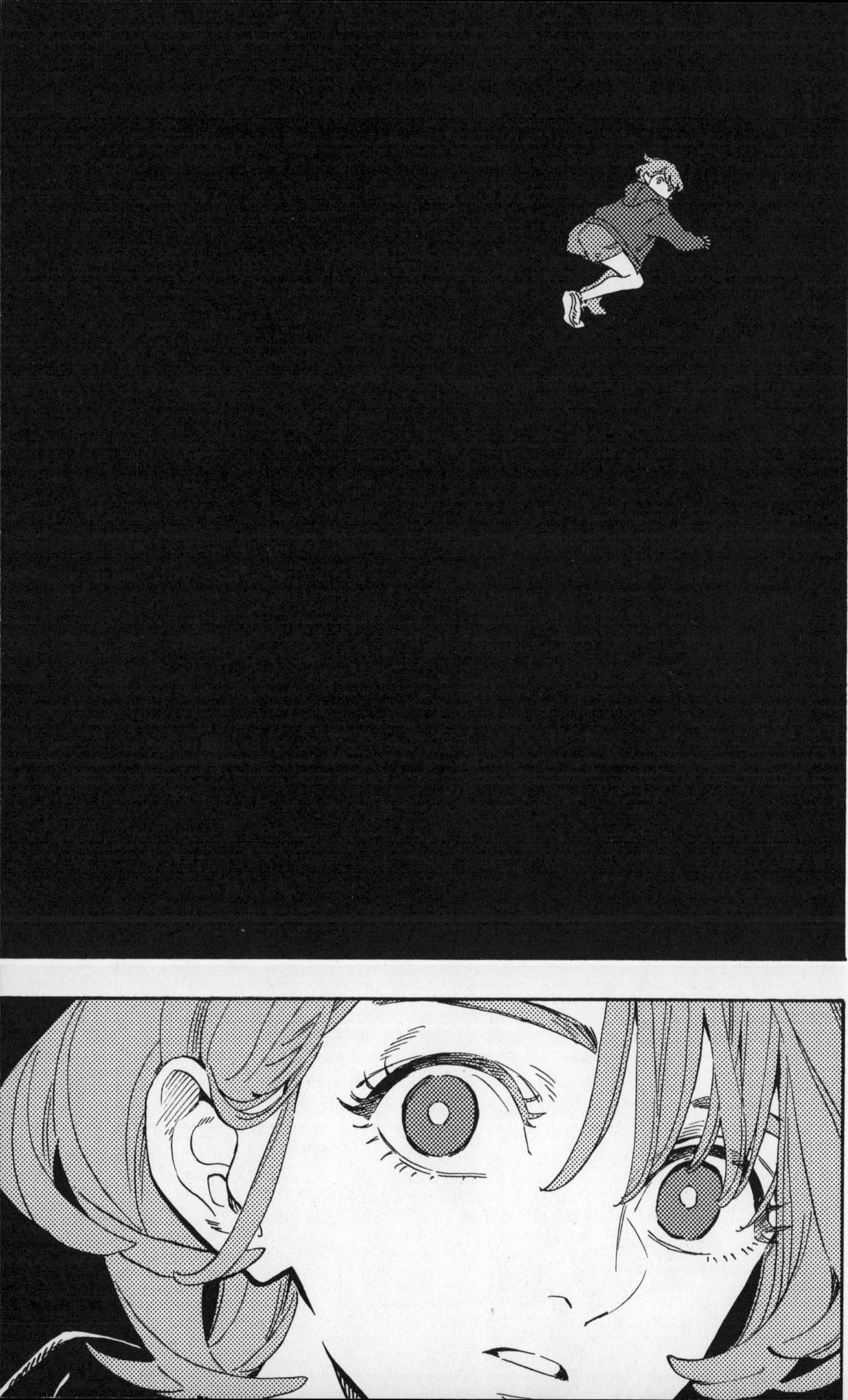

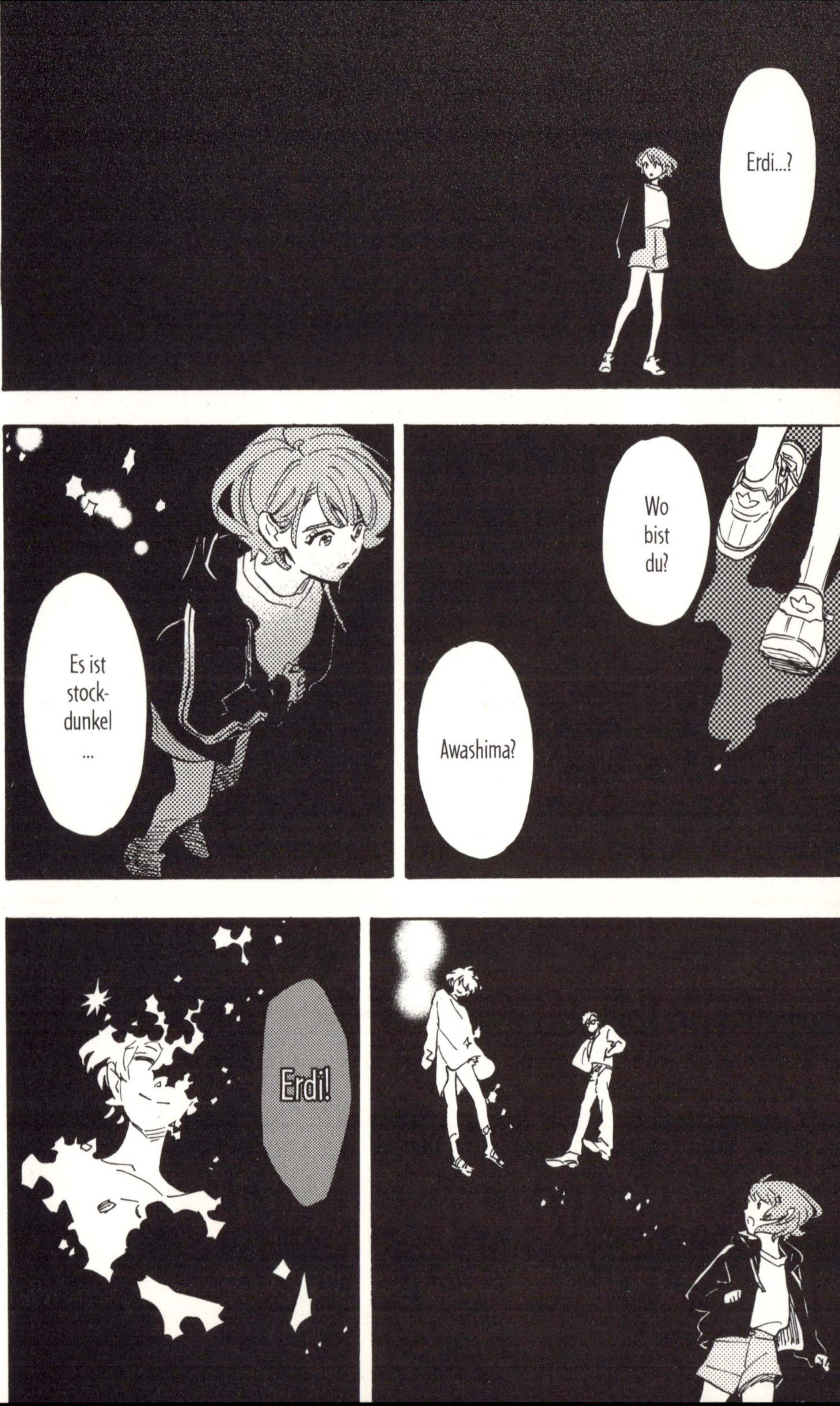
Erdi...?
Wo bist du?
Awashima?
Es ist stock-dunkel ...
Erdi!

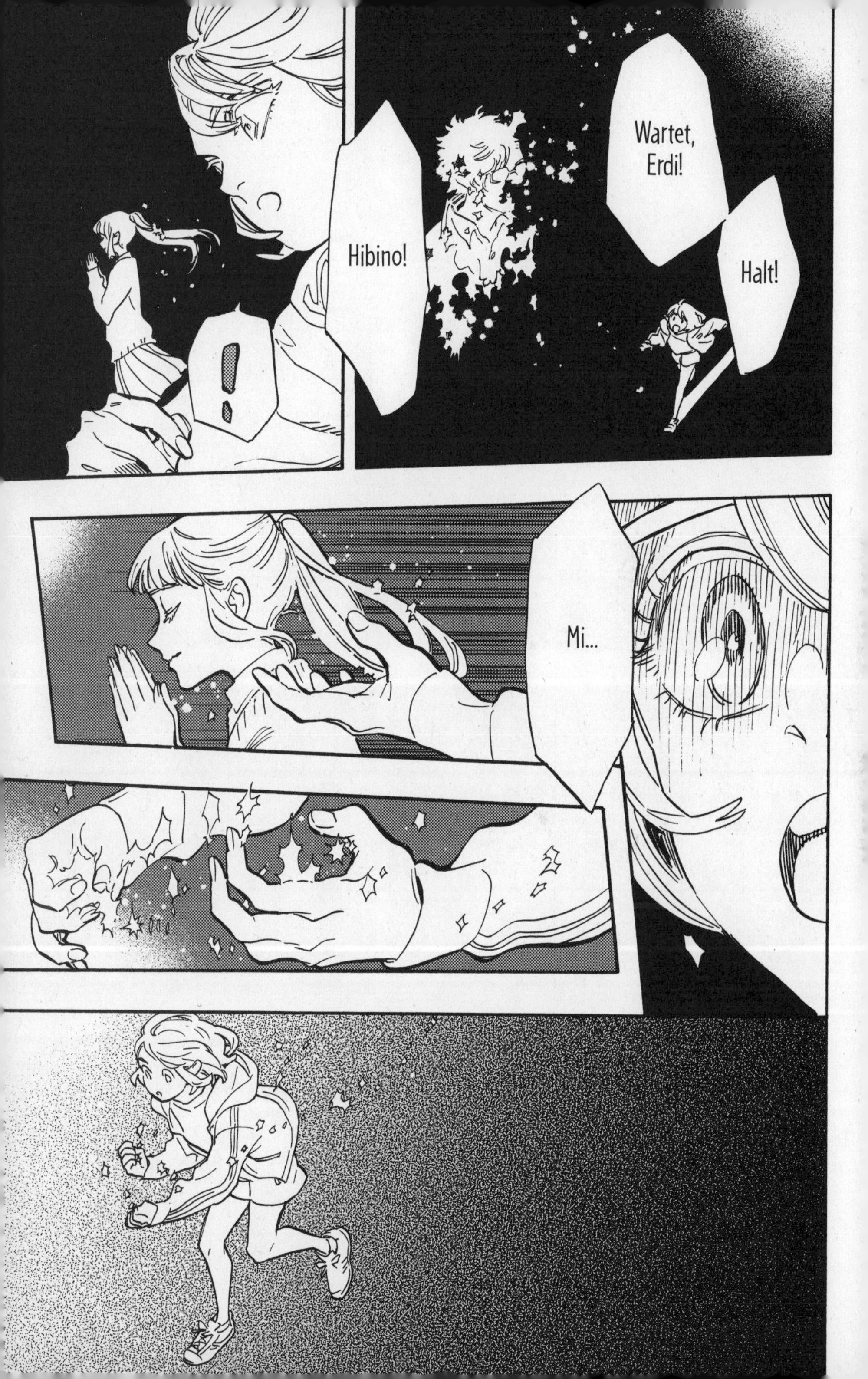
Wartet, Erdi!
Halt!
Hibino!
!
Mi...

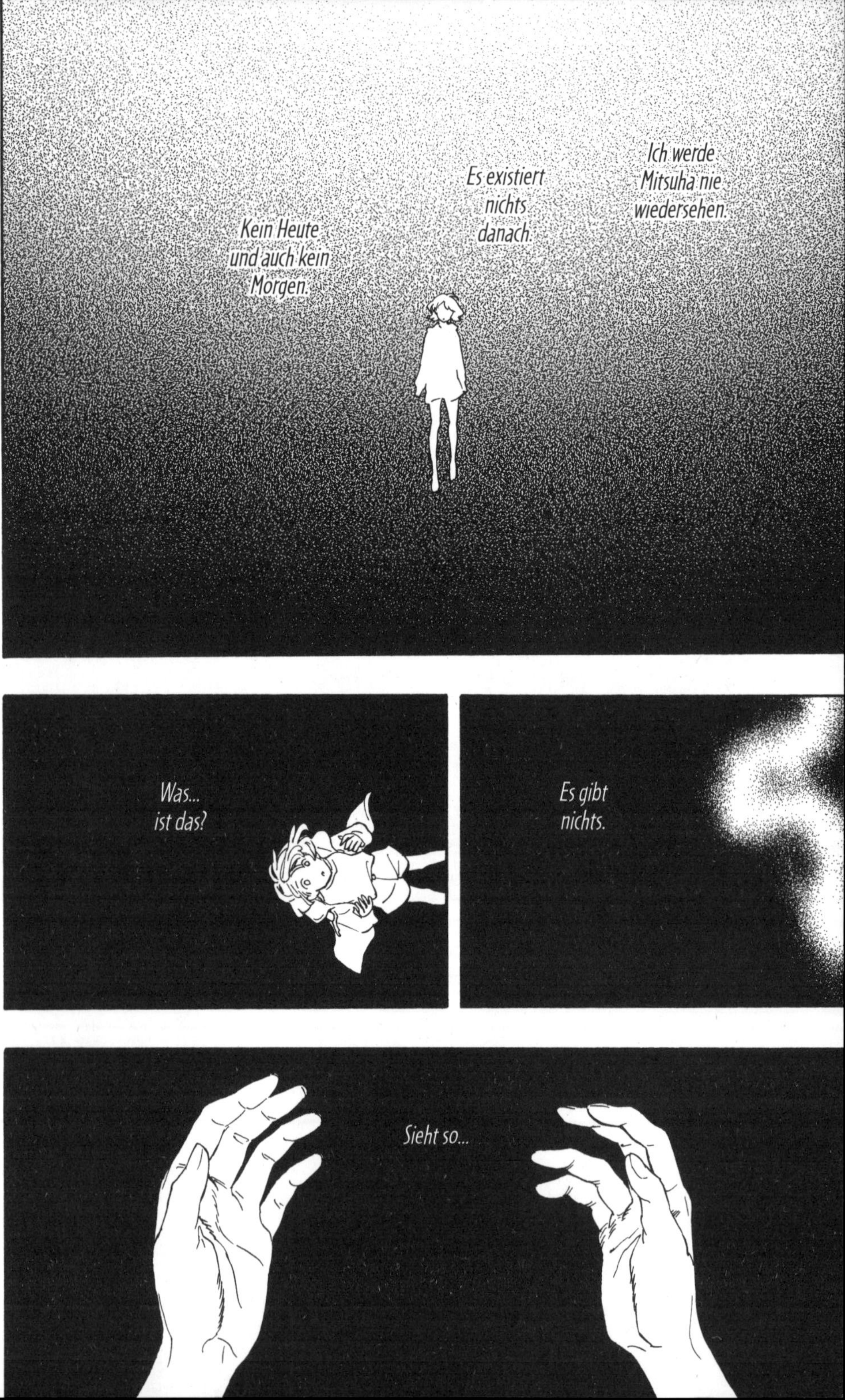
Ich werde Mitsuha nie wiedersehen.
Es existiert nichts danach.
Kein Heute und auch kein Morgen.
Es gibt nichts.
Was... ist das?
Sieht so...

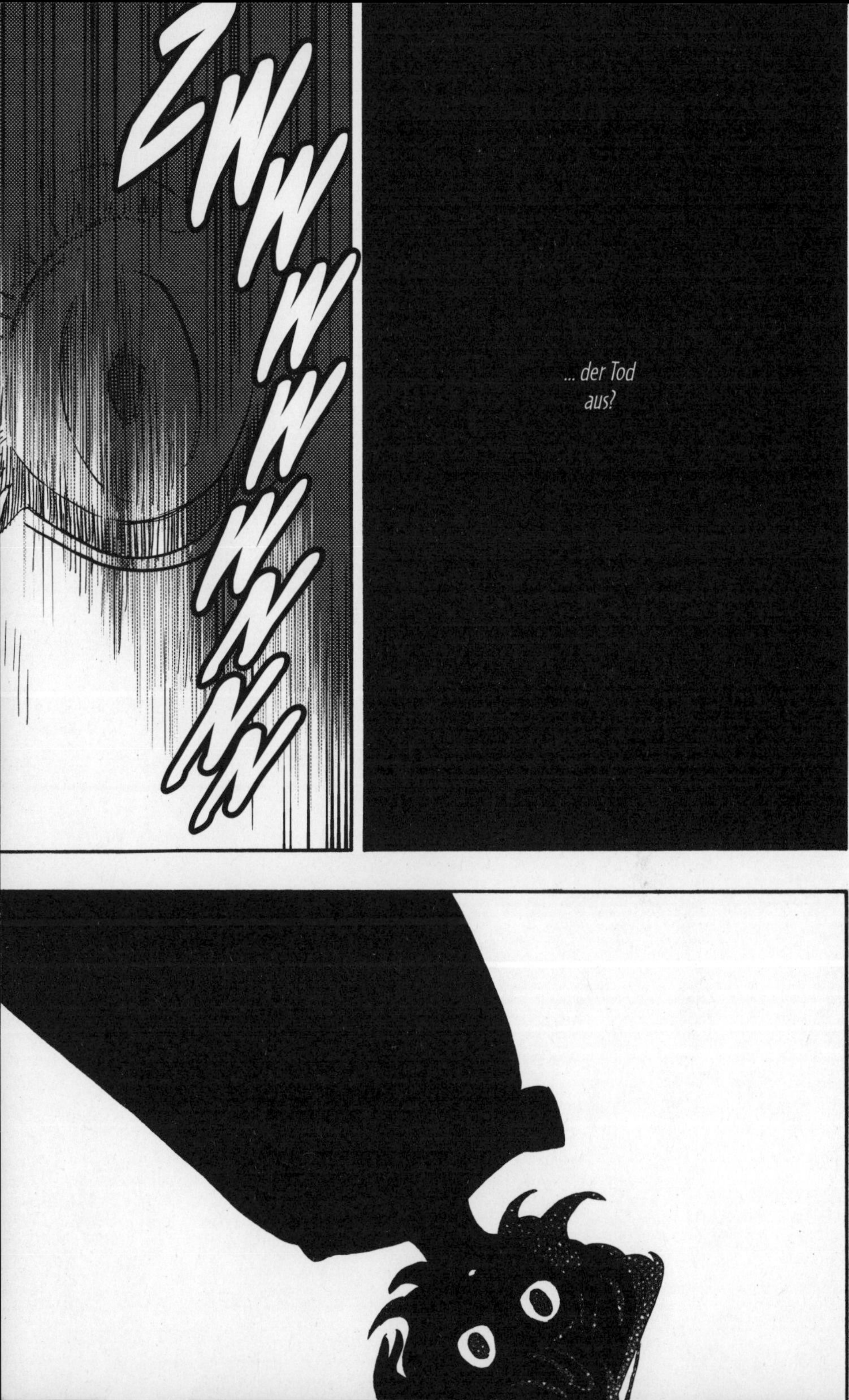
... der Tod
aus?

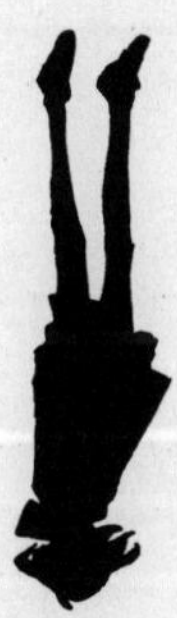

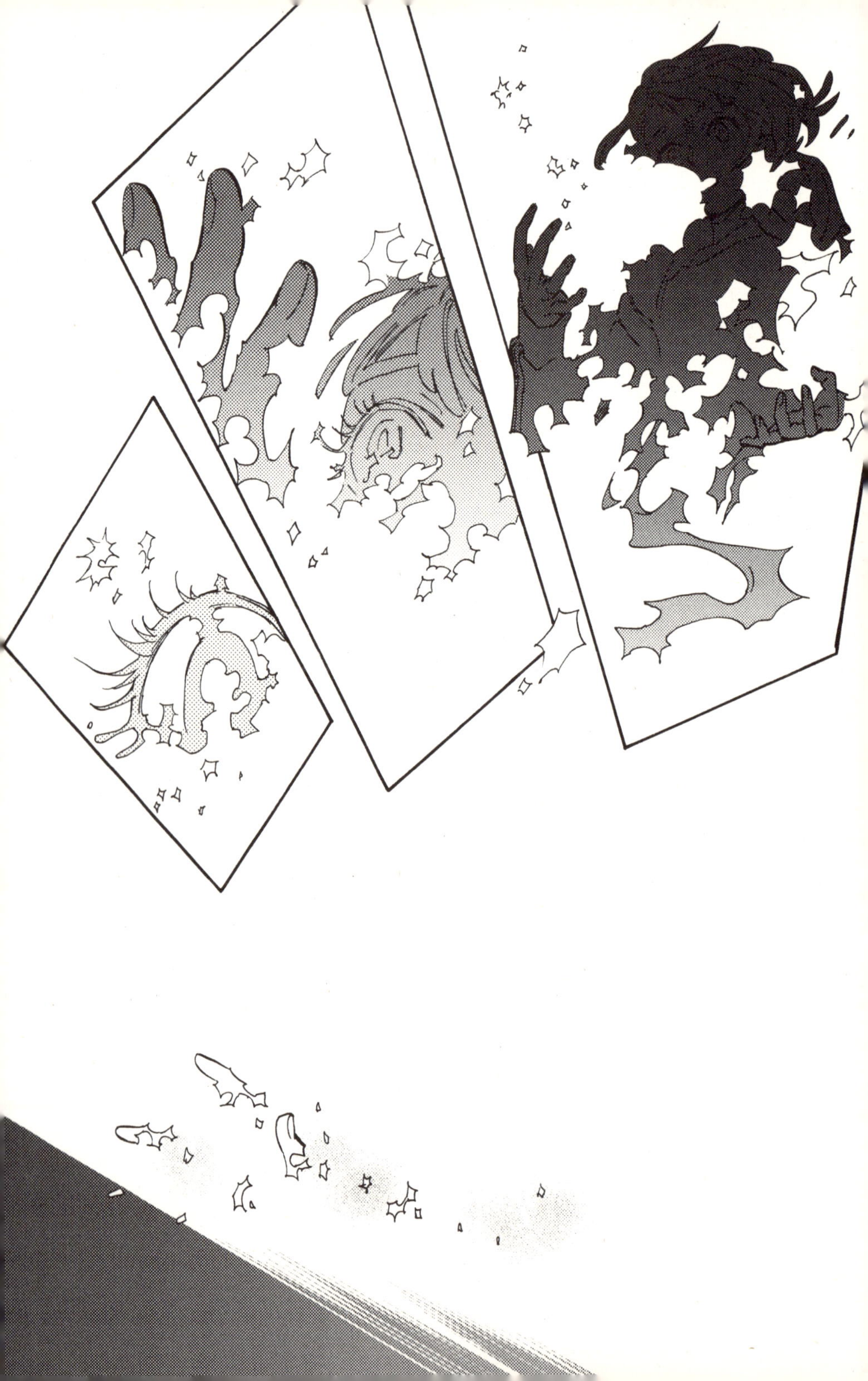

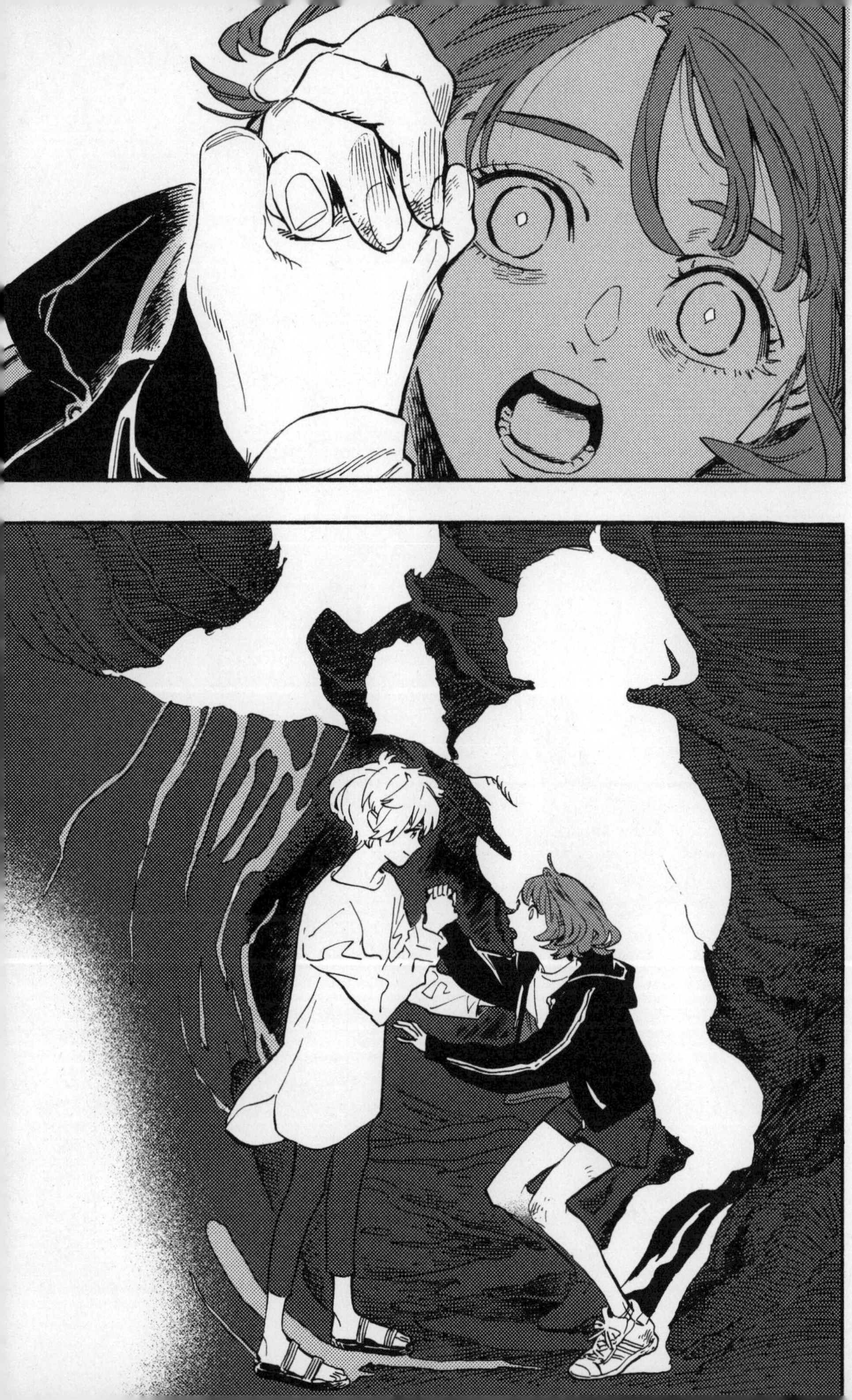

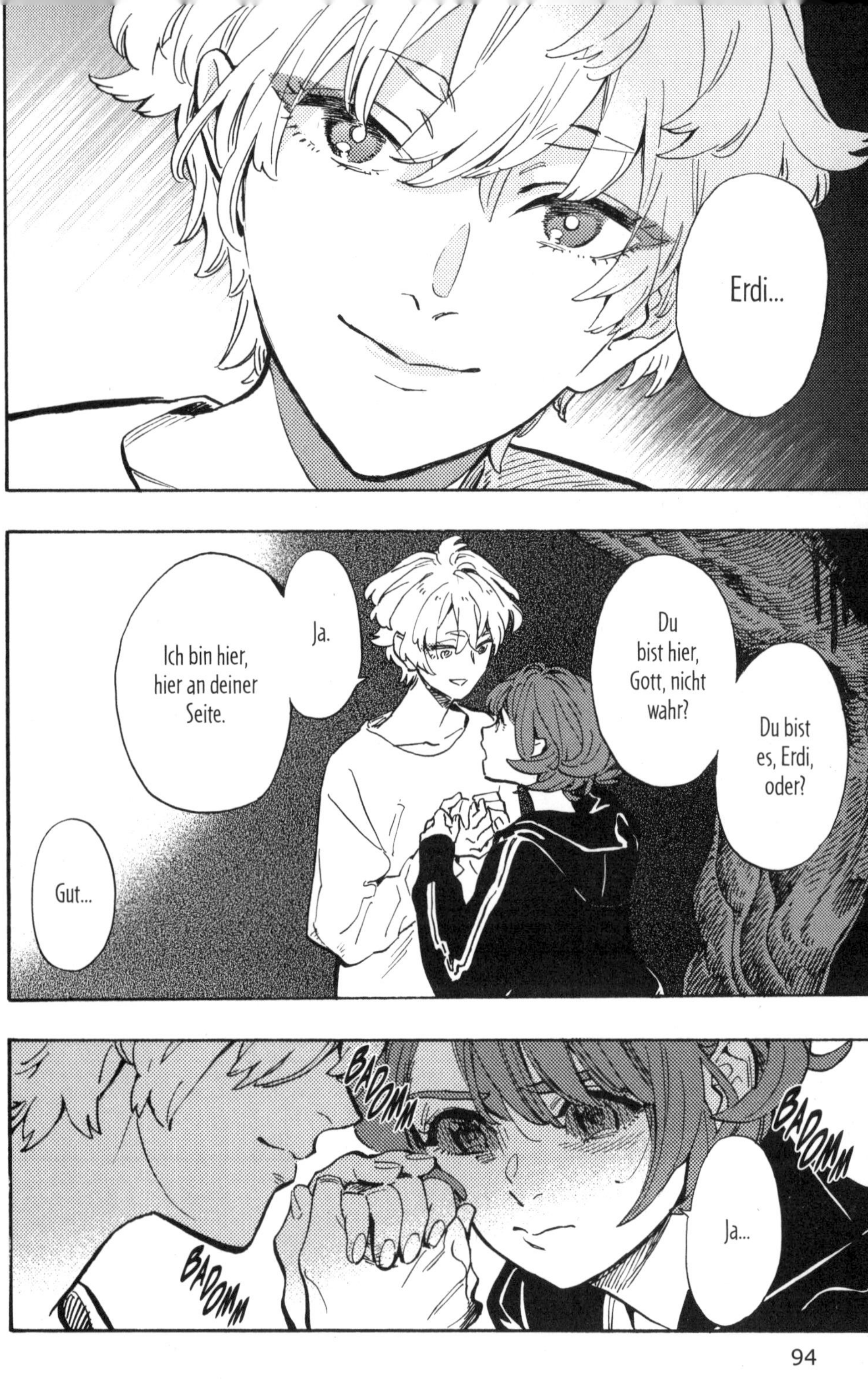
Erdi...
Du bist hier, Gott, nicht wahr?
Du bist es, Erdi, oder?
Ja.
Ich bin hier, hier an deiner Seite.
Gut...
BADOMM
BADOMM
Ja...
BADOMM

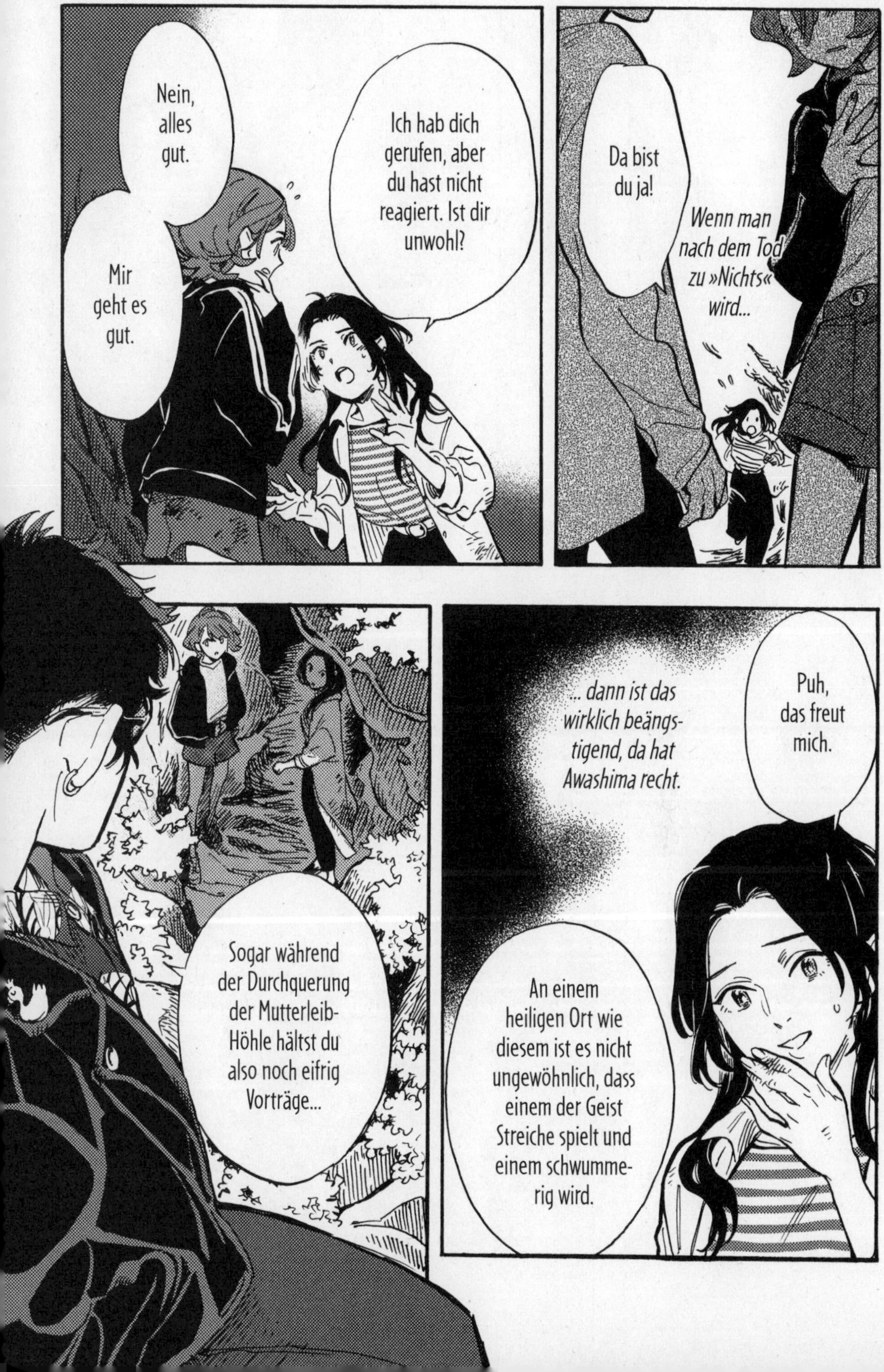

Da bist du ja!
Wenn man nach dem Tod zu »Nichts« wird...
Ich hab dich gerufen, aber du hast nicht reagiert. Ist dir unwohl?
Nein, alles gut.
Mir geht es gut.
Puh, das freut mich.
... dann ist das wirklich beängstigend, da hat Awashima recht.
An einem heiligen Ort wie diesem ist es nicht ungewöhnlich, dass einem der Geist Streiche spielt und einem schwummerig wird.
Sogar während der Durchquerung der Mutterleib-Höhle hältst du also noch eifrig Vorträge...

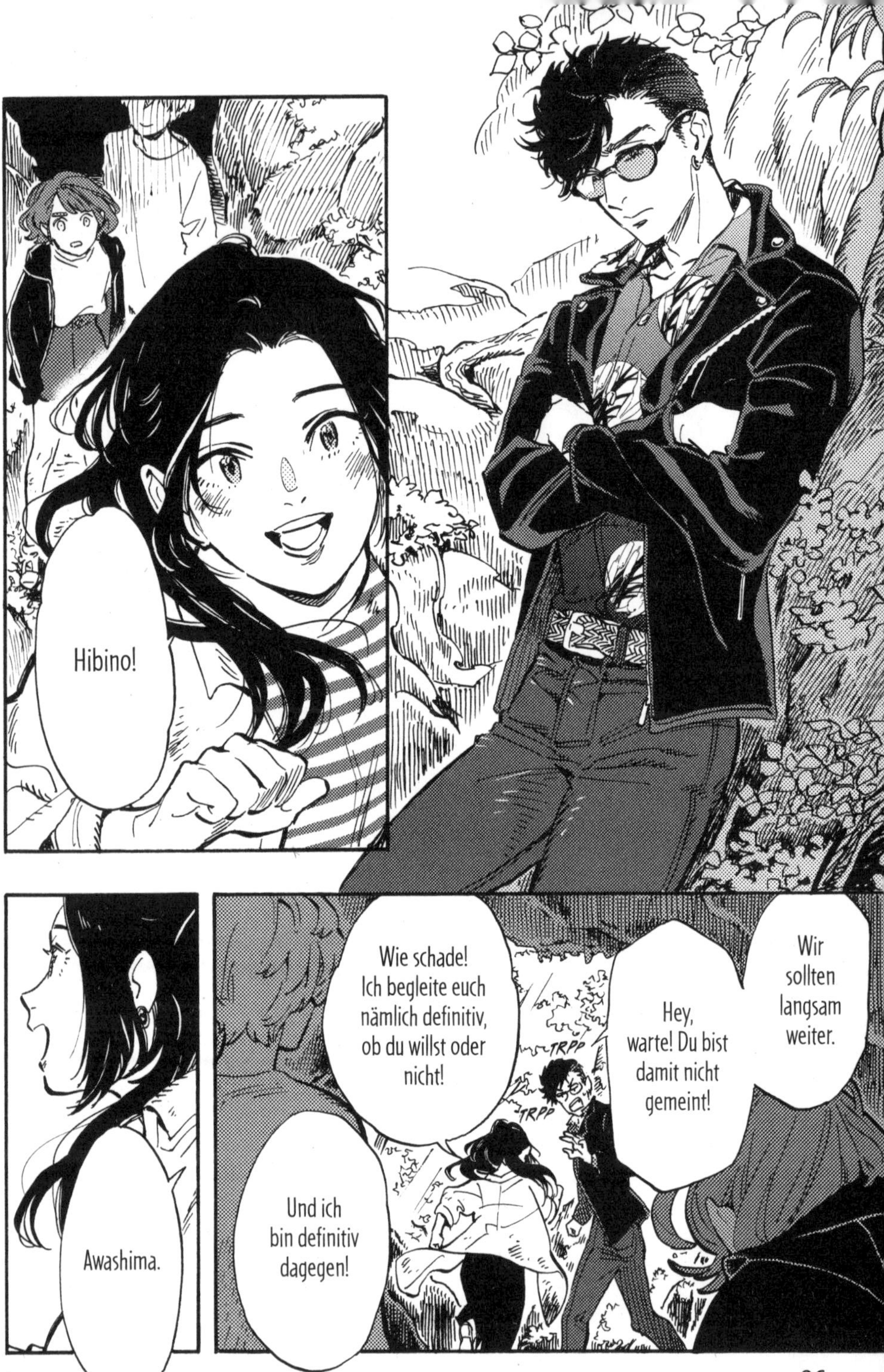
Hibino!
Wir sollten langsam weiter.
Hey, warte! Du bist damit nicht gemeint!
TRPP
TRPP
Wie schade! Ich begleite euch nämlich definitiv, ob du willst oder nicht!
Und ich bin definitiv dagegen!
Awashima.

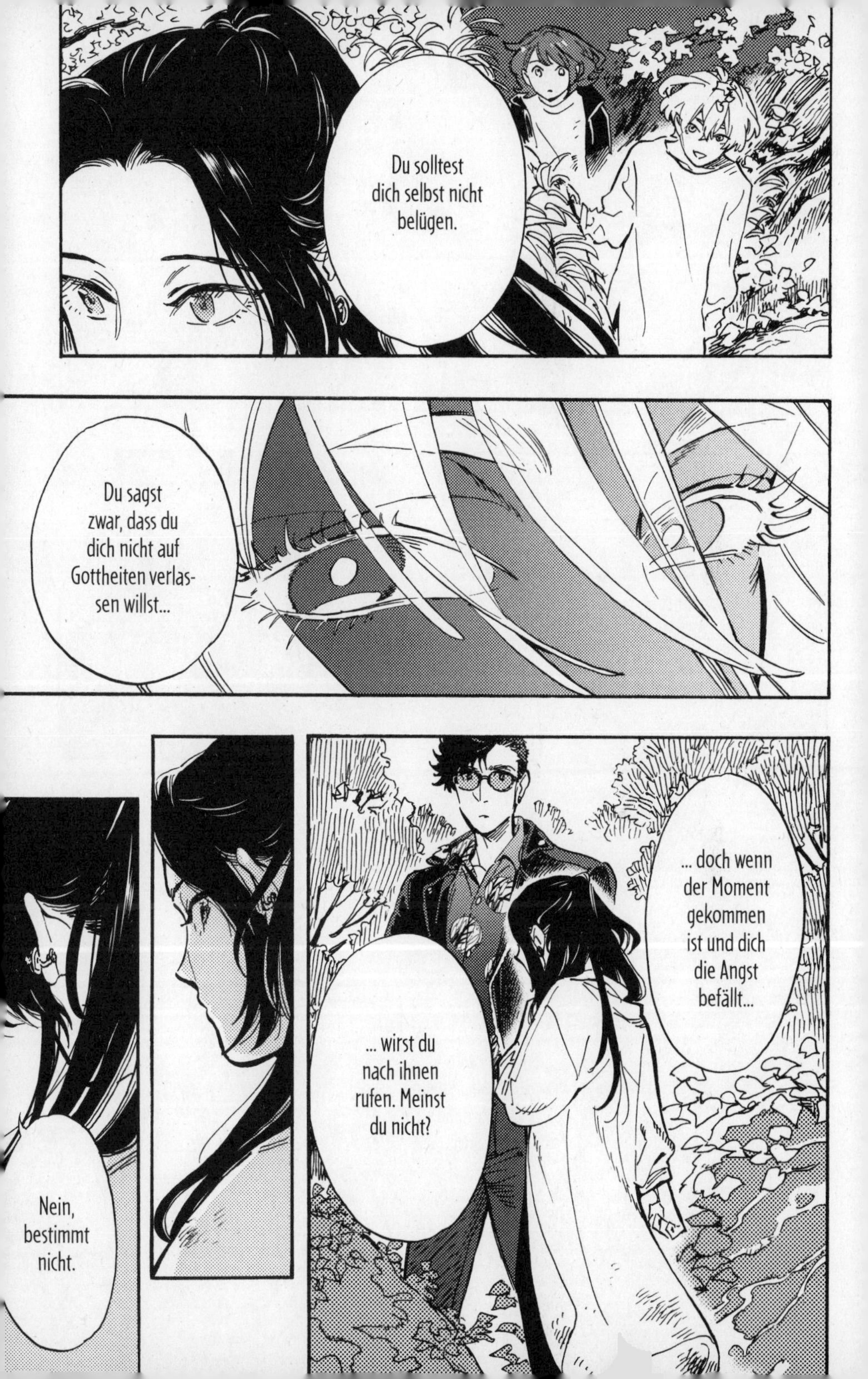
Du solltest dich selbst nicht belügen.
Du sagst zwar, dass du dich nicht auf Gottheiten verlassen willst...
... doch wenn der Moment gekommen ist und dich die Angst befällt...
... wirst du nach ihnen rufen. Meinst du nicht?
Nein, bestimmt nicht.

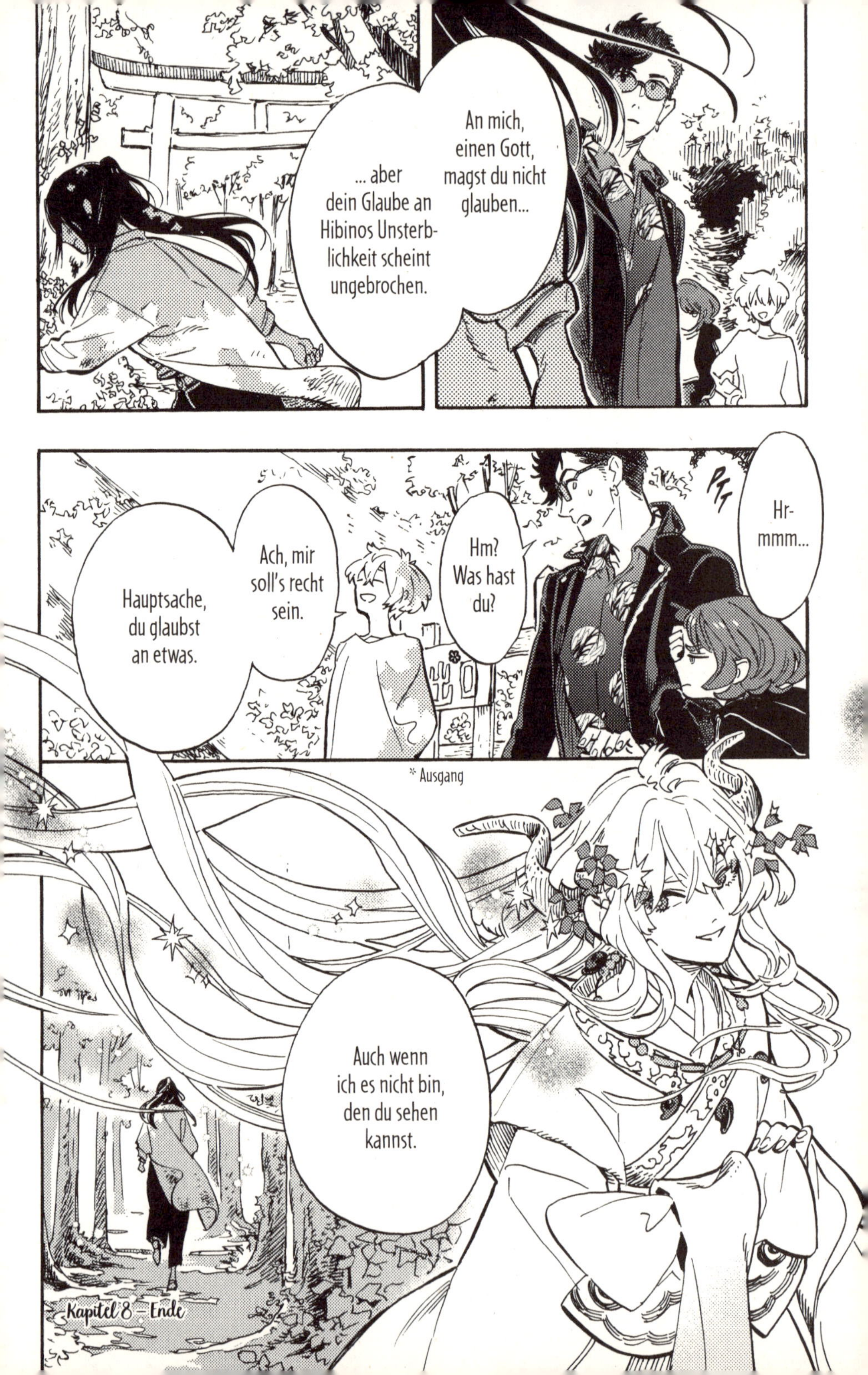
An mich, einen Gott, magst du nicht glauben...
... aber dein Glaube an Hibinos Unsterb-lichkeit scheint ungebrochen.
Hr-mmm...
Hm? Was hast du?
Ach, mir soll's recht sein.
Hauptsache, du glaubst an etwas.
* Ausgang
Auch wenn ich es nicht bin, den du sehen kannst.
Kapitel 8 – Ende

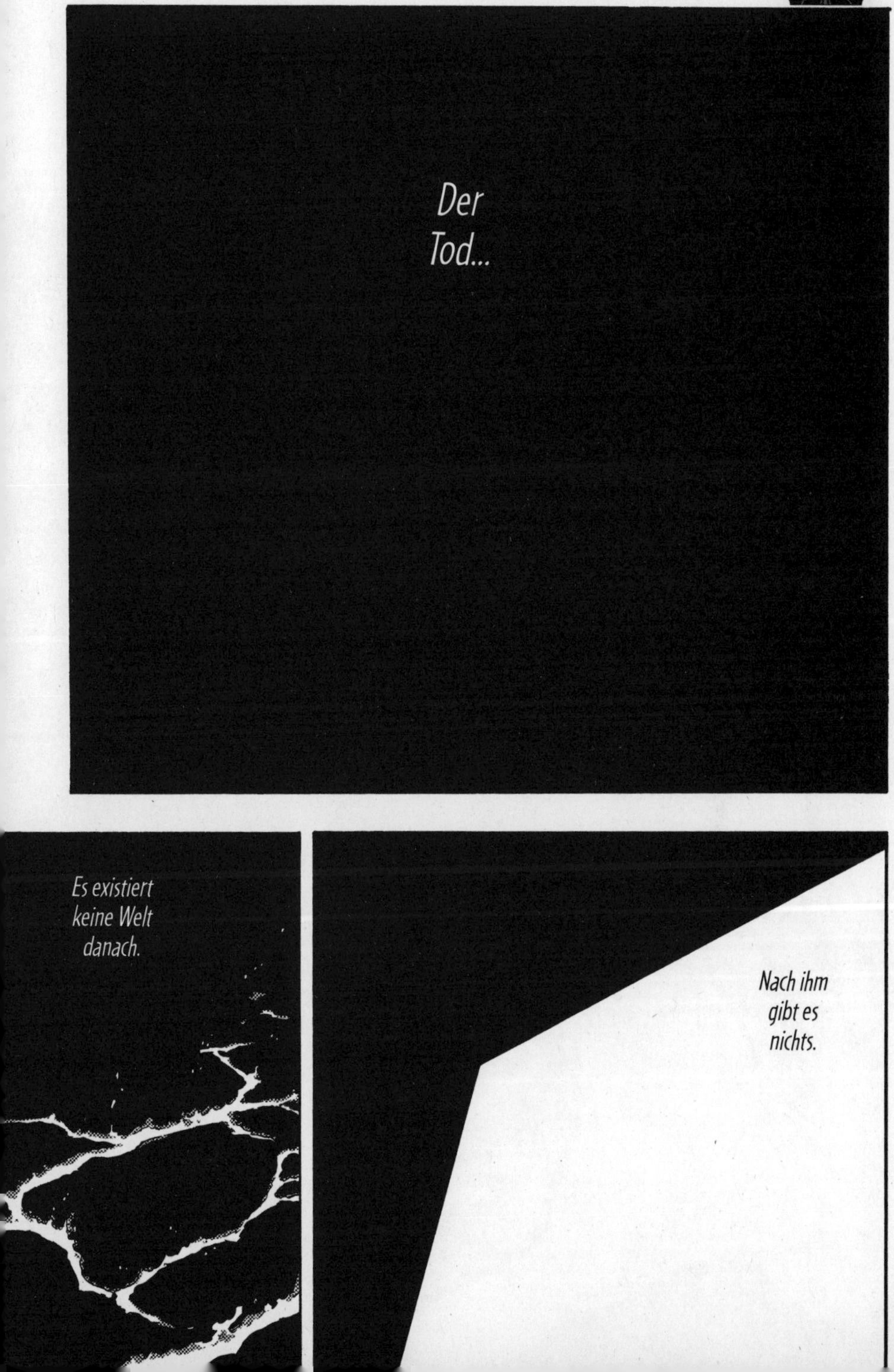
Der
Tod...
Es existiert
keine Welt
danach.
Nach ihm
gibt es
nichts.

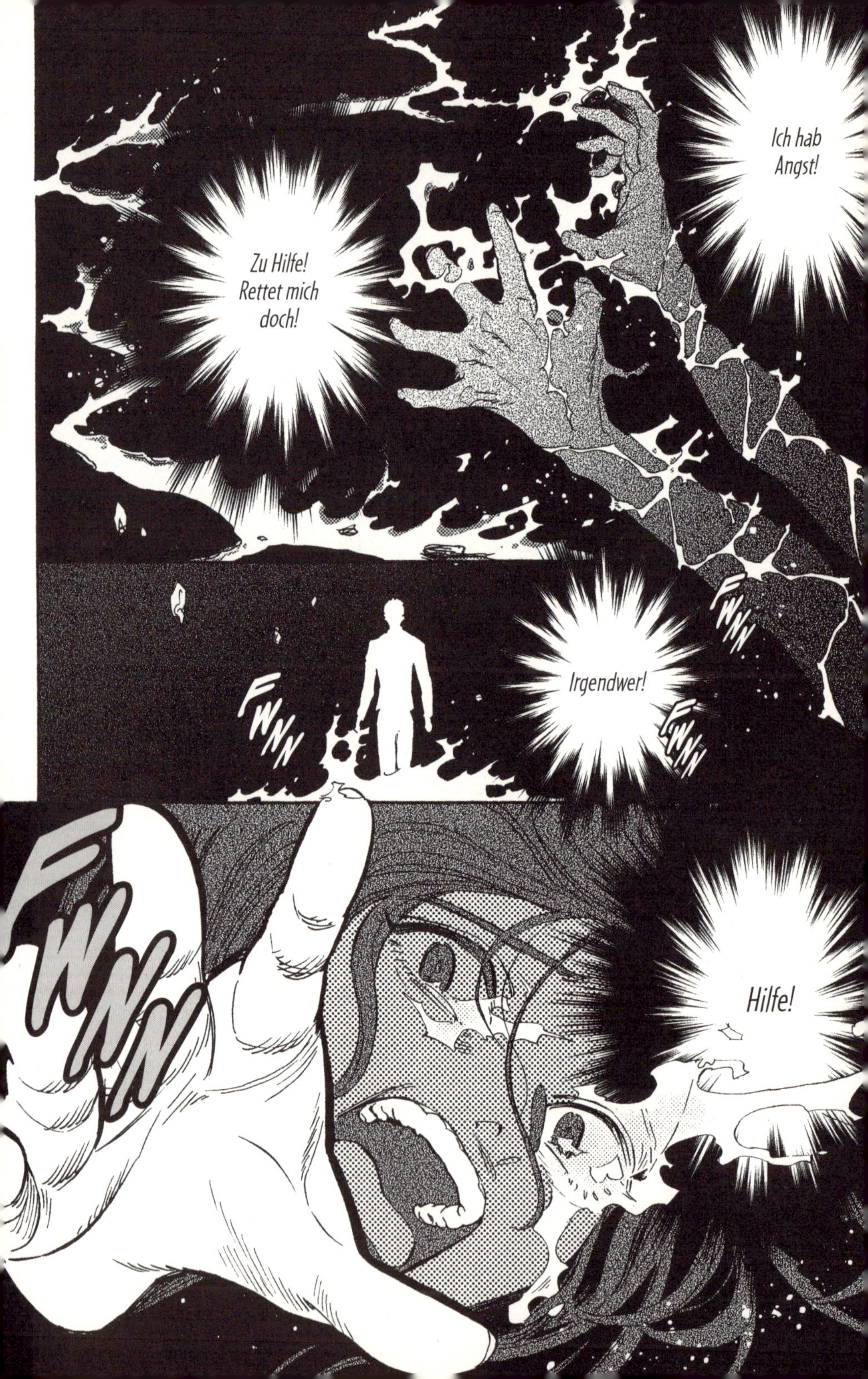

Ich hab Angst!
Zu Hilfe! Rettet mich doch!
FWNN
Irgendwer!
FWNN
FWNN
Hilfe!
FWNN

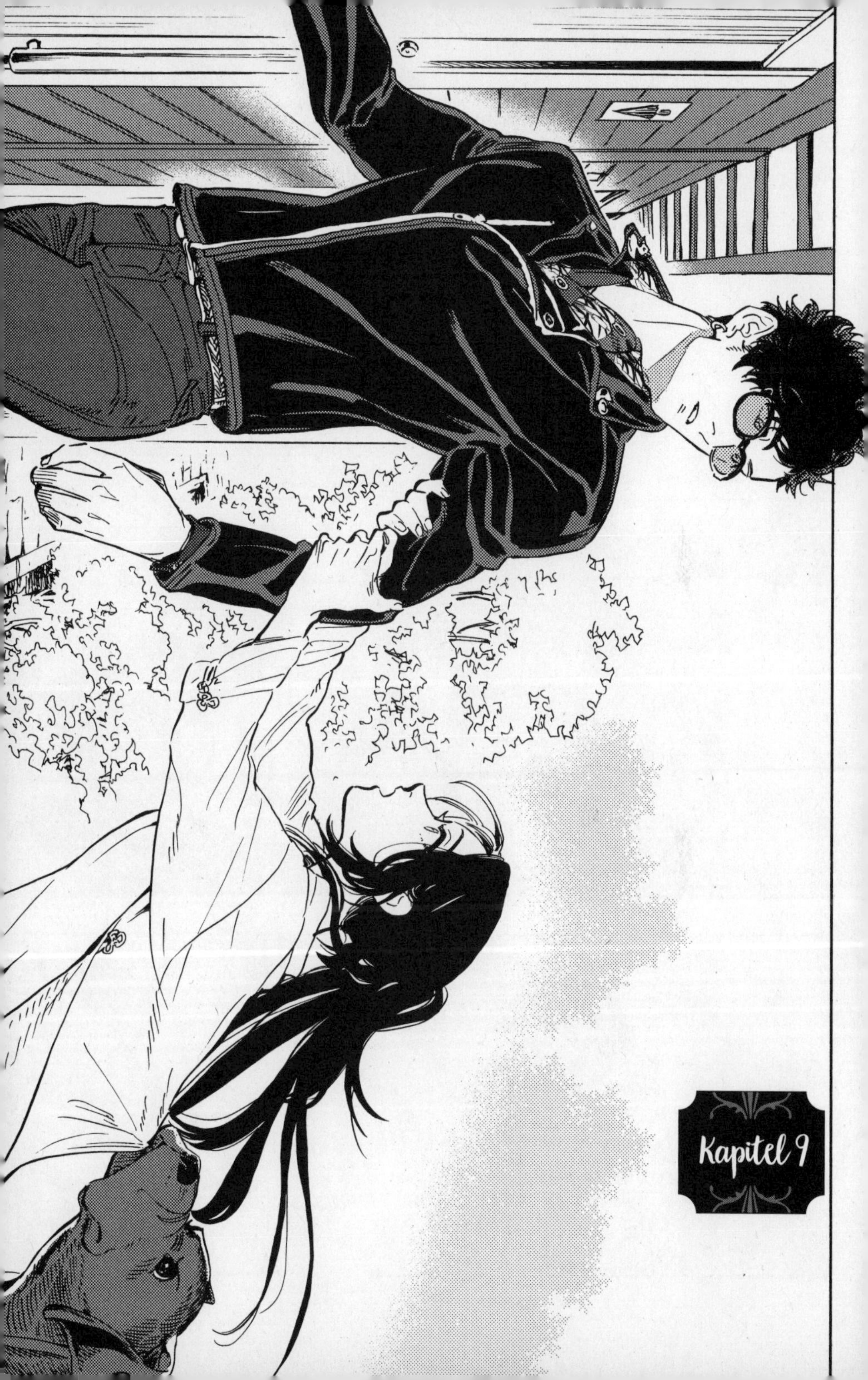
Kapitel 9

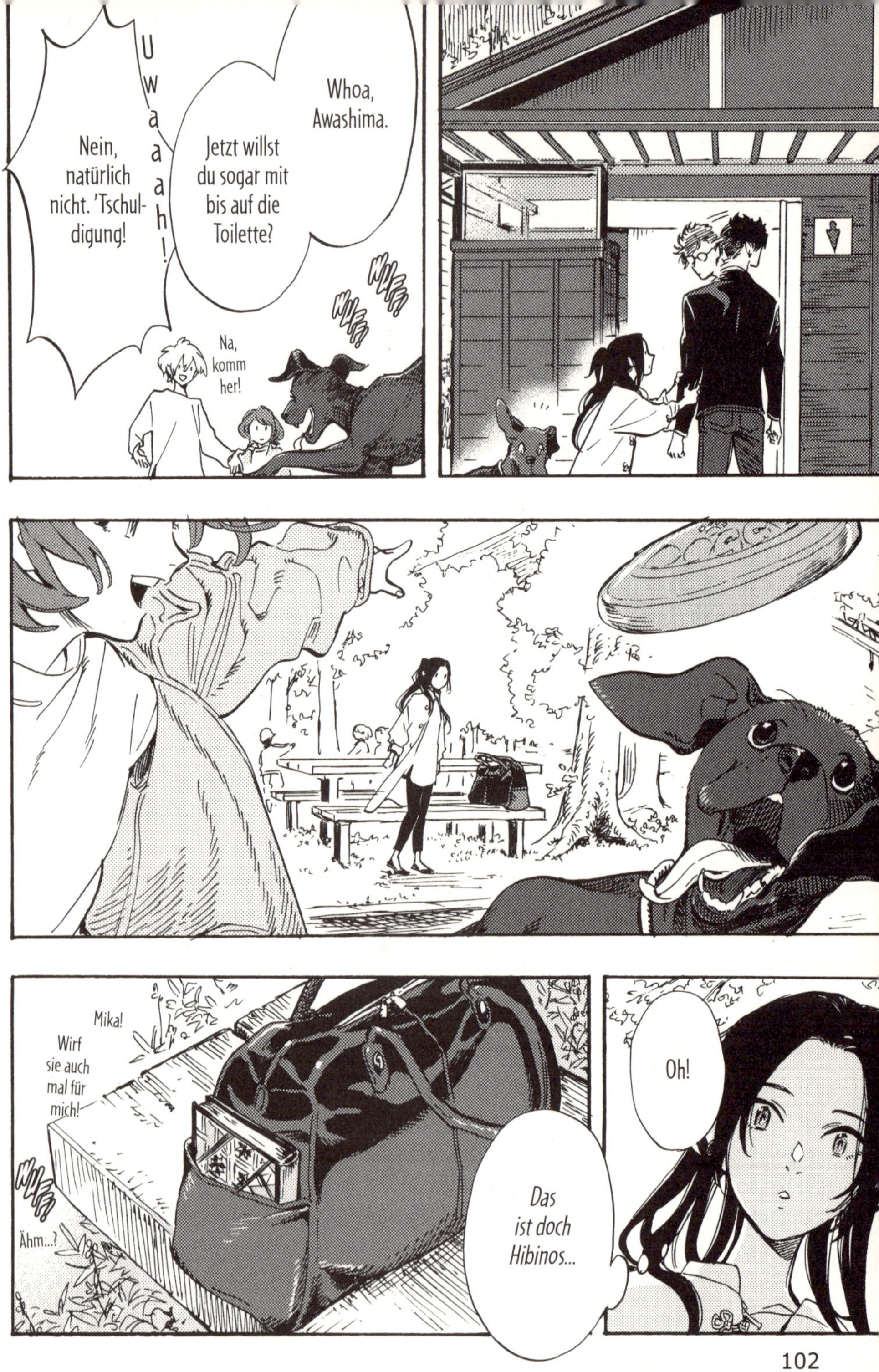
Whoa, Awashima.
Jetzt willst du sogar mit bis auf die Toilette?
Nein, natürlich nicht. 'Tschuldigung!
Uwaaah!
Na, komm her!
Oh!
Das ist doch Hibinos...
Mika!
Wirf sie auch mal für mich!
Ähm...?

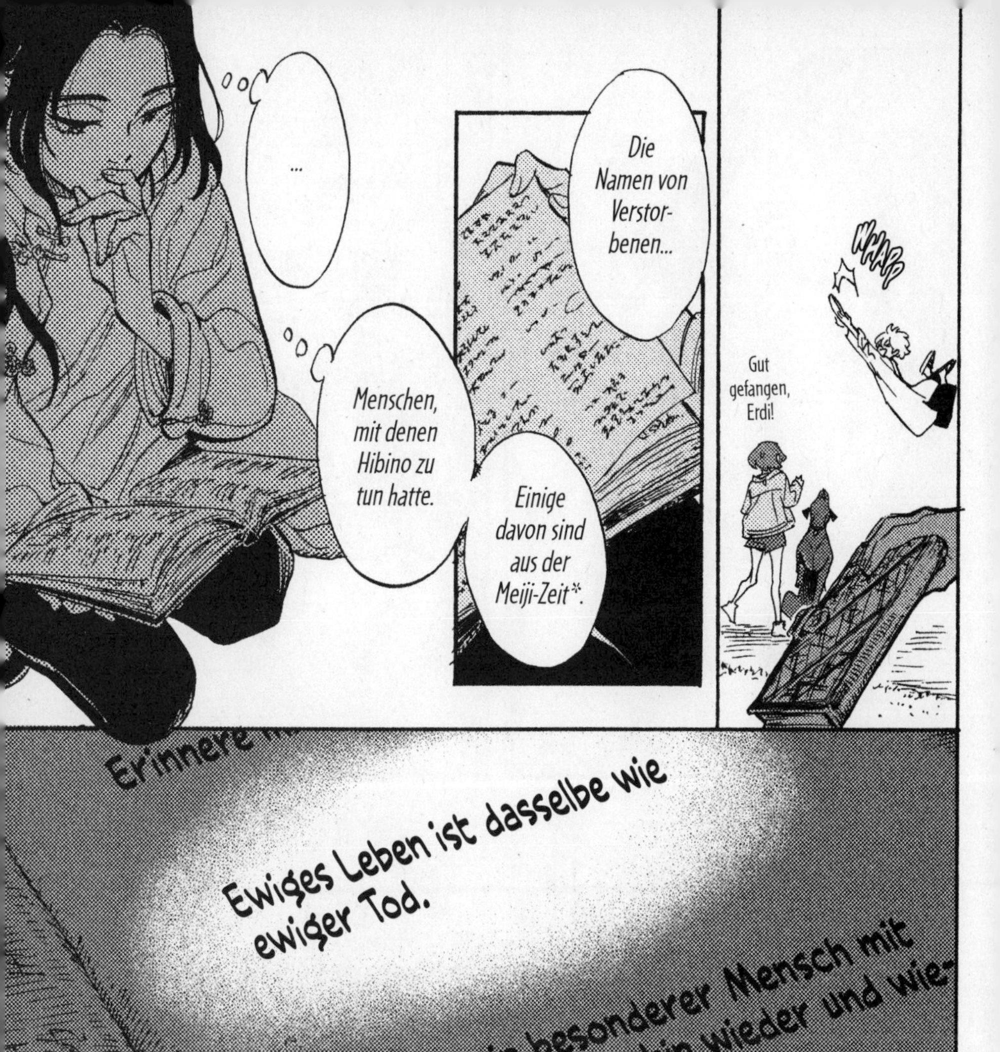
Gut gefangen, Erdi!
Die Namen von Verstorbenen...
Einige davon sind aus der Meiji-Zeit*.
Menschen, mit denen Hibino zu tun hatte.
...
Ewiges Leben ist dasselbe wie ewiger Tod.
ein besonderer Mensch mit

* 1868–1912

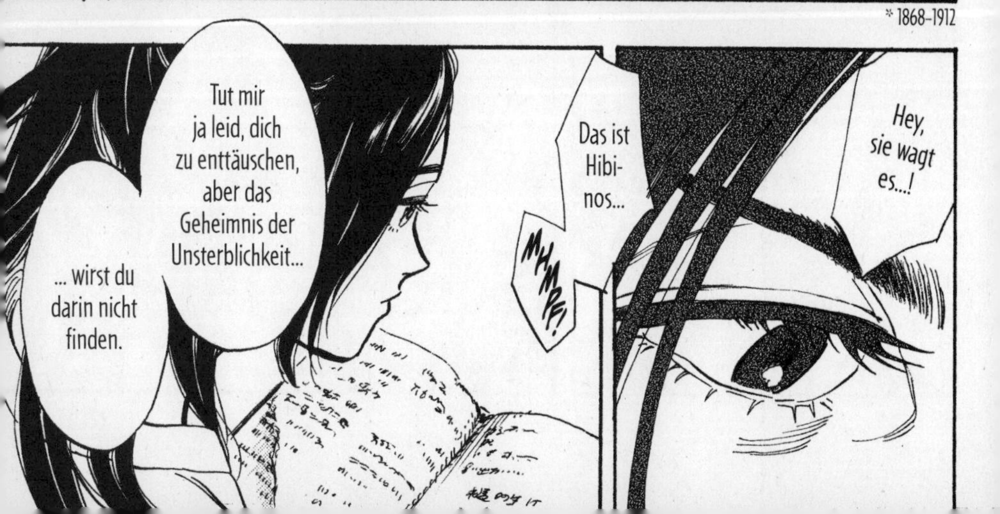
Hey, sie wagt es...!
Das ist Hibinos...
Tut mir ja leid, dich zu enttäuschen, aber das Geheimnis der Unsterblichkeit...
... wirst du darin nicht finden.

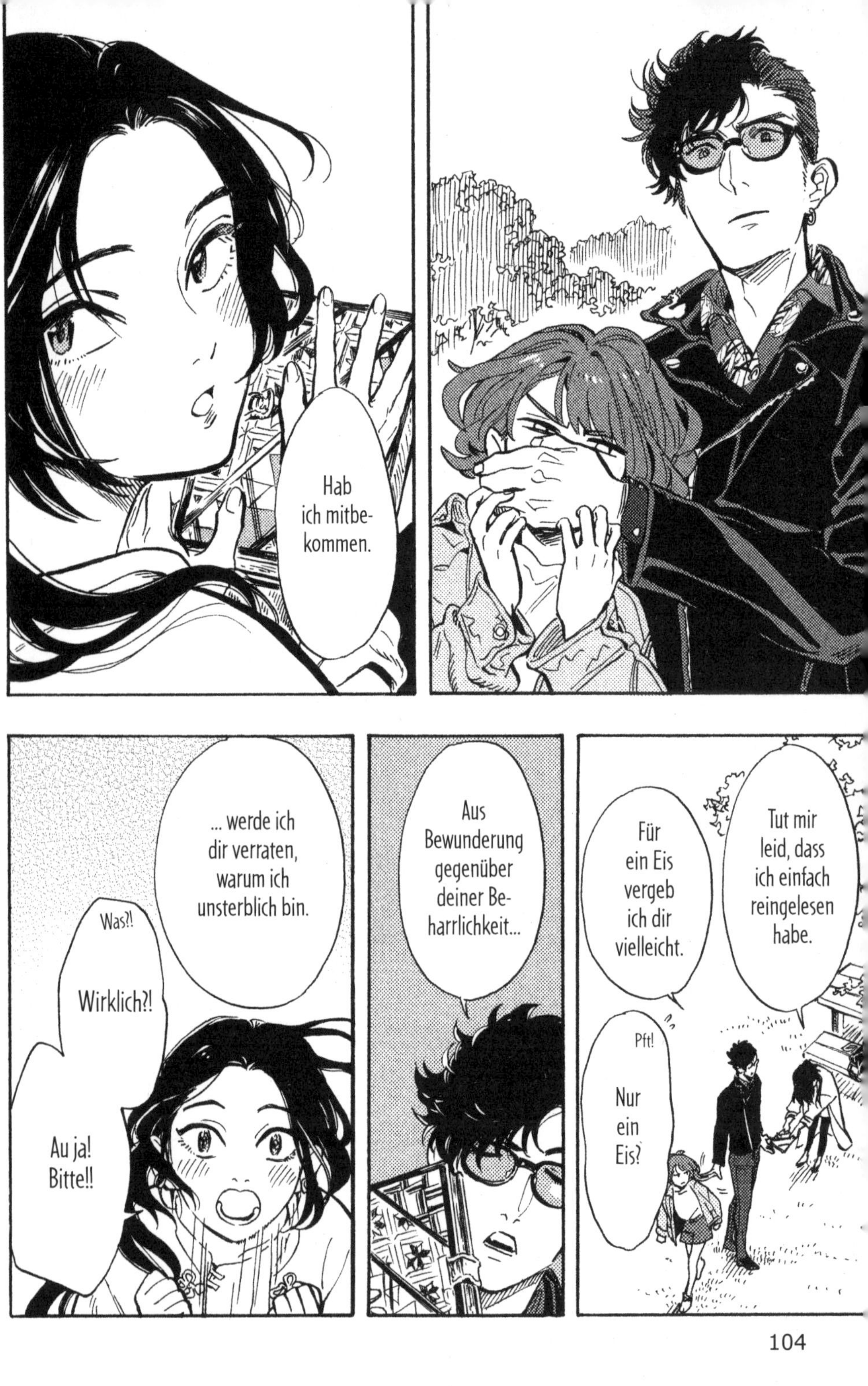

Hab ich mitbekommen.
Tut mir leid, dass ich einfach reingelesen habe.
Für ein Eis vergeb ich dir vielleicht.
Pft!
Nur ein Eis?
Aus Bewunderung gegenüber deiner Beharrlichkeit...
... werde ich dir verraten, warum ich unsterblich bin.
Was?!
Wirklich?!
Au ja! Bitte!!

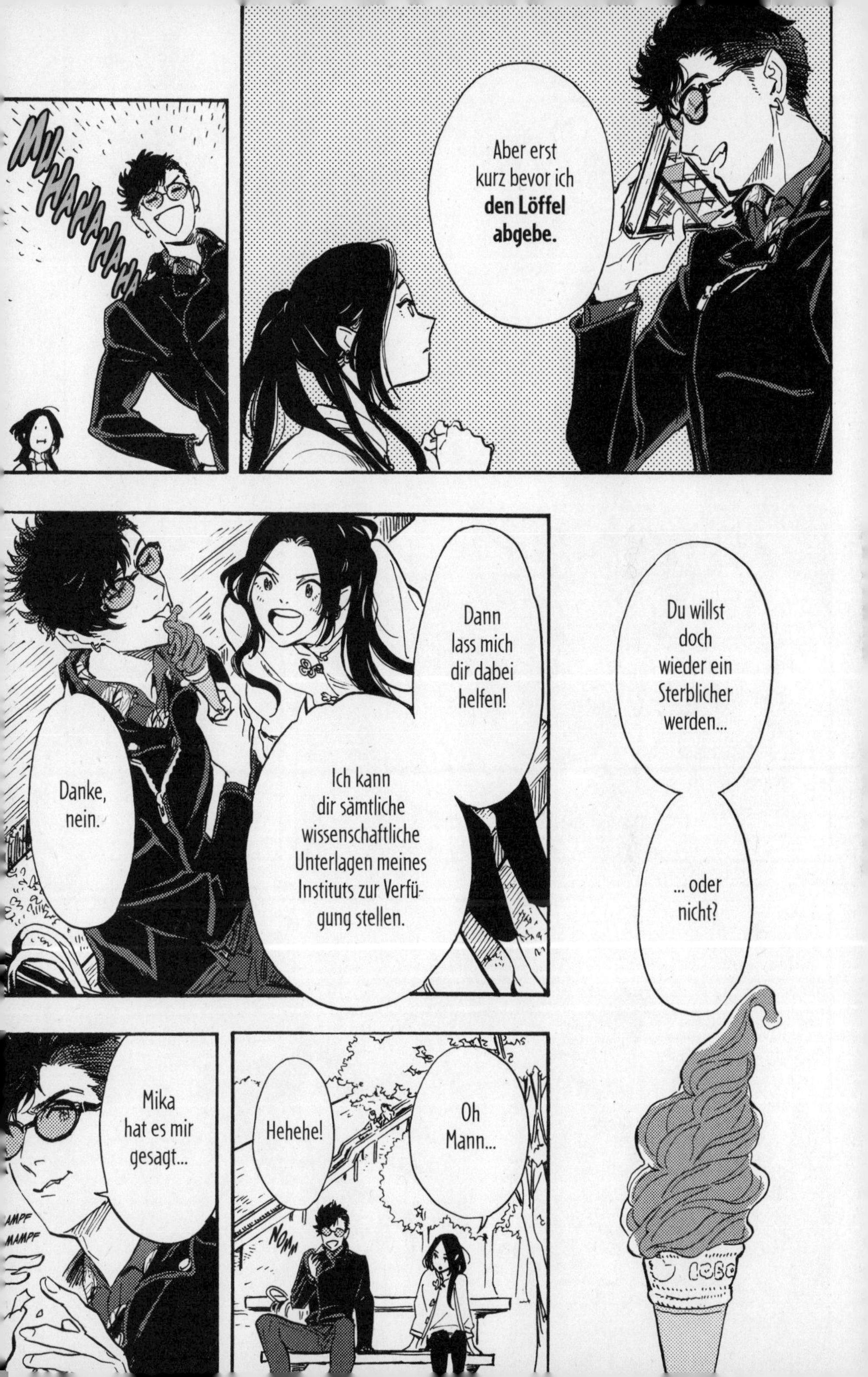
Aber erst kurz bevor ich **den Löffel abgebe.**
MUHAHAHAHAHA
Du willst doch wieder ein Sterblicher werden...
... oder nicht?
Dann lass mich dir dabei helfen!
Ich kann dir sämtliche wissenschaftliche Unterlagen meines Instituts zur Verfügung stellen.
Danke, nein.
Oh Mann...
Hehehe!
NOM
Mika hat es mir gesagt...
MAMPF
MAMPF

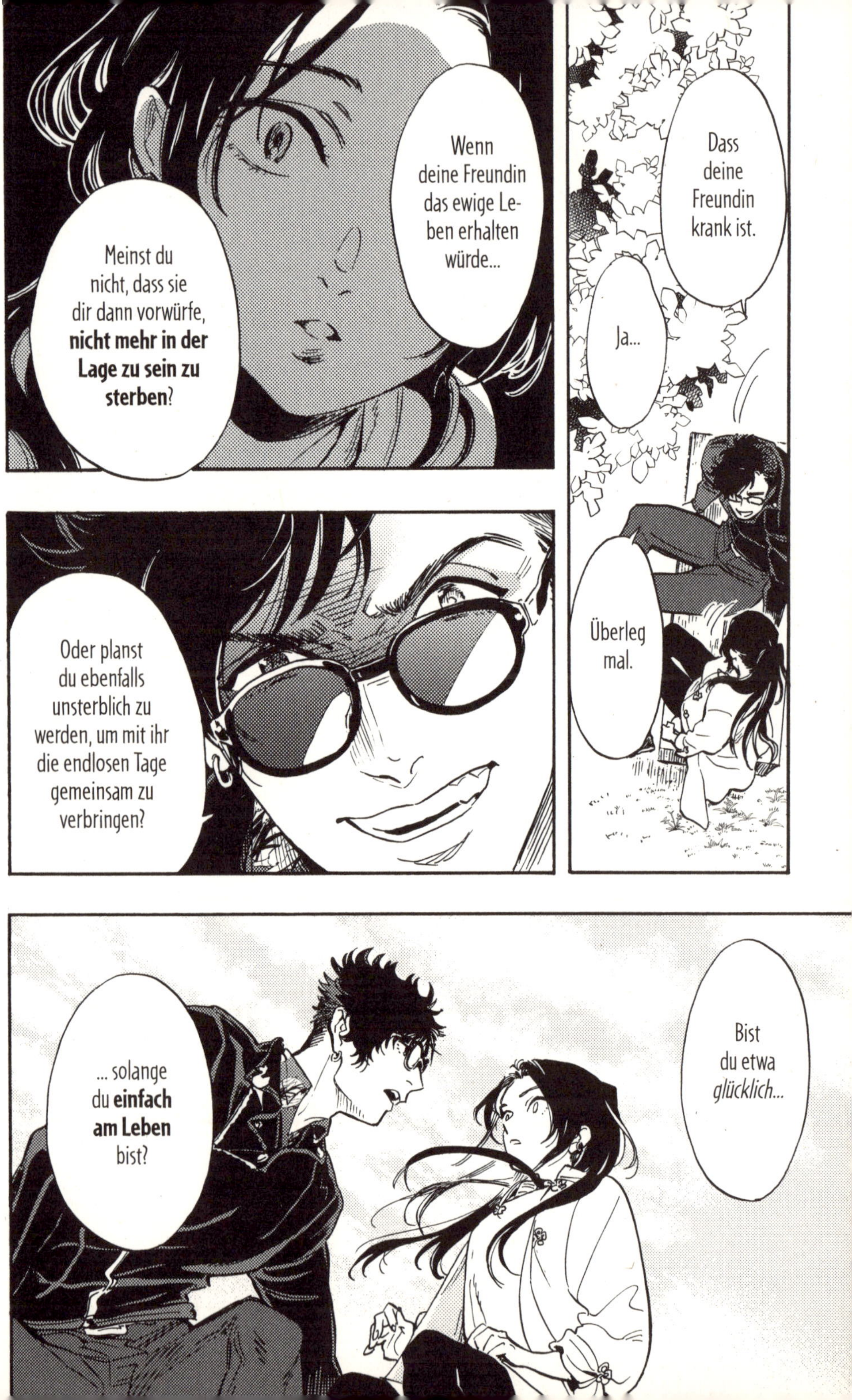
Dass deine Freundin krank ist.
Ja...
Überleg mal.
Wenn deine Freundin das ewige Leben erhalten würde...
Meinst du nicht, dass sie dir dann vorwürfe, **nicht mehr in der Lage zu sein zu sterben**?
Oder planst du ebenfalls unsterblich zu werden, um mit ihr die endlosen Tage gemeinsam zu verbringen?
Bist du etwa *glücklich*...
... solange du **einfach am Leben** bist?

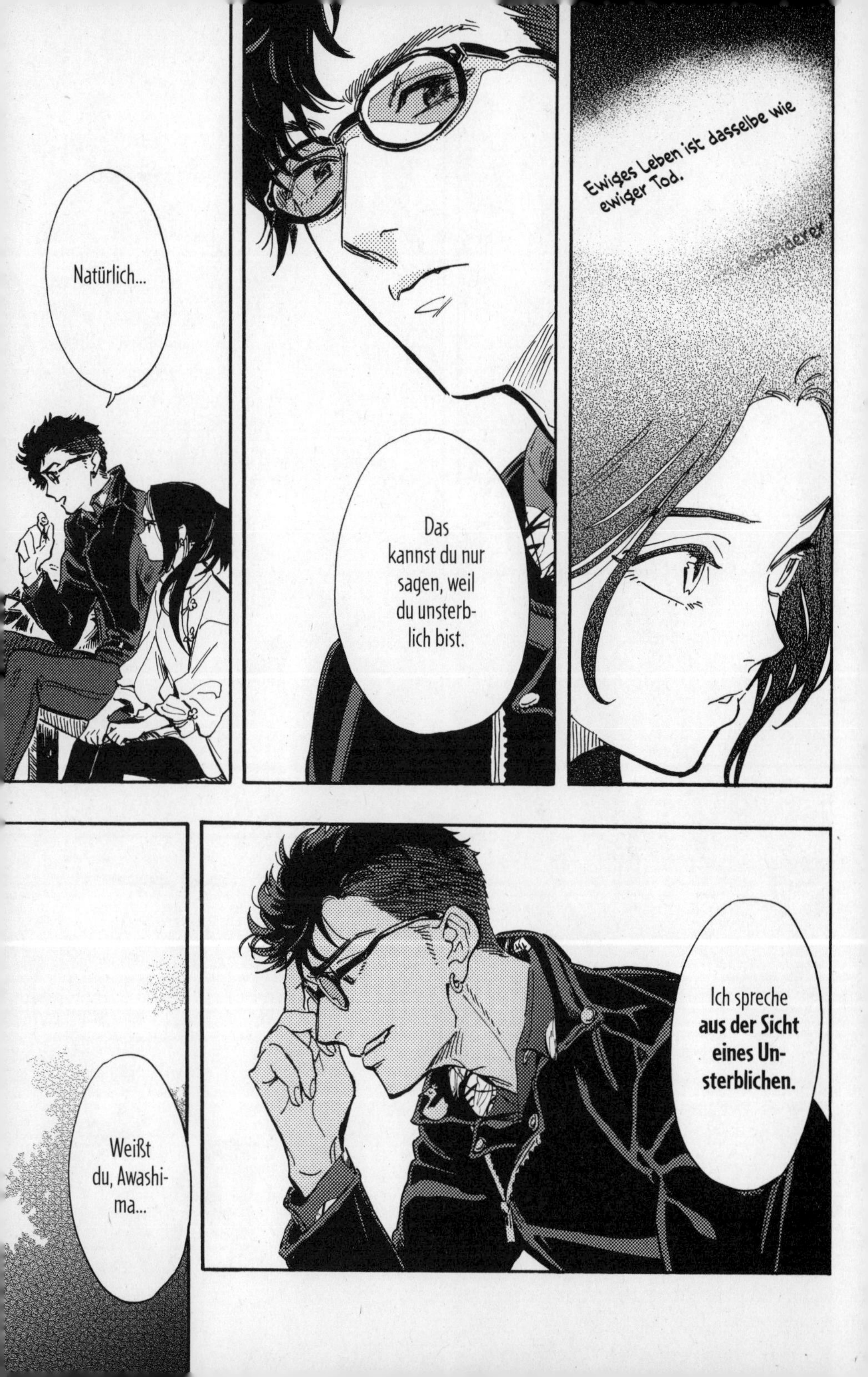
Ewiges Leben ist dasselbe wie ewiger Tod.
Das kannst du nur sagen, weil du unsterblich bist.
Natürlich...
Ich spreche **aus der Sicht eines Unsterblichen.**
Weißt du, Awashima...

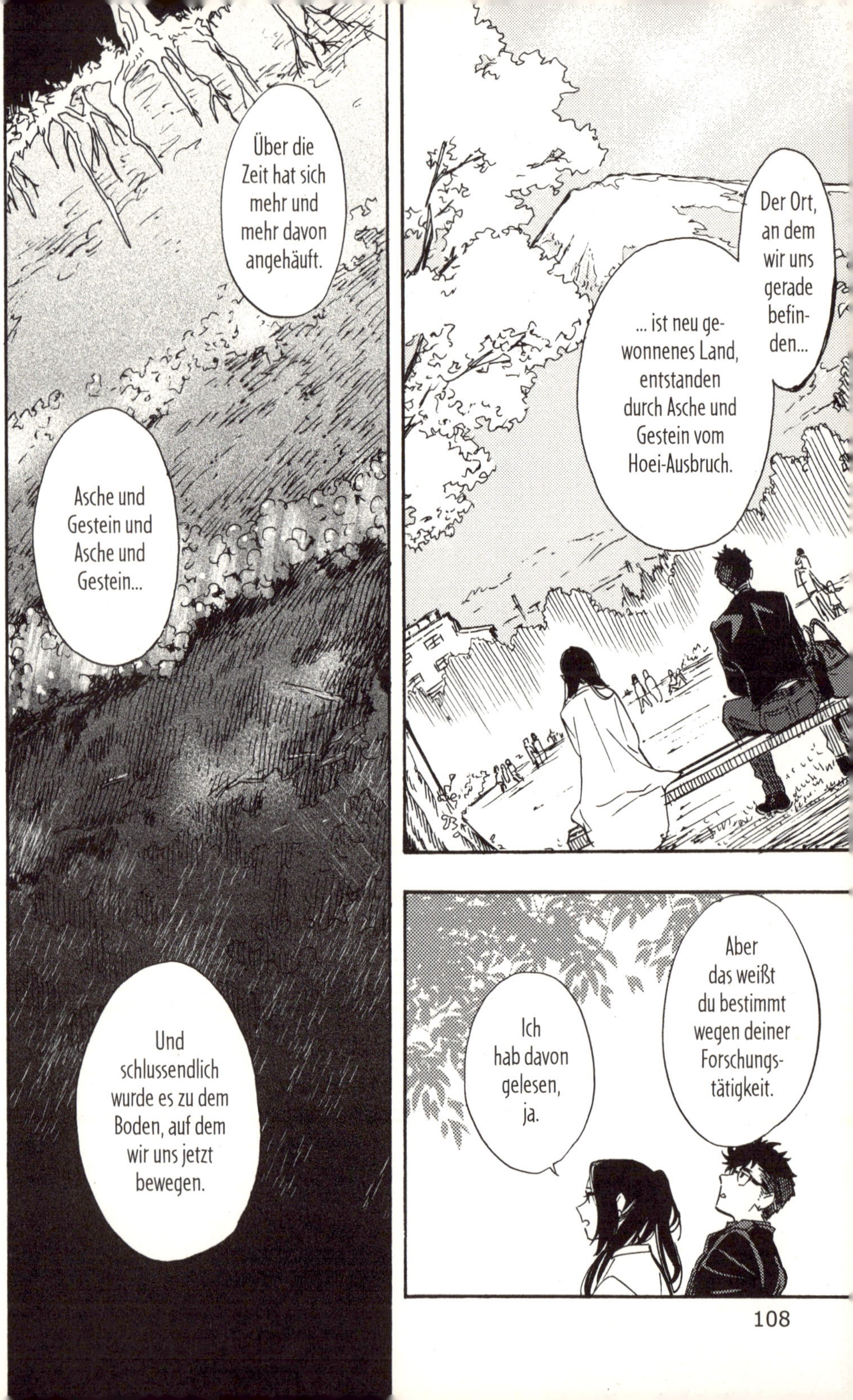

Der Ort, an dem wir uns gerade befinden...
... ist neu gewonnenes Land, entstanden durch Asche und Gestein vom Hoei-Ausbruch.
Aber das weißt du bestimmt wegen deiner Forschungstätigkeit.
Ich hab davon gelesen, ja.
Über die Zeit hat sich mehr und mehr davon angehäuft.
Asche und Gestein und Asche und Gestein...
Und schlussendlich wurde es zu dem Boden, auf dem wir uns jetzt bewegen.

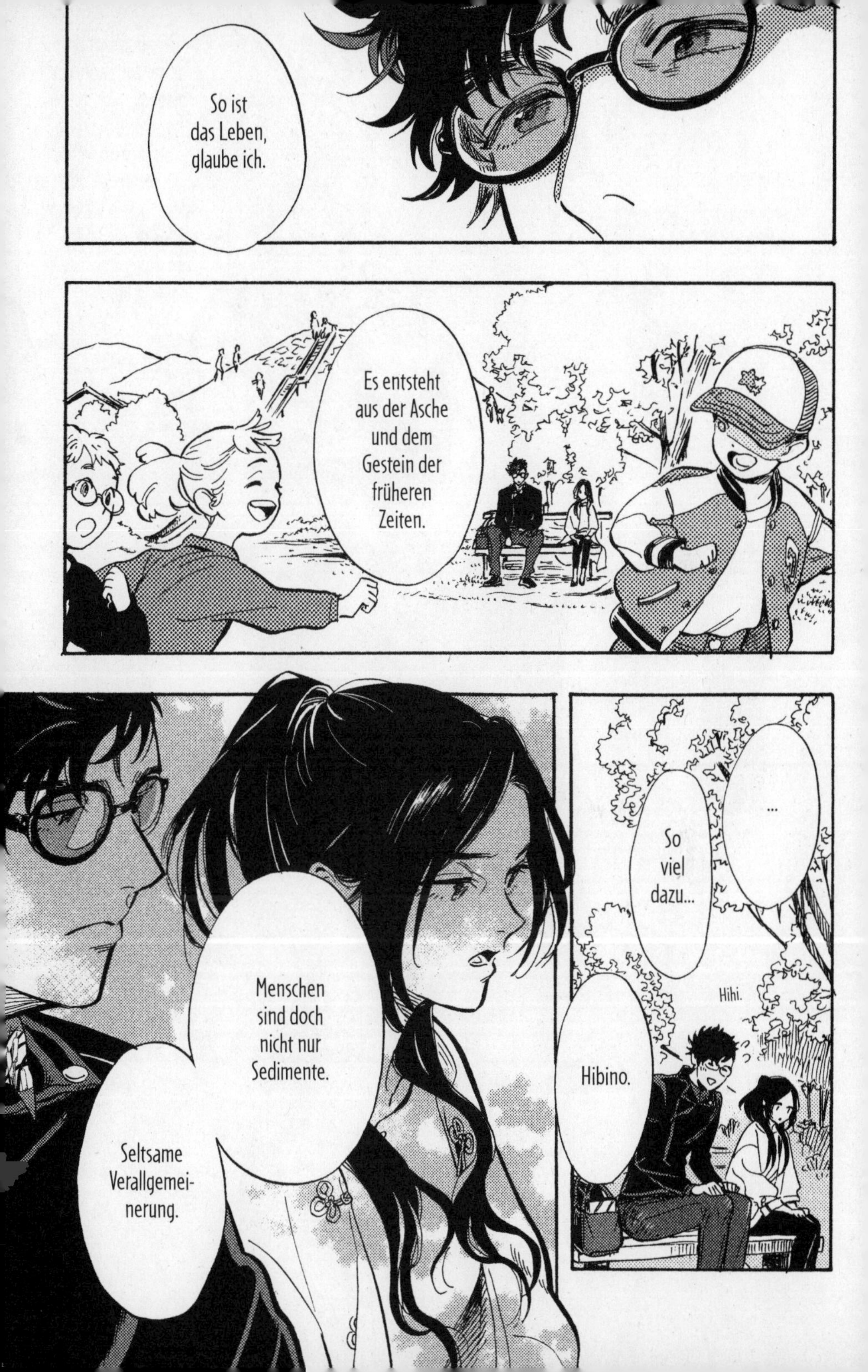
So ist das Leben, glaube ich.
Es entsteht aus der Asche und dem Gestein der früheren Zeiten.
...
So viel dazu...
Hihi.
Hibino.
Menschen sind doch nicht nur Sedimente.
Seltsame Verallgemei-nerung.

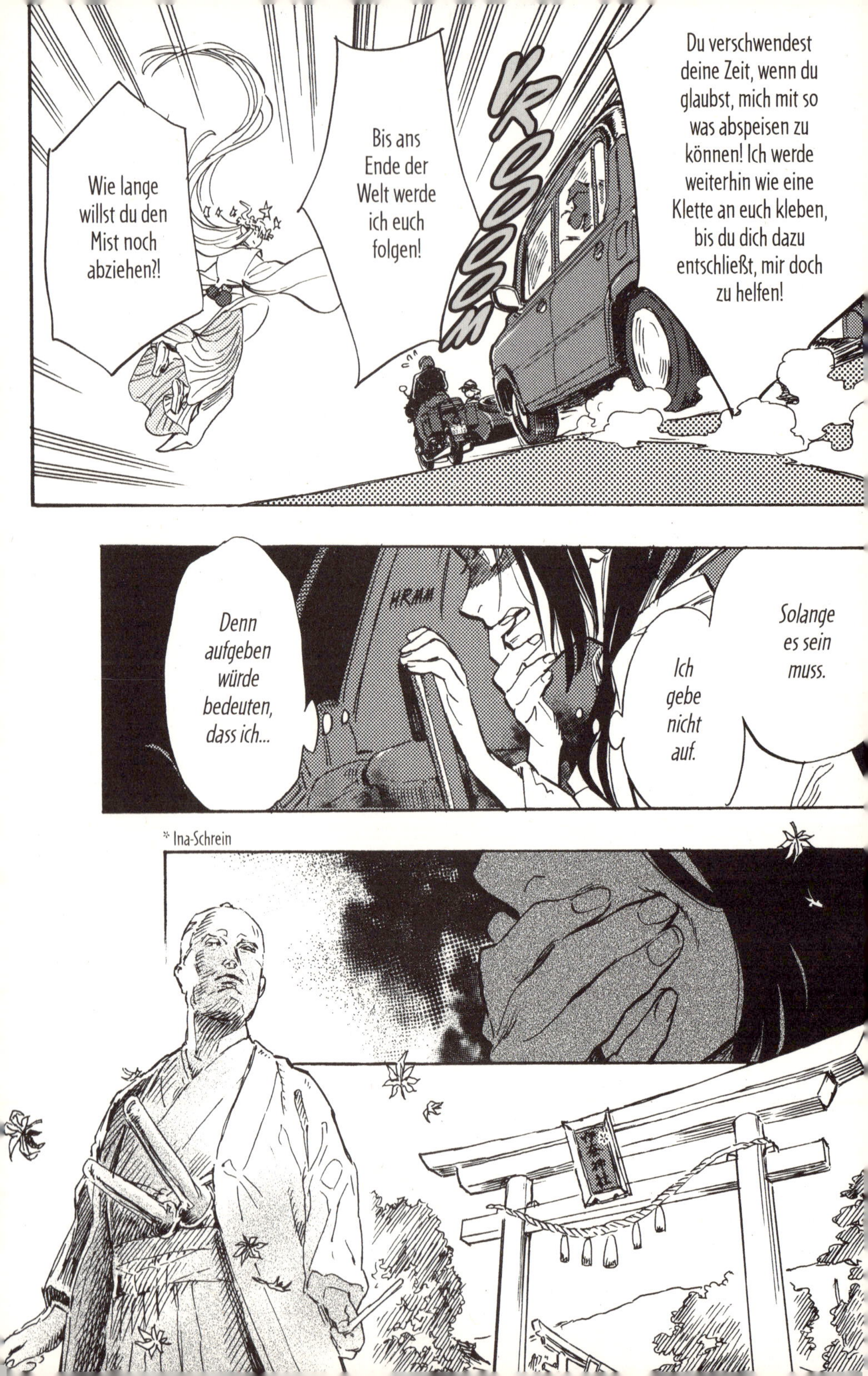
Du verschwendest deine Zeit, wenn du glaubst, mich mit so was abspeisen zu können! Ich werde weiterhin wie eine Klette an euch kleben, bis du dich dazu entschließt, mir doch zu helfen!
VROOOOOM
Bis ans Ende der Welt werde ich euch folgen!
Wie lange willst du den Mist noch abziehen?!
Solange es sein muss.
Ich gebe nicht auf.
HRMM
Denn aufgeben würde bedeuten, dass ich...
* Ina-Schrein

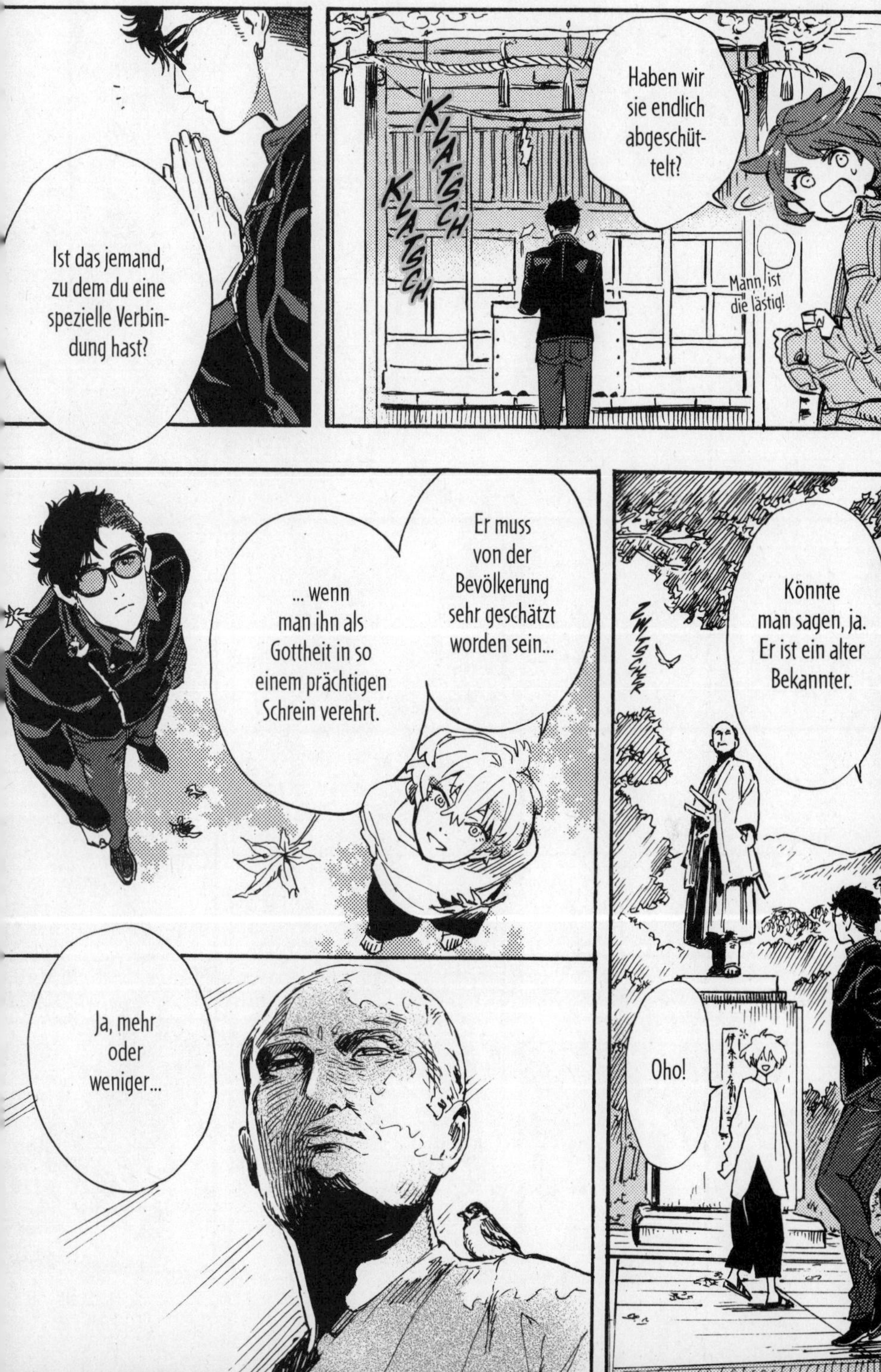

Asche und Geröll wegzuschaffen, und bezahlte diese. Er soll sogar die Vorratskammer des Shogunats geöffnet haben, um der hungernden Bevölkerung Essen zu geben. Als Strafe musste er Seppuku begehen.

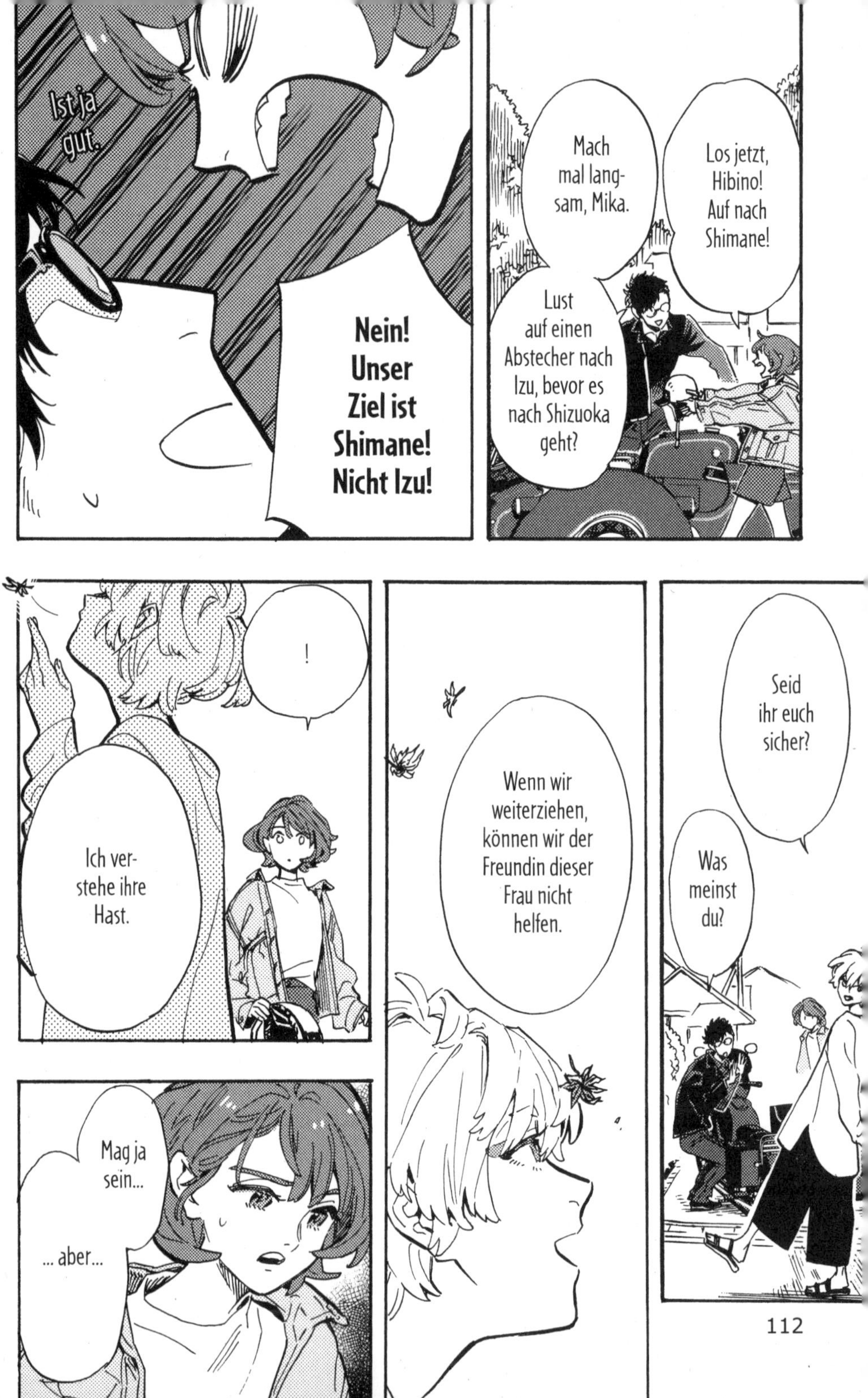
Los jetzt, Hibino! Auf nach Shimane!
Mach mal langsam, Mika.
Lust auf einen Abstecher nach Izu, bevor es nach Shizuoka geht?
Nein! Unser Ziel ist Shimane! Nicht Izu!
Ist ja gut.
Seid ihr euch sicher?
Was meinst du?
Wenn wir weiterziehen, können wir der Freundin dieser Frau nicht helfen.
!
Ich verstehe ihre Hast.
Mag ja sein…
… aber…

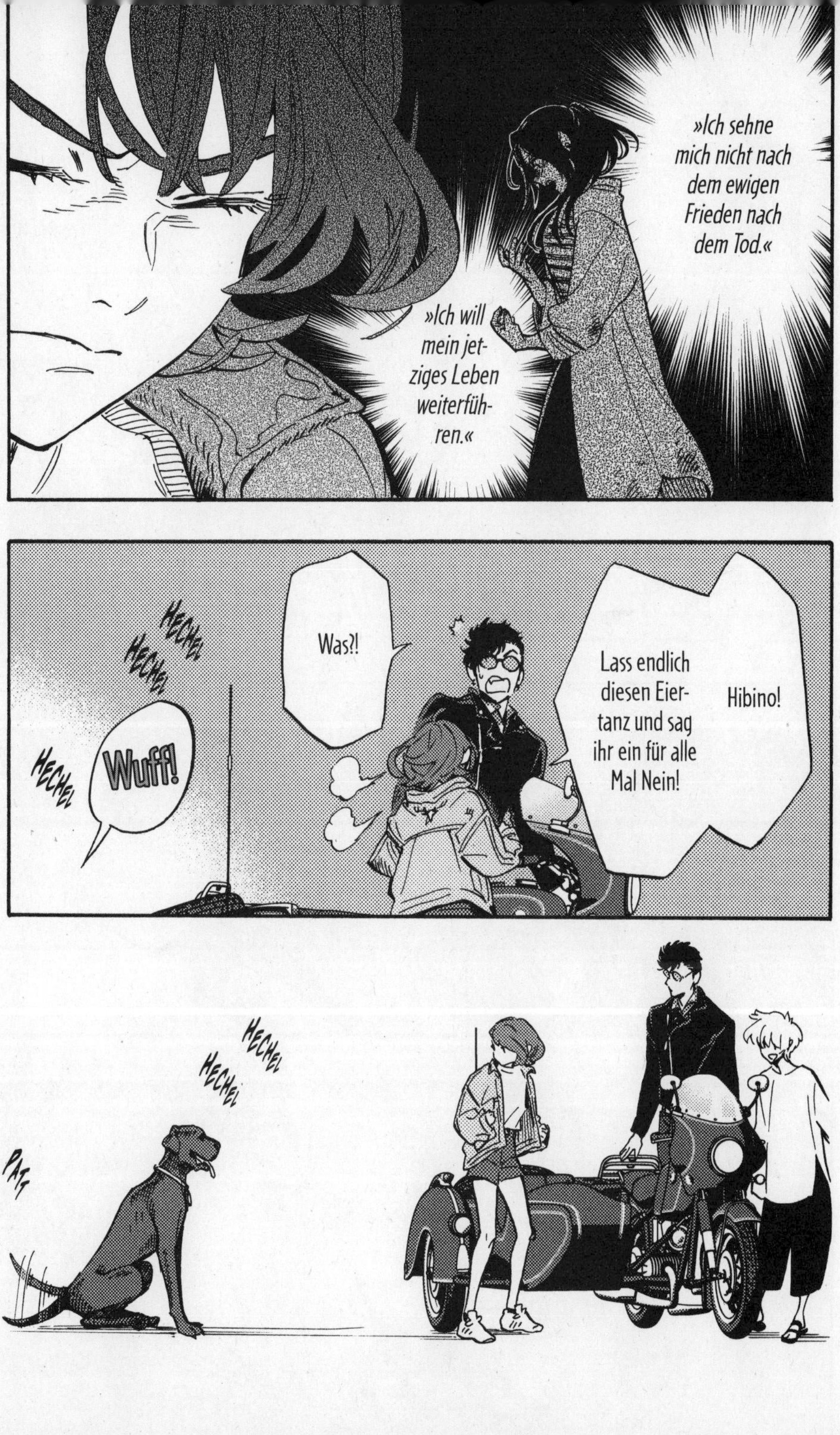
»Ich sehne mich nicht nach dem ewigen Frieden nach dem Tod.«
»Ich will mein jetziges Leben weiterführen.«
Hibino!
Lass endlich diesen Eiertanz und sag ihr ein für alle Mal Nein!
Was?!
HECHEL
HECHEL
HECHEL
Wuff!
HECHEL
HECHEL
PATT

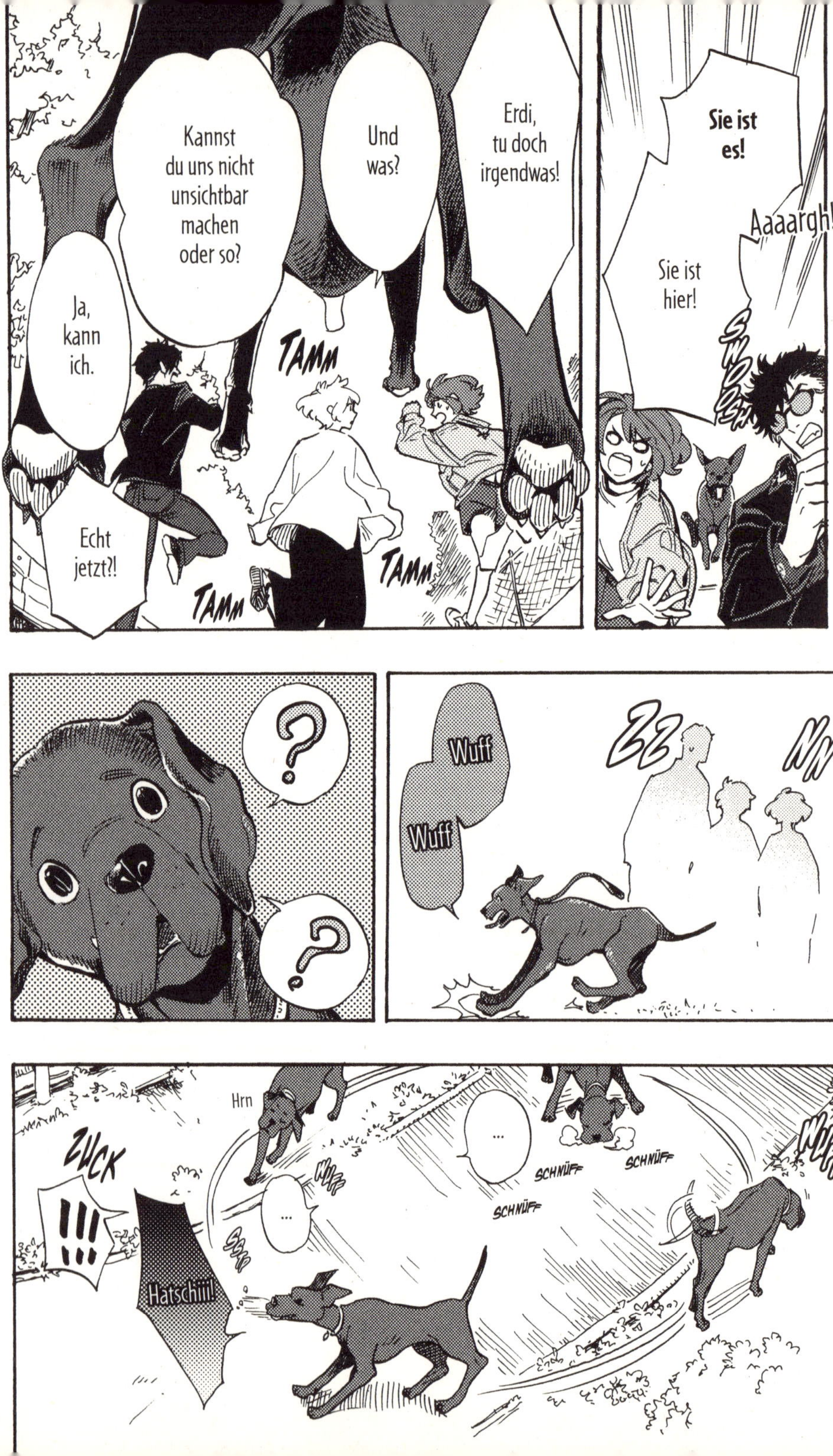
Sie ist es!
Aaaargh!
Sie ist hier!
SWOOSH
Erdi, tu doch irgendwas!
Und was?
Kannst du uns nicht unsichtbar machen oder so?
Ja, kann ich.
Echt jetzt?!
TAMM
TAMM
TAMM
ZZ
NN
Wuff
Wuff
?
?
WUFF
SCHNÜFF
SCHNÜFF
SCHNÜFF
...
Hrn
...
ZUCK
!!!
Hatschiii!

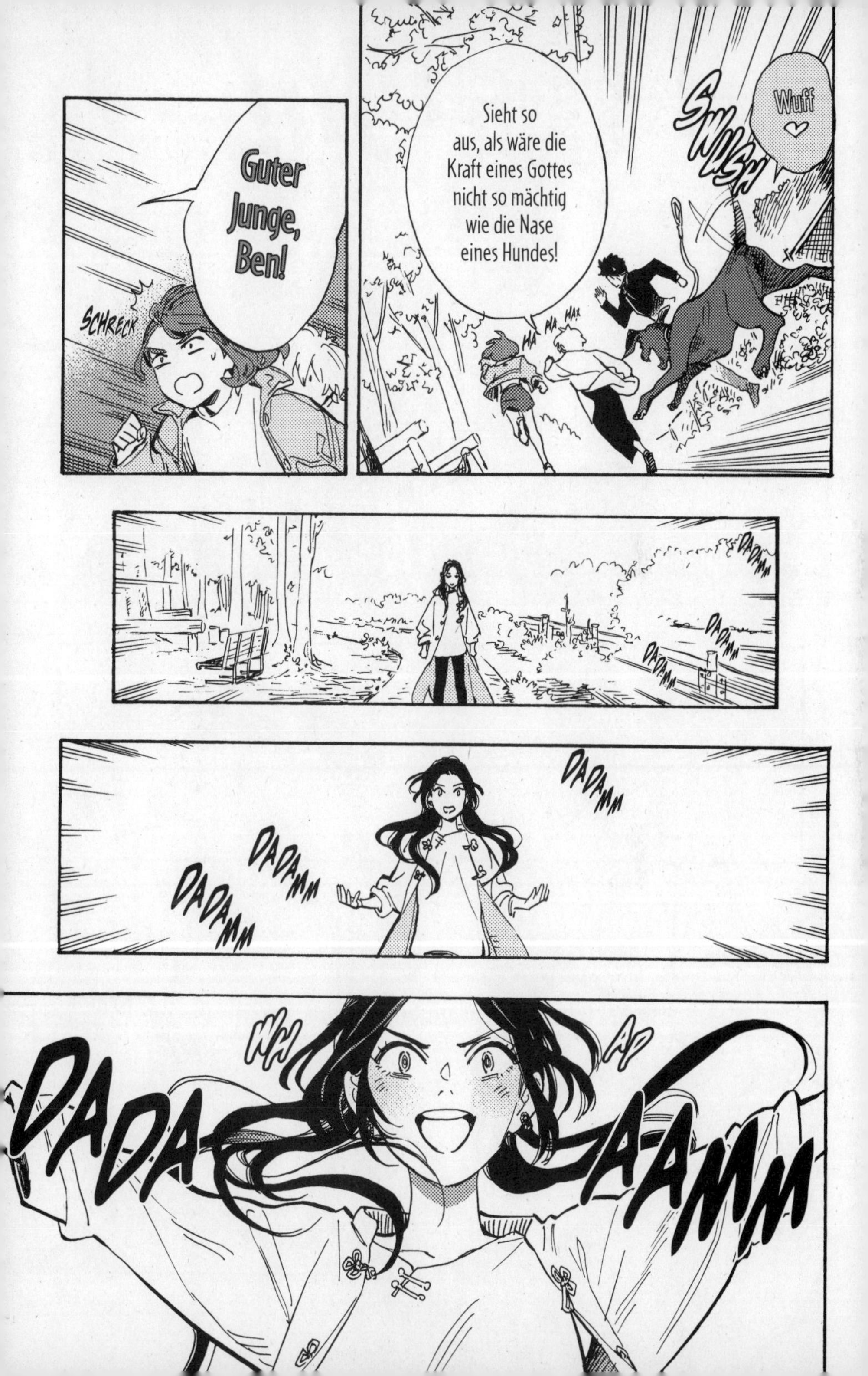

Wuff ♡
SWUSH
Sieht so aus, als wäre die Kraft eines Gottes nicht so mächtig wie die Nase eines Hundes!
HA HA HA
Guter Junge, Ben!
SCHRECK
DADAMM
DADAMM
DADAMM
DADAMM
DADAMM
DADAMM
WH
AP
DADA
AAMM

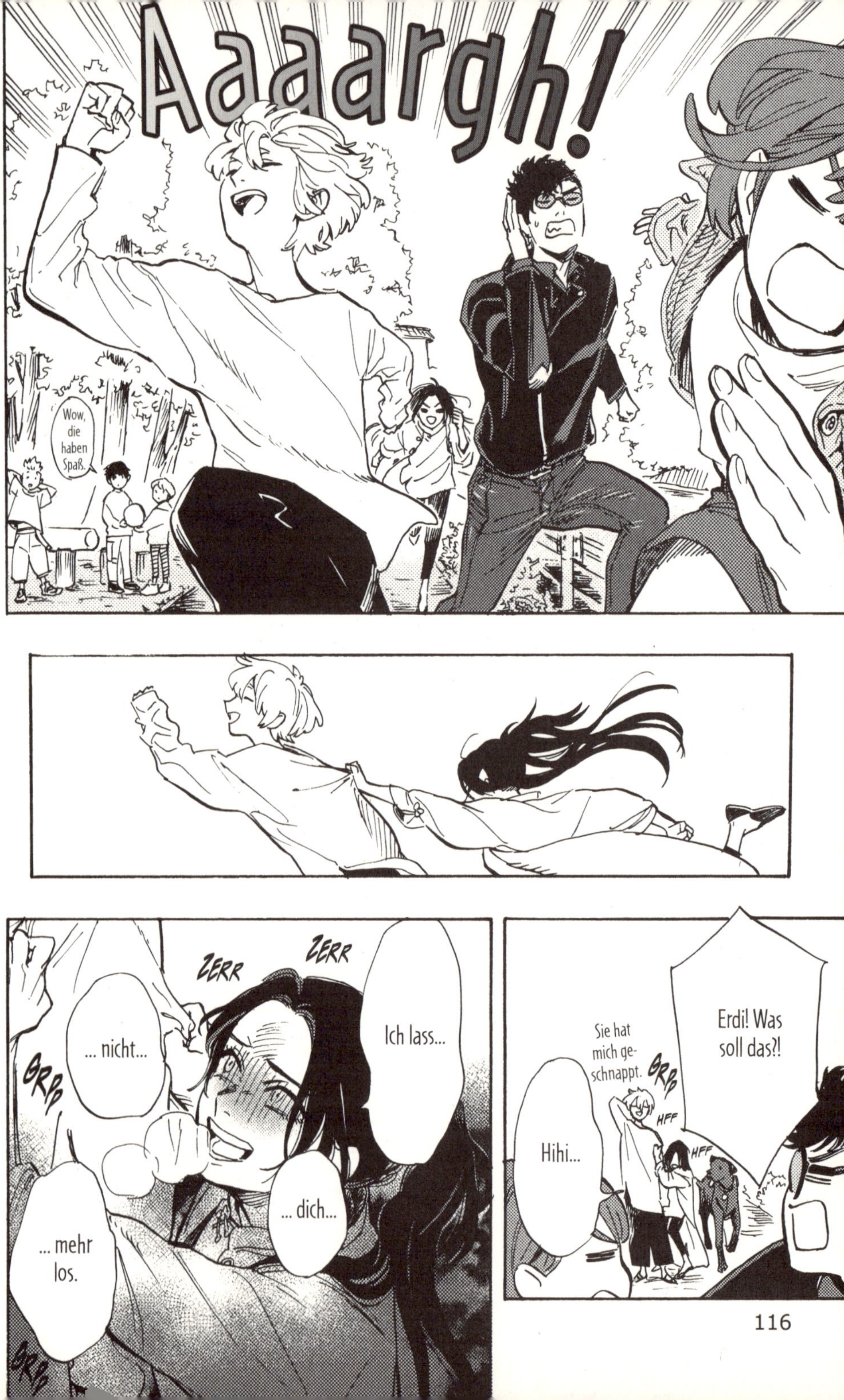
Aaaaargh!
Wow, die haben Spaß.
Erdi! Was soll das?!
Sie hat mich geschnappt.
GRR
HFF
HFF
Hihi...
ZERR
ZERR
Ich lass...
... nicht...
... dich...
... mehr los.
GRR
GRR

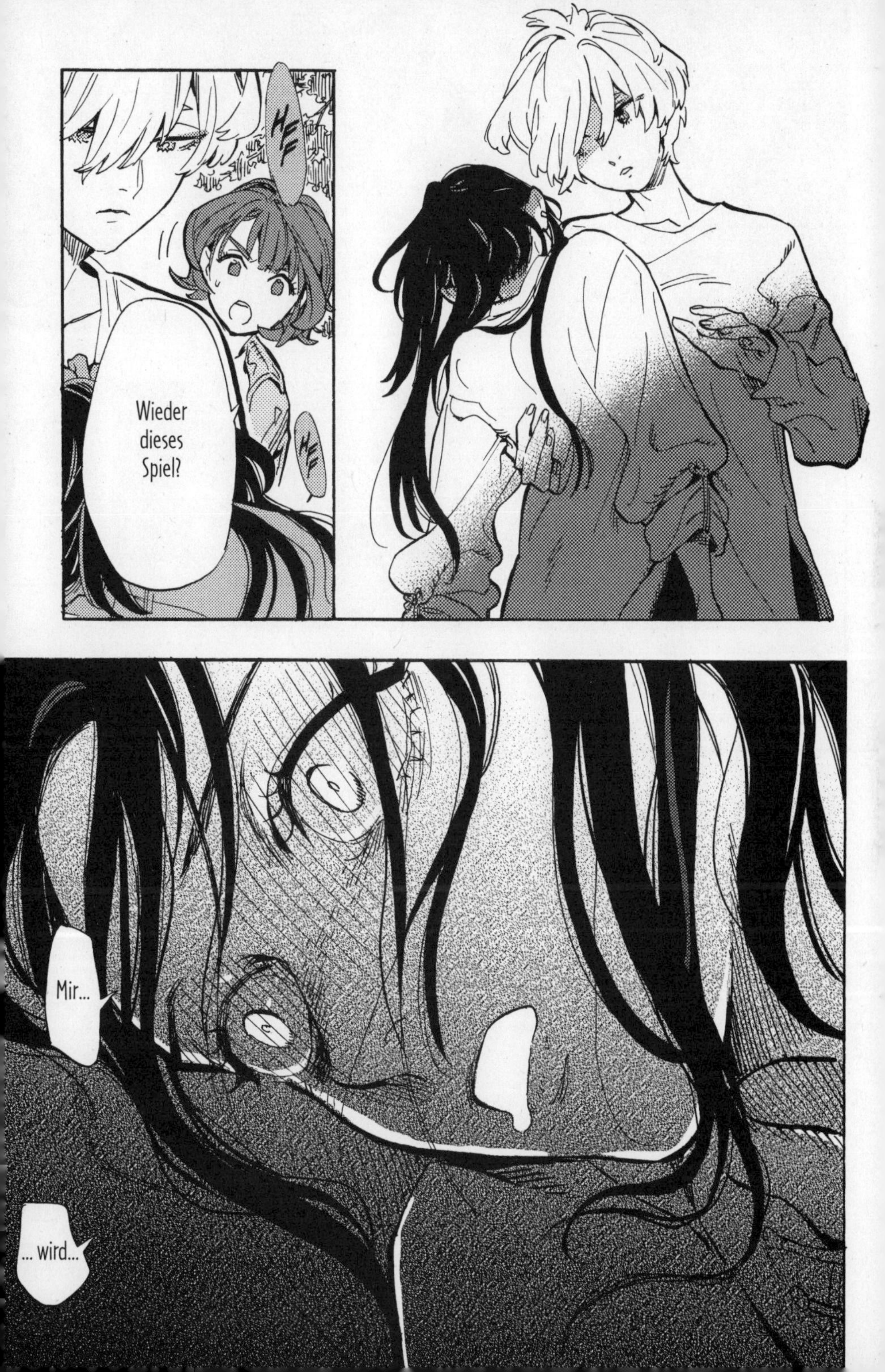
Wieder dieses Spiel?
Mir...
... wird...

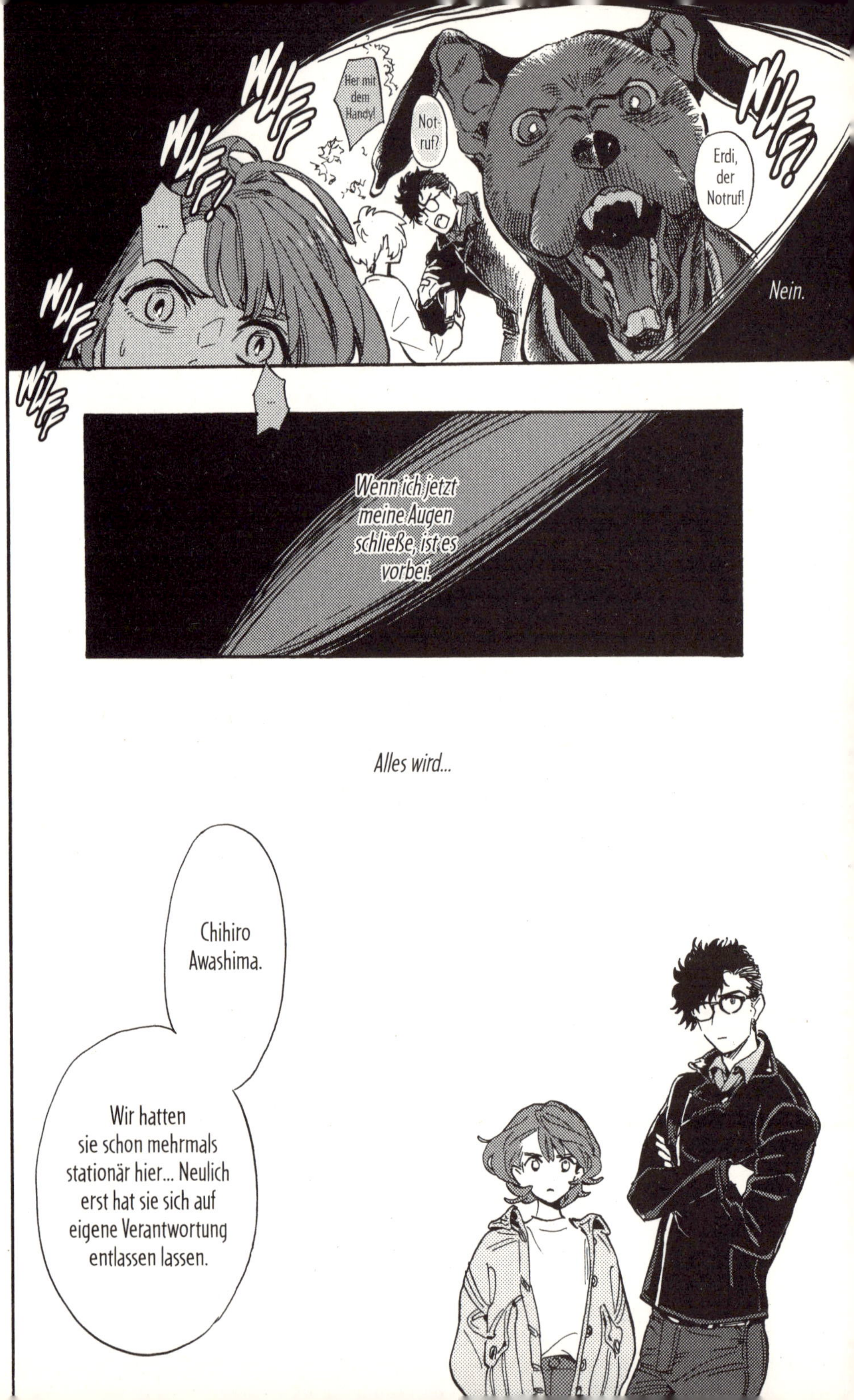
WUFF!
Erdi, der Notruf!
Nein.
Not-ruf?
Her mit dem Handy!
WUFF!
WUFF!
…
WUFF
WUFF
…
Wenn ich jetzt meine Augen schließe, ist es vorbei.
Alles wird…
Chihiro Awashima.
Wir hatten sie schon mehrmals stationär hier… Neulich erst hat sie sich auf eigene Verantwortung entlassen lassen.

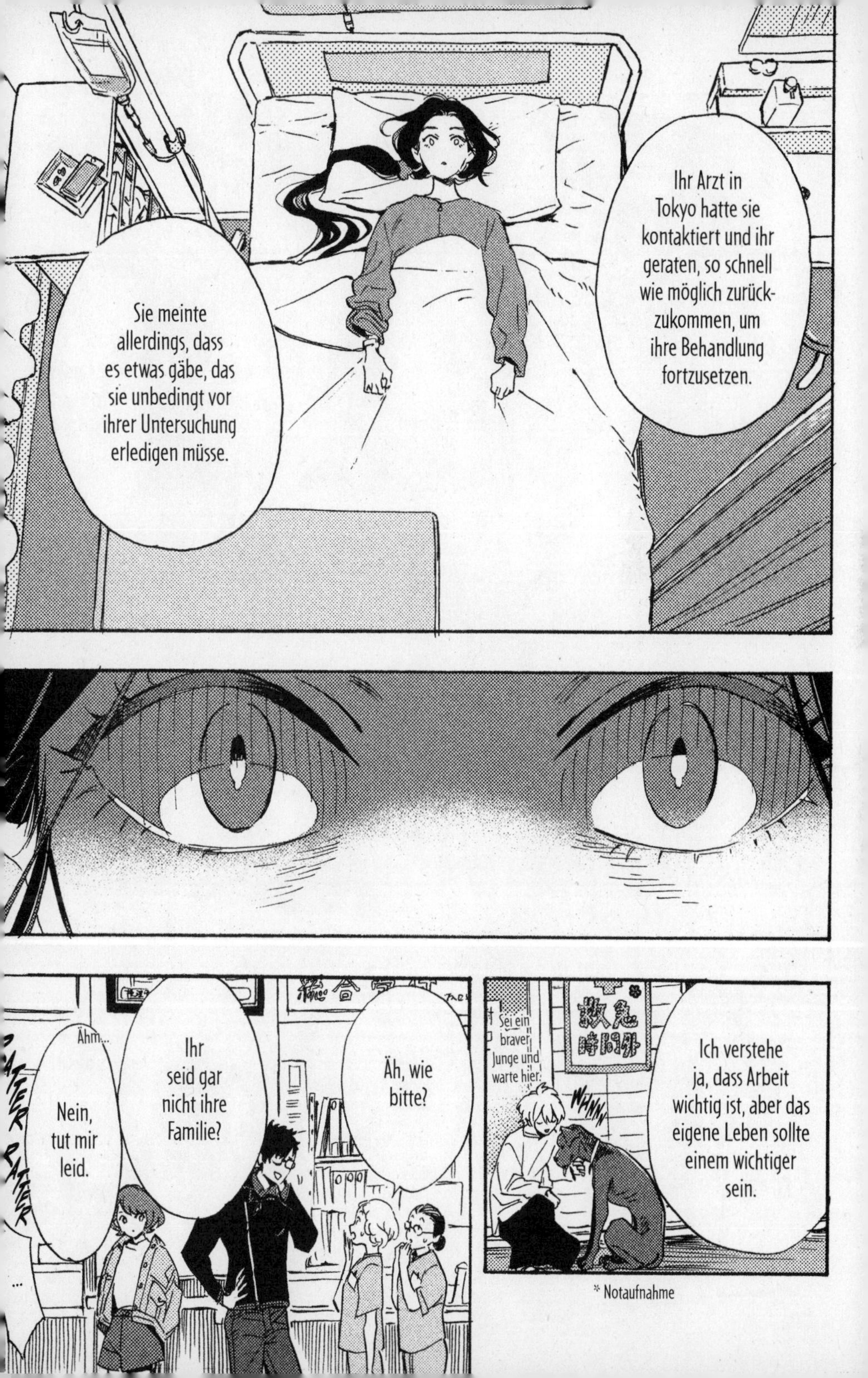

* Notaufnahme

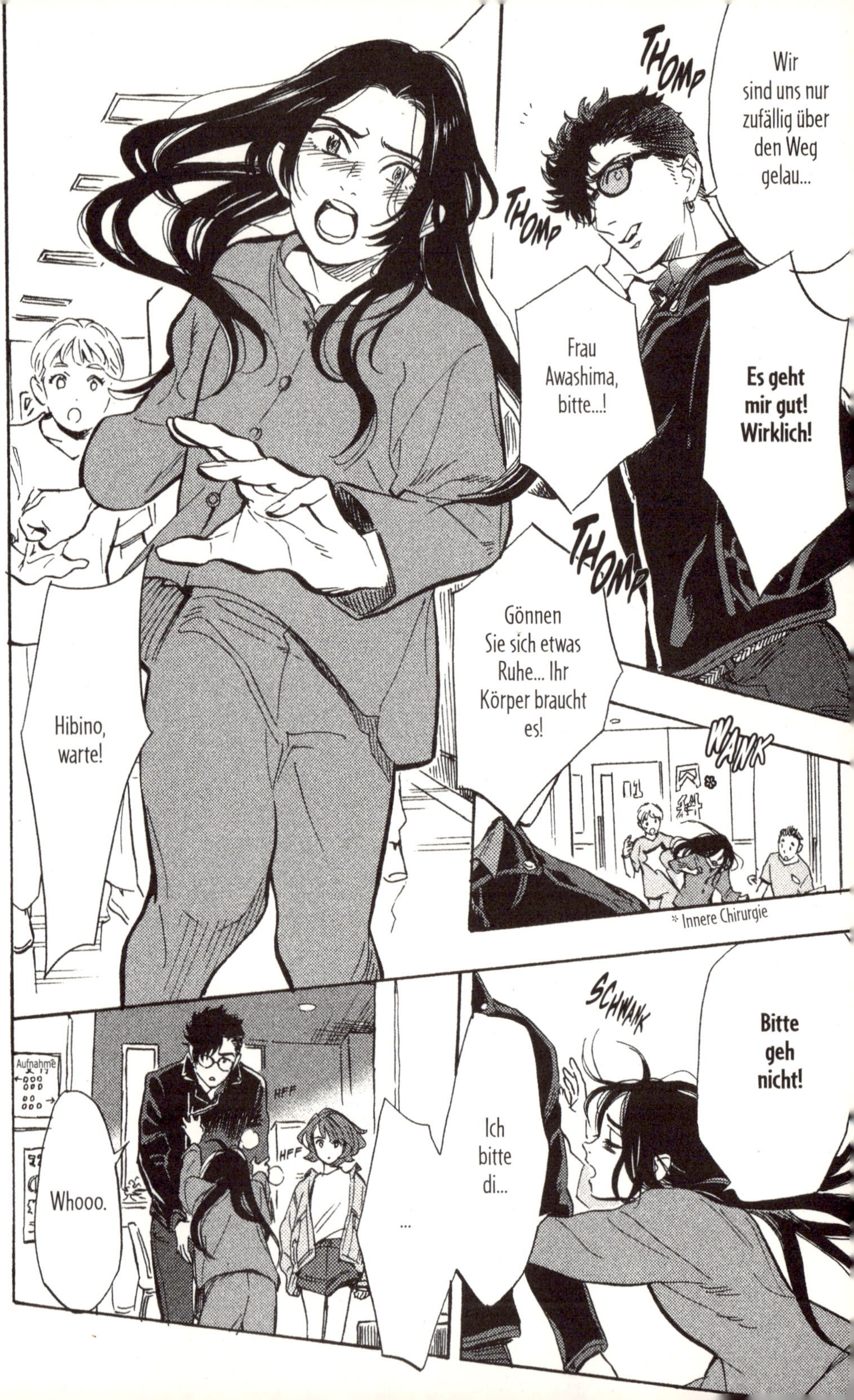
THOMP
Wir sind uns nur zufällig über den Weg gelau...
THOMP
Es geht mir gut! Wirklich!
Frau Awashima, bitte...!
THOMP
Gönnen Sie sich etwas Ruhe... Ihr Körper braucht es!
Hibino, warte!
WANK
* Innere Chirurgie
SCHWANK
Bitte geh nicht!
Ich bitte di...
...
HFF
HFF
Aufnahme
Whooo.

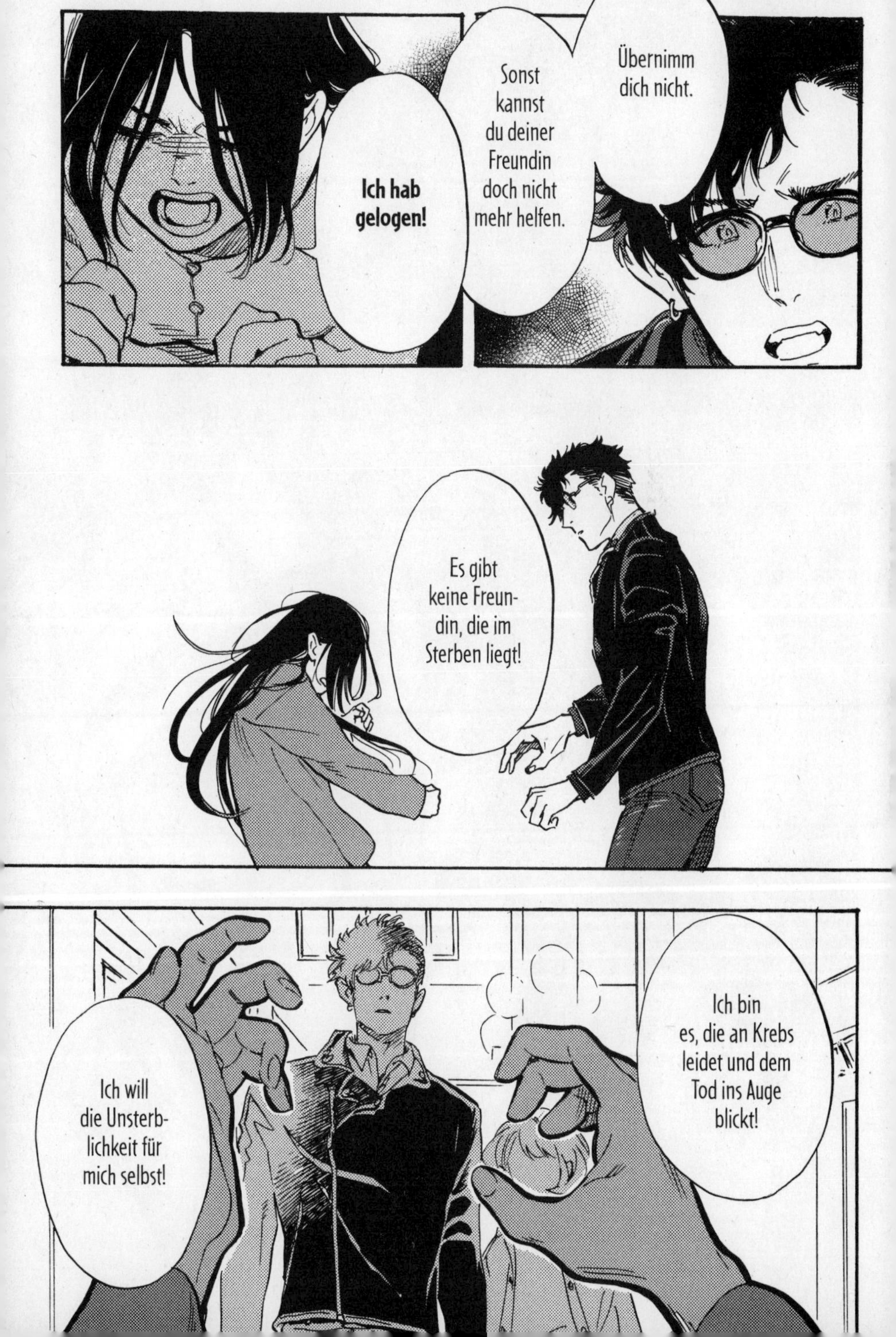
Übernimm dich nicht.
Sonst kannst du deiner Freundin doch nicht mehr helfen.
Ich hab gelogen!
Es gibt keine Freundin, die im Sterben liegt!
Ich bin es, die an Krebs leidet und dem Tod ins Auge blickt!
Ich will die Unsterblichkeit für mich selbst!

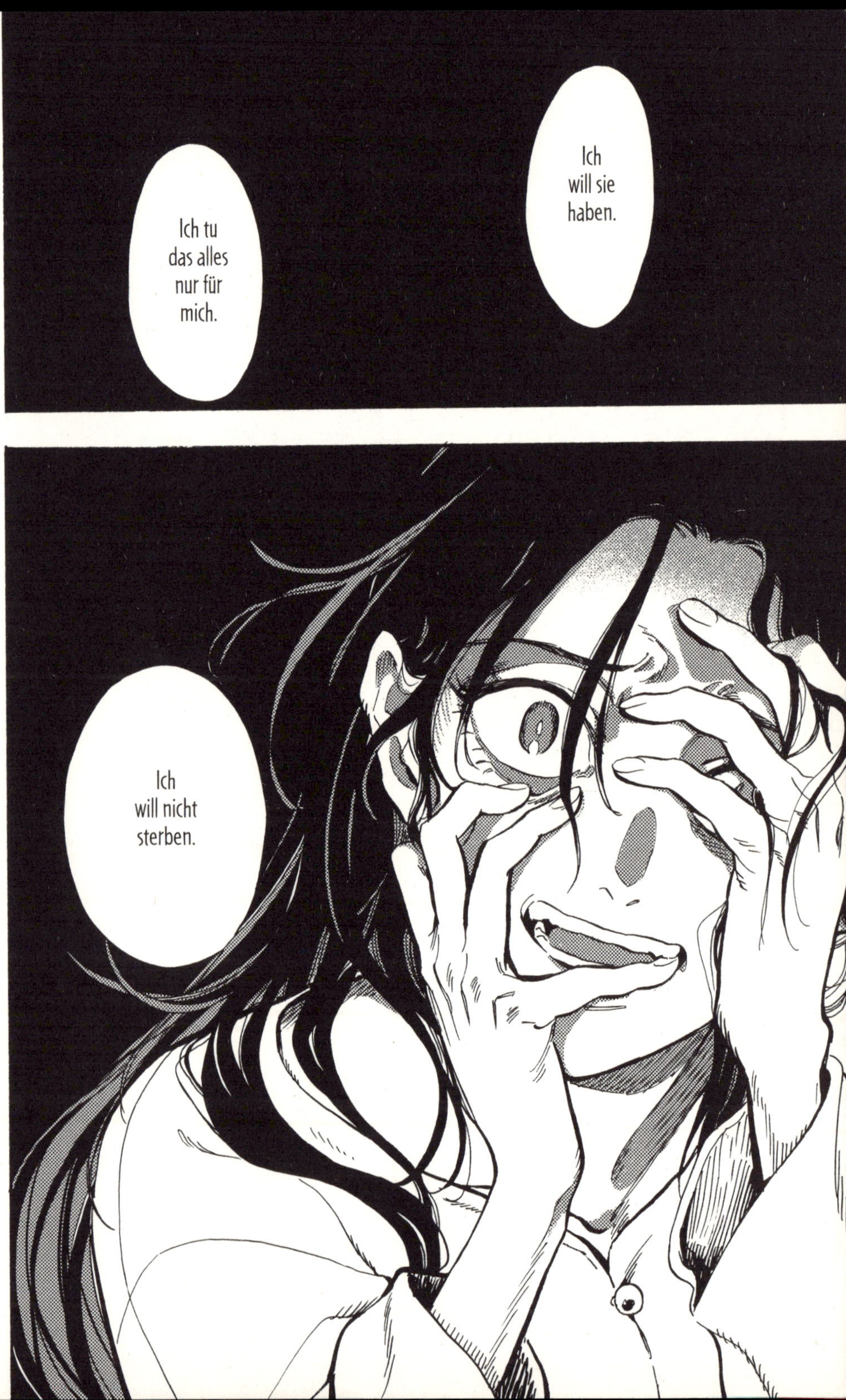
Ich will sie haben.
Ich tu das alles nur für mich.
Ich will nicht sterben.

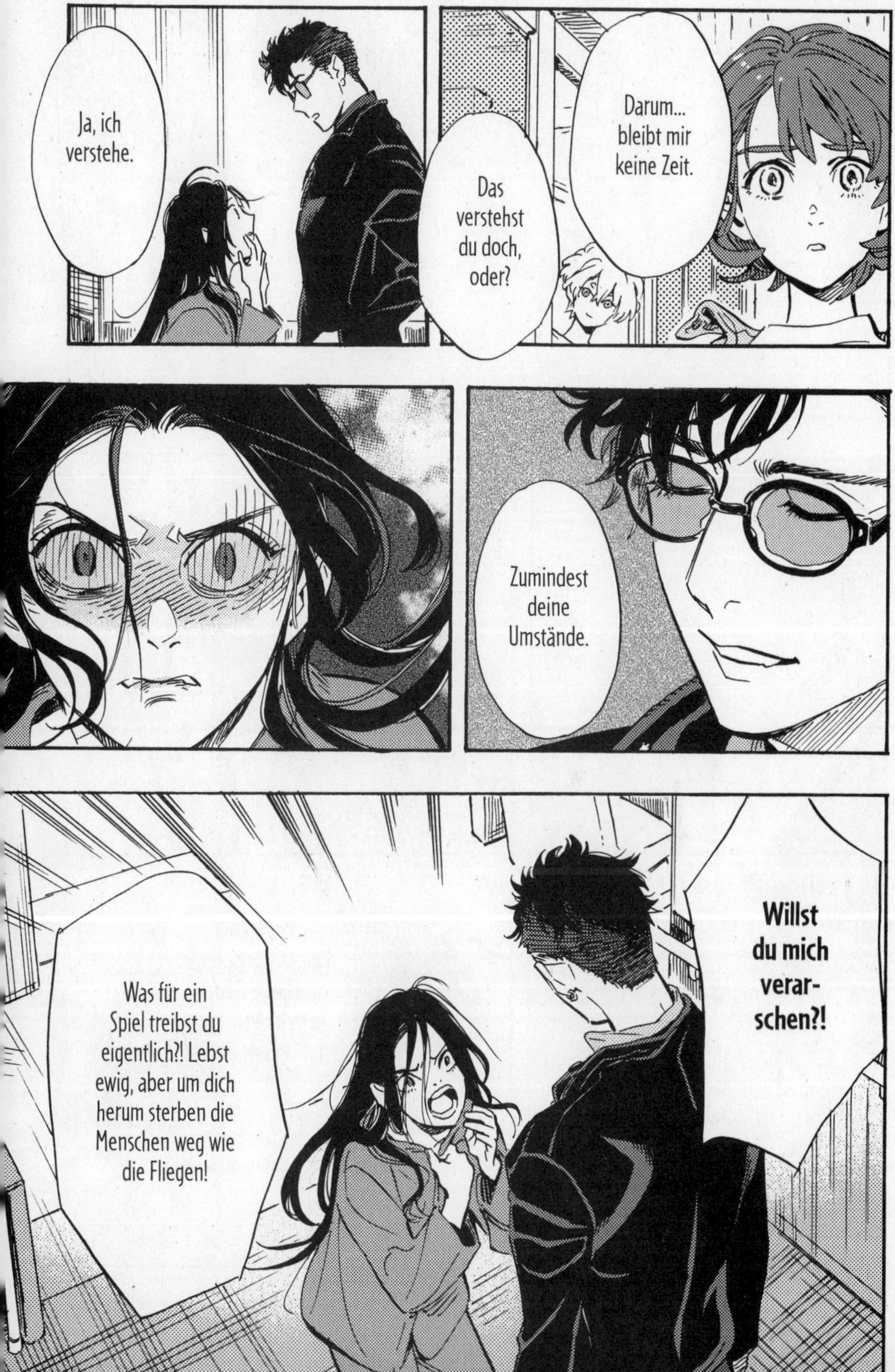
Darum... bleibt mir keine Zeit.
Das verstehst du doch, oder?
Ja, ich verstehe.
Zumindest deine Umstände.
Willst du mich verar-schen?!
Was für ein Spiel treibst du eigentlich?! Lebst ewig, aber um dich herum sterben die Menschen weg wie die Fliegen!

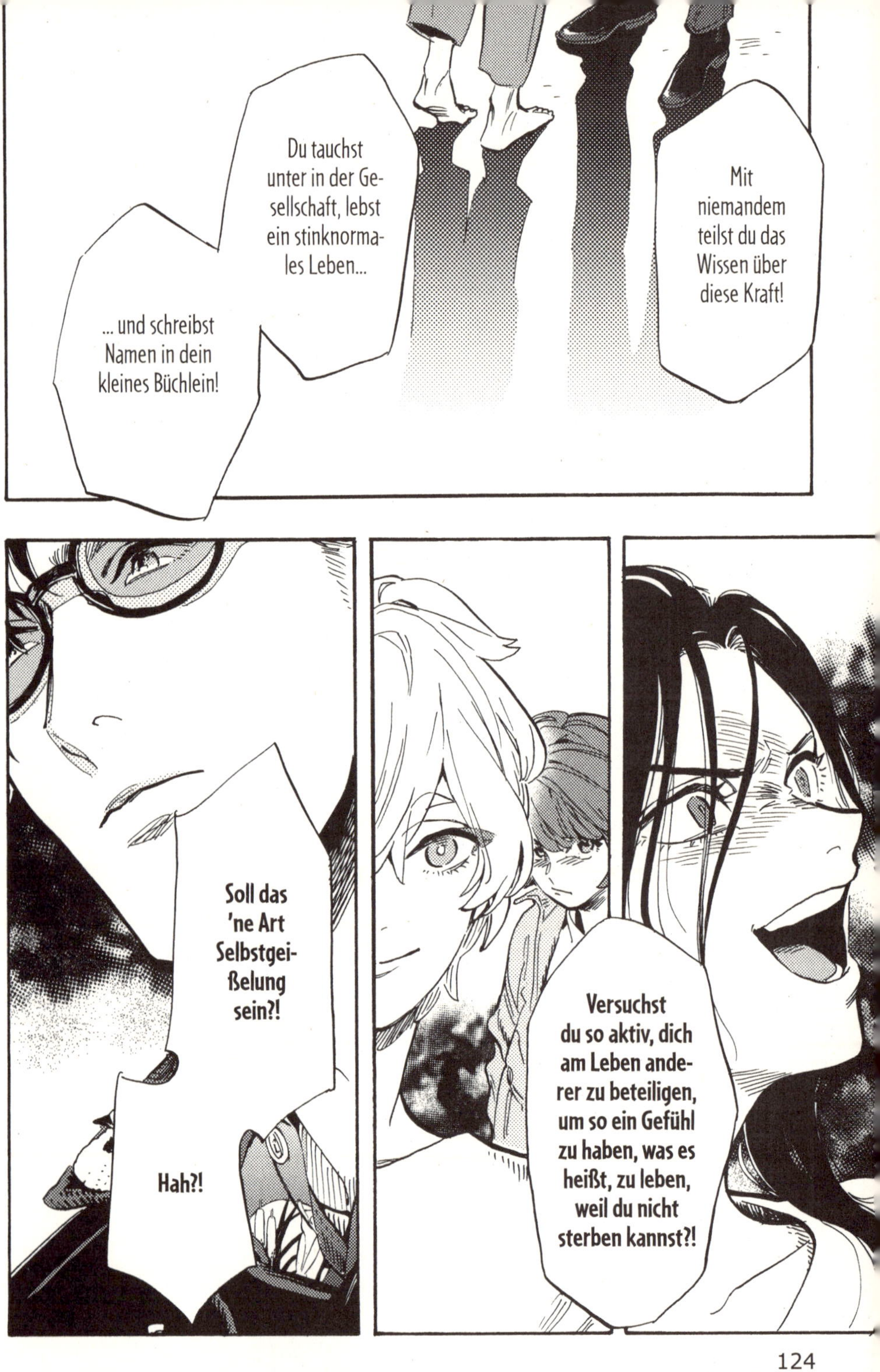
Mit niemandem teilst du das Wissen über diese Kraft!
Du tauchst unter in der Gesellschaft, lebst ein stinknormales Leben...
... und schreibst Namen in dein kleines Büchlein!
Versuchst du so aktiv, dich am Leben anderer zu beteiligen, um so ein Gefühl zu haben, was es heißt, zu leben, weil du nicht sterben kannst?!
Soll das 'ne Art Selbstgeißelung sein?!
Hah?!

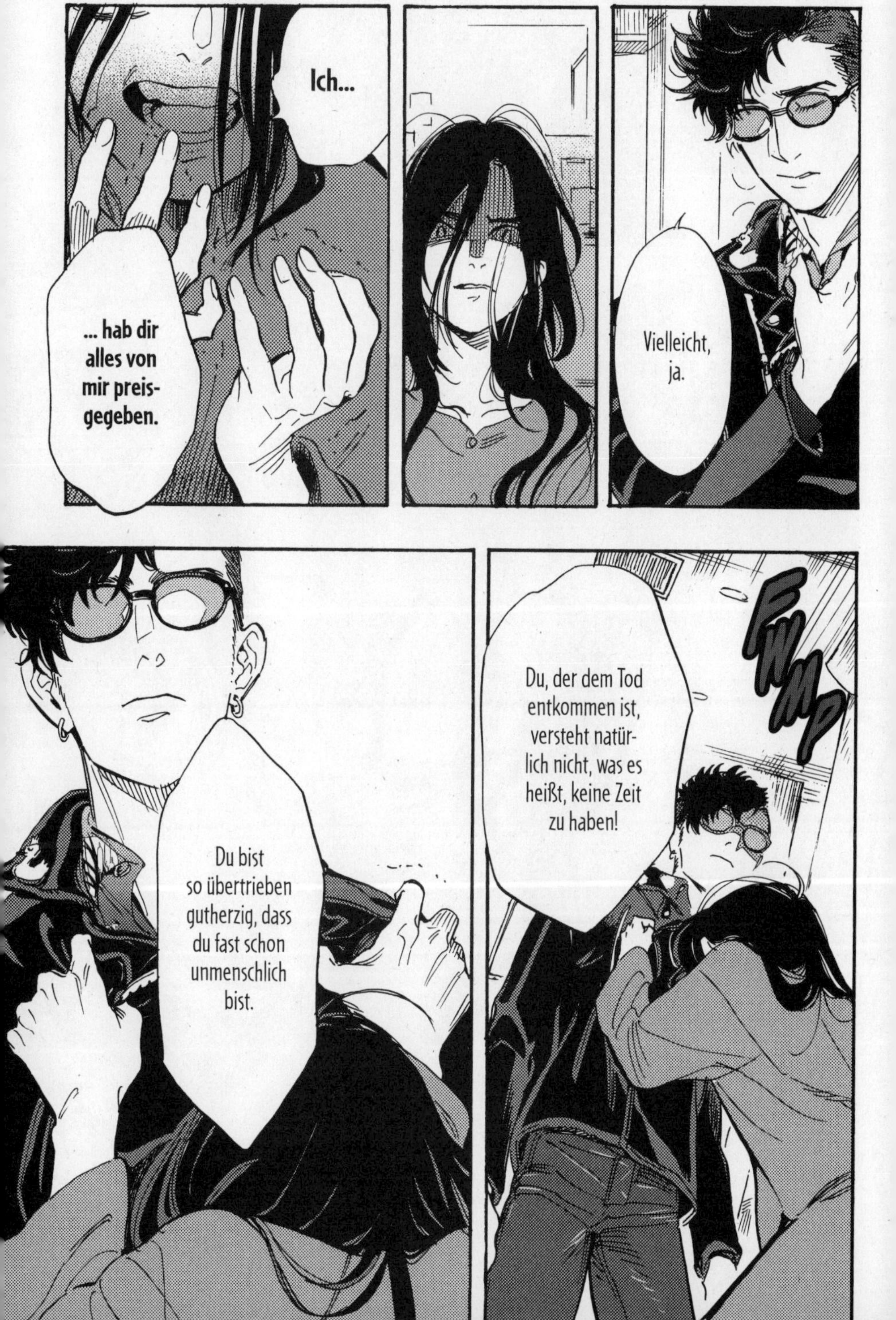
Vielleicht, ja.
Ich...
... hab dir alles von mir preisgegeben.
FWMP
Du, der dem Tod entkommen ist, versteht natürlich nicht, was es heißt, keine Zeit zu haben!
Du bist so übertrieben gutherzig, dass du fast schon unmenschlich bist.

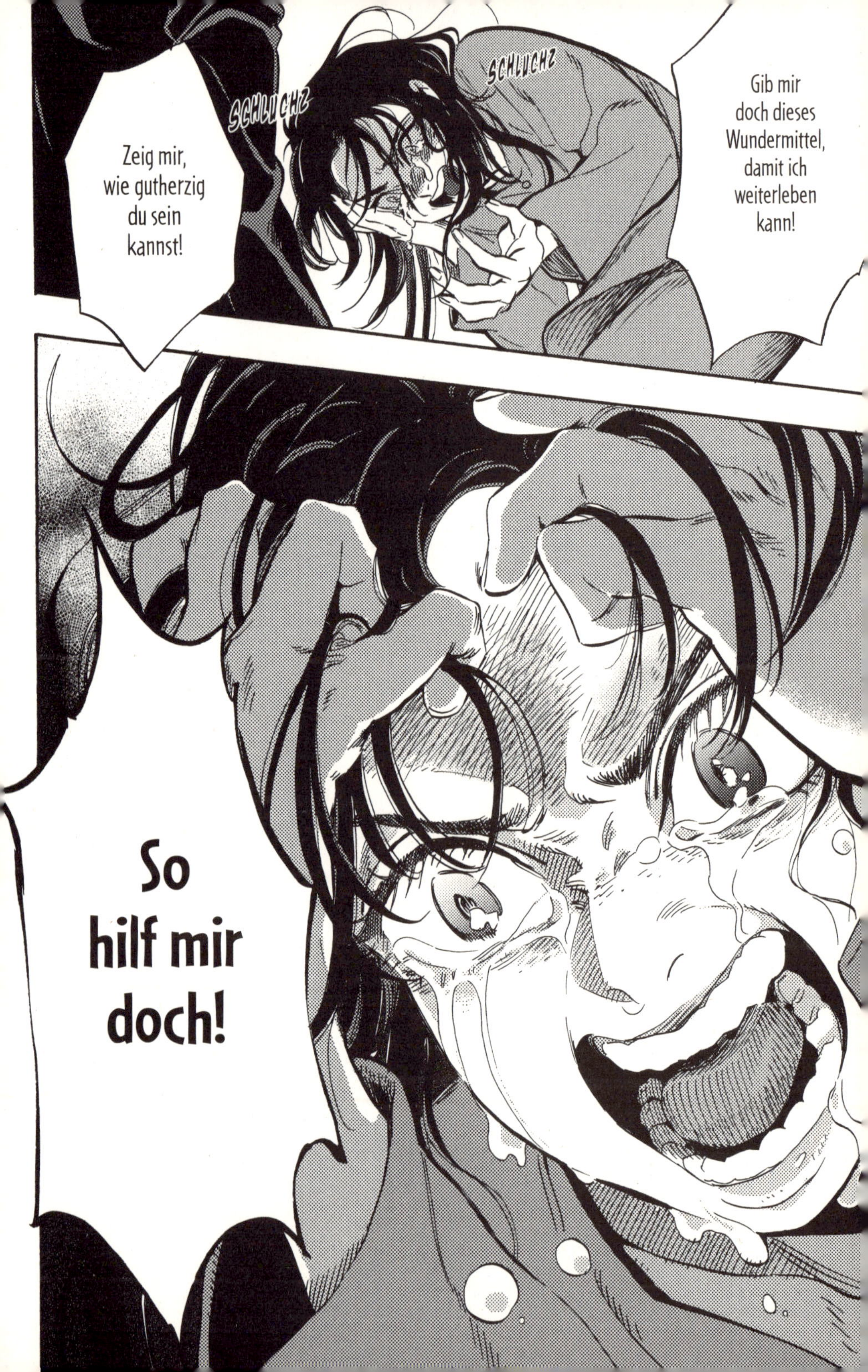
Gib mir doch dieses Wundermittel, damit ich weiterleben kann!
SCHLUCHZ
SCHLUCHZ
Zeig mir, wie gutherzig du sein kannst!
So hilf mir doch!

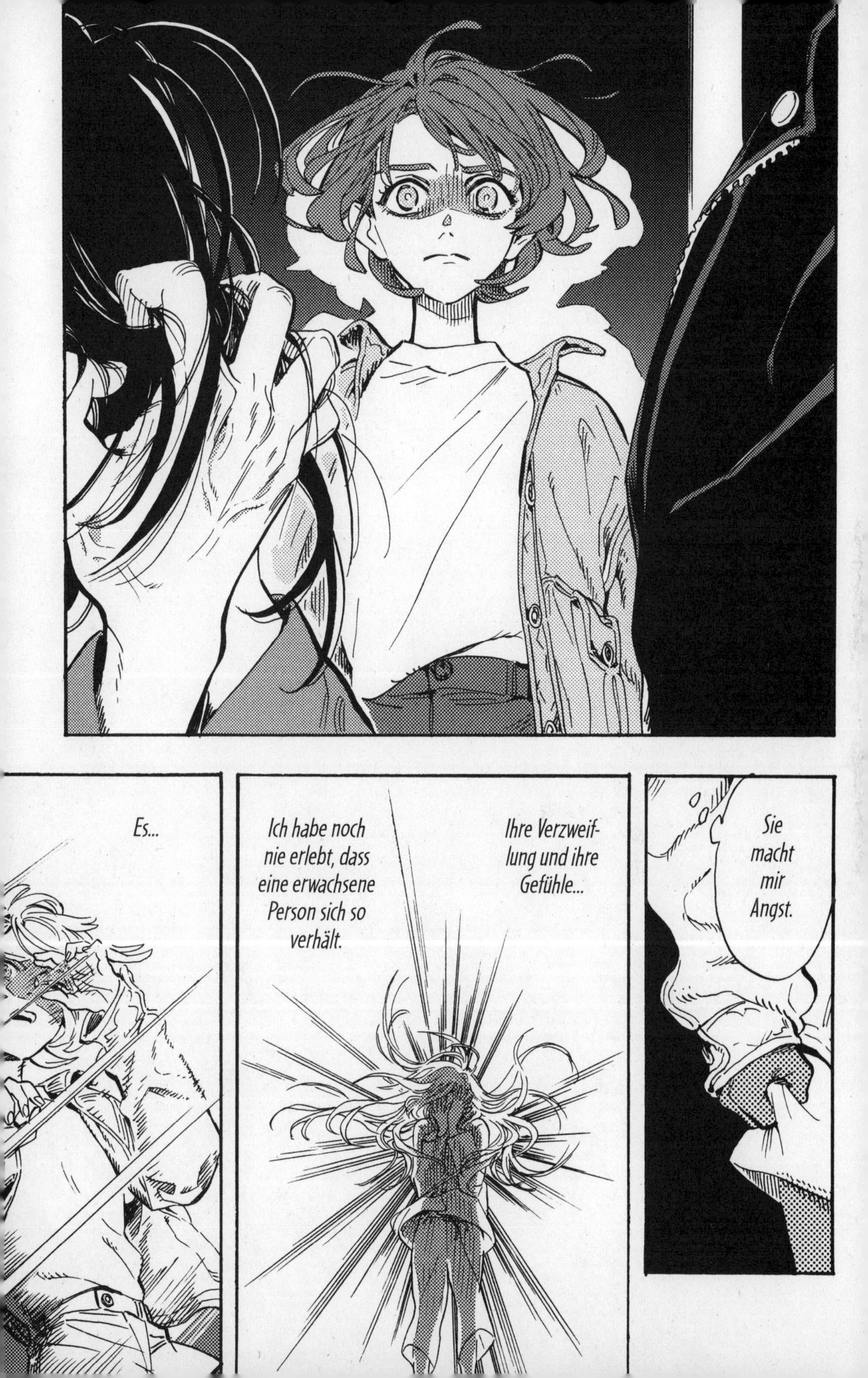
Sie macht mir Angst.
Ihre Verzweiflung und ihre Gefühle...
Ich habe noch nie erlebt, dass eine erwachsene Person sich so verhält.
Es...

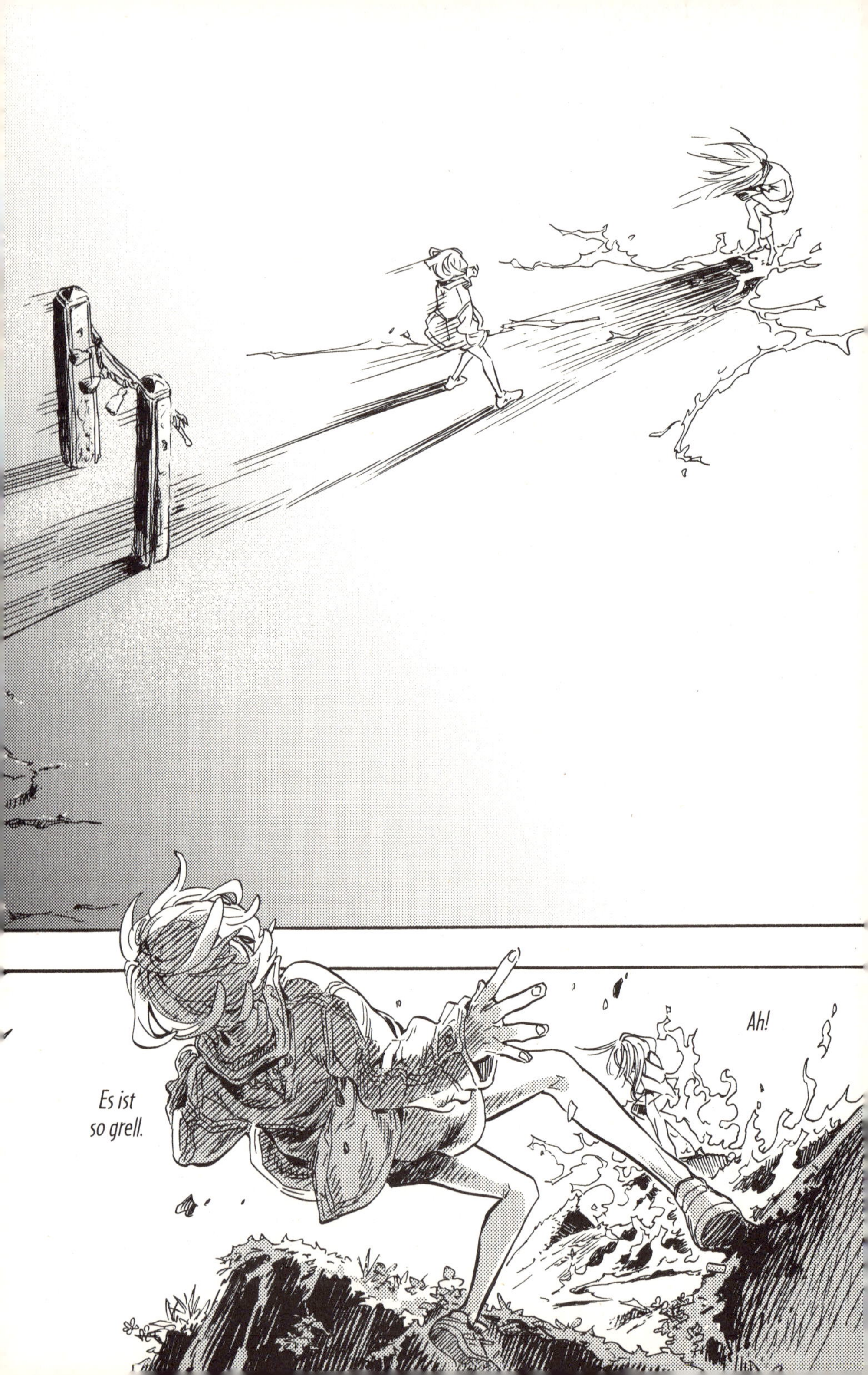
Ah!
Es ist
so grell.

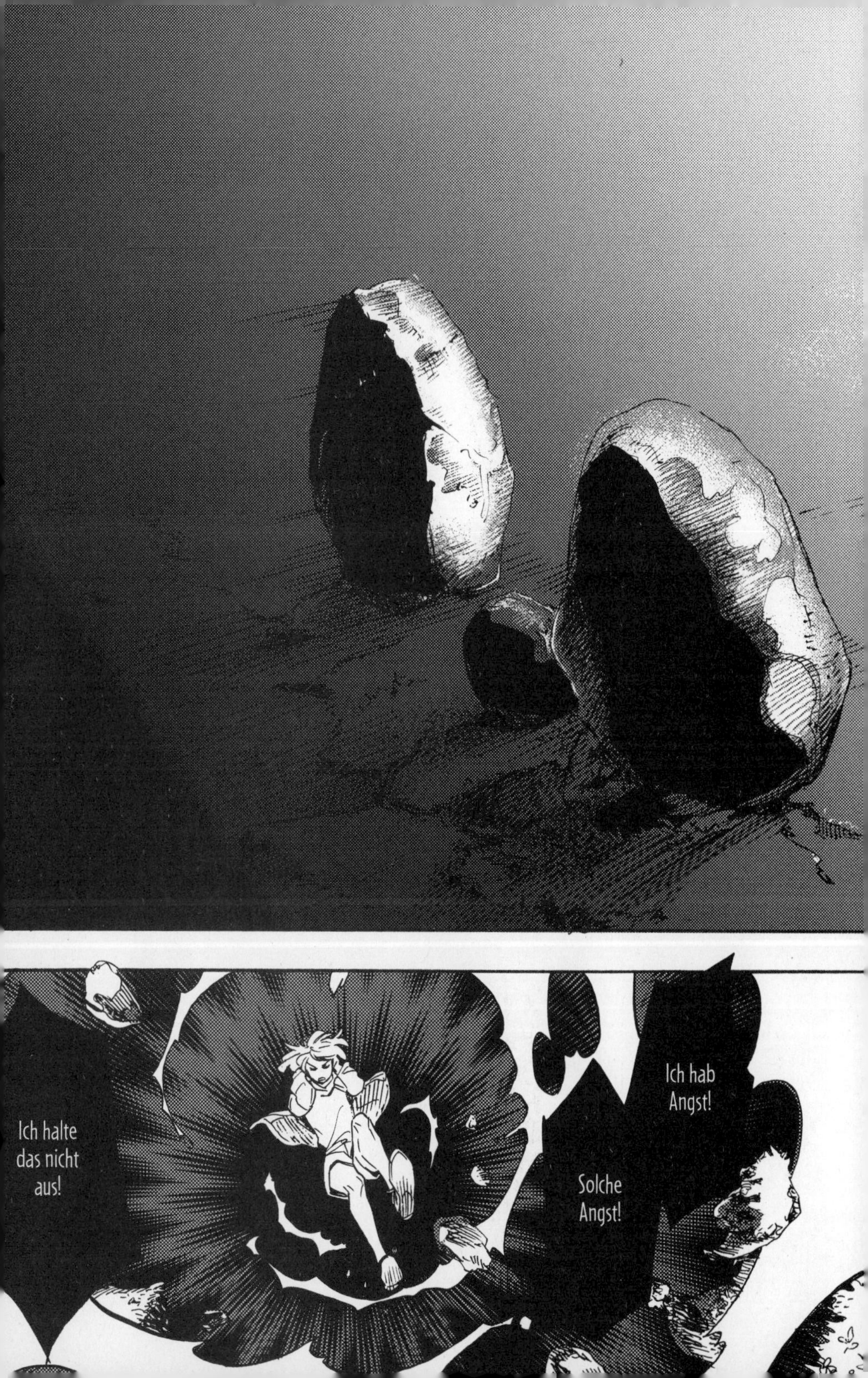
Ich hab Angst!
Solche Angst!
Ich halte das nicht aus!

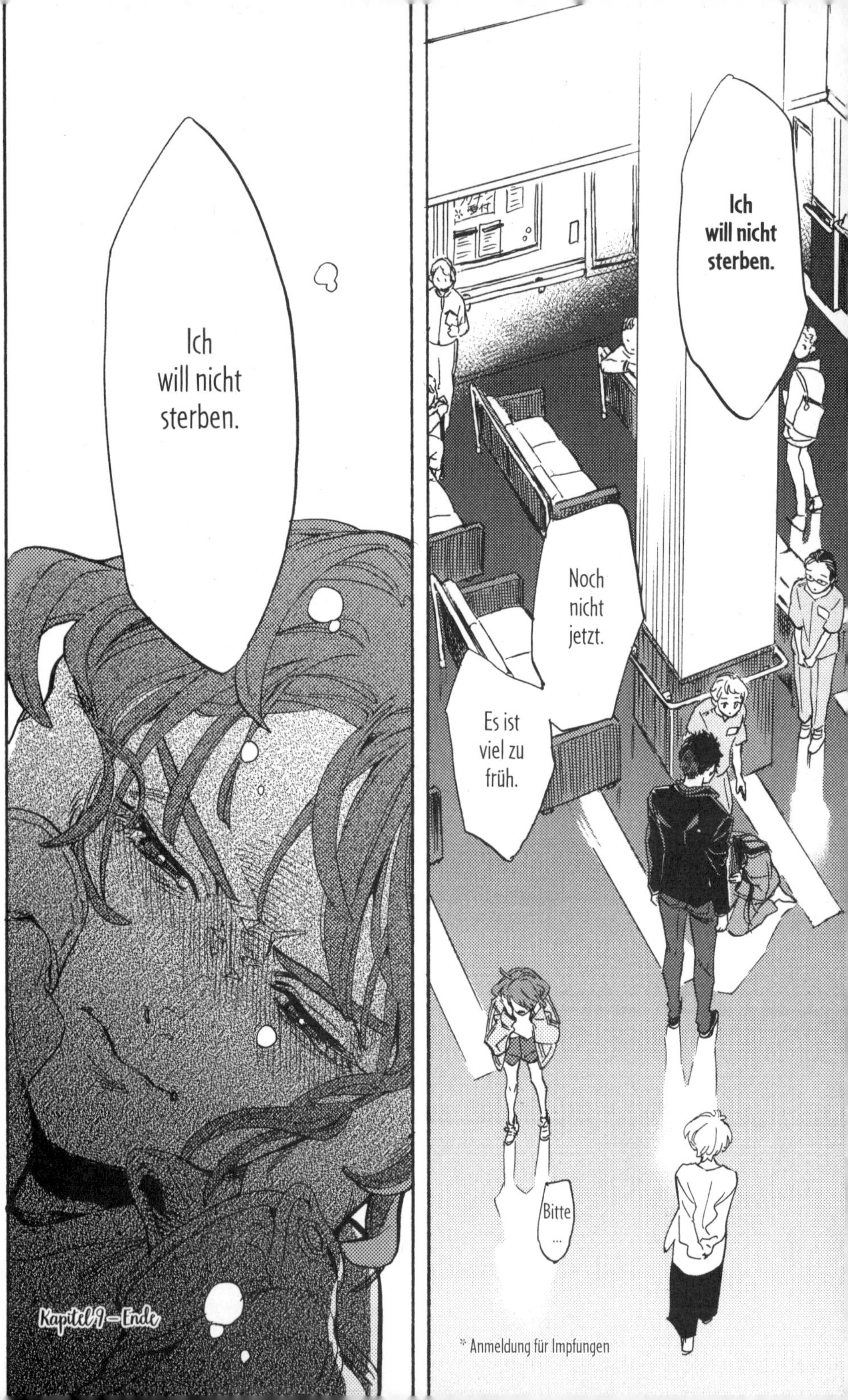
Ich will nicht sterben.
Noch nicht jetzt.
Es ist viel zu früh.
Bitte ...
* Anmeldung für Impfungen
Ich will nicht sterben.
Kapitel 9 – Ende

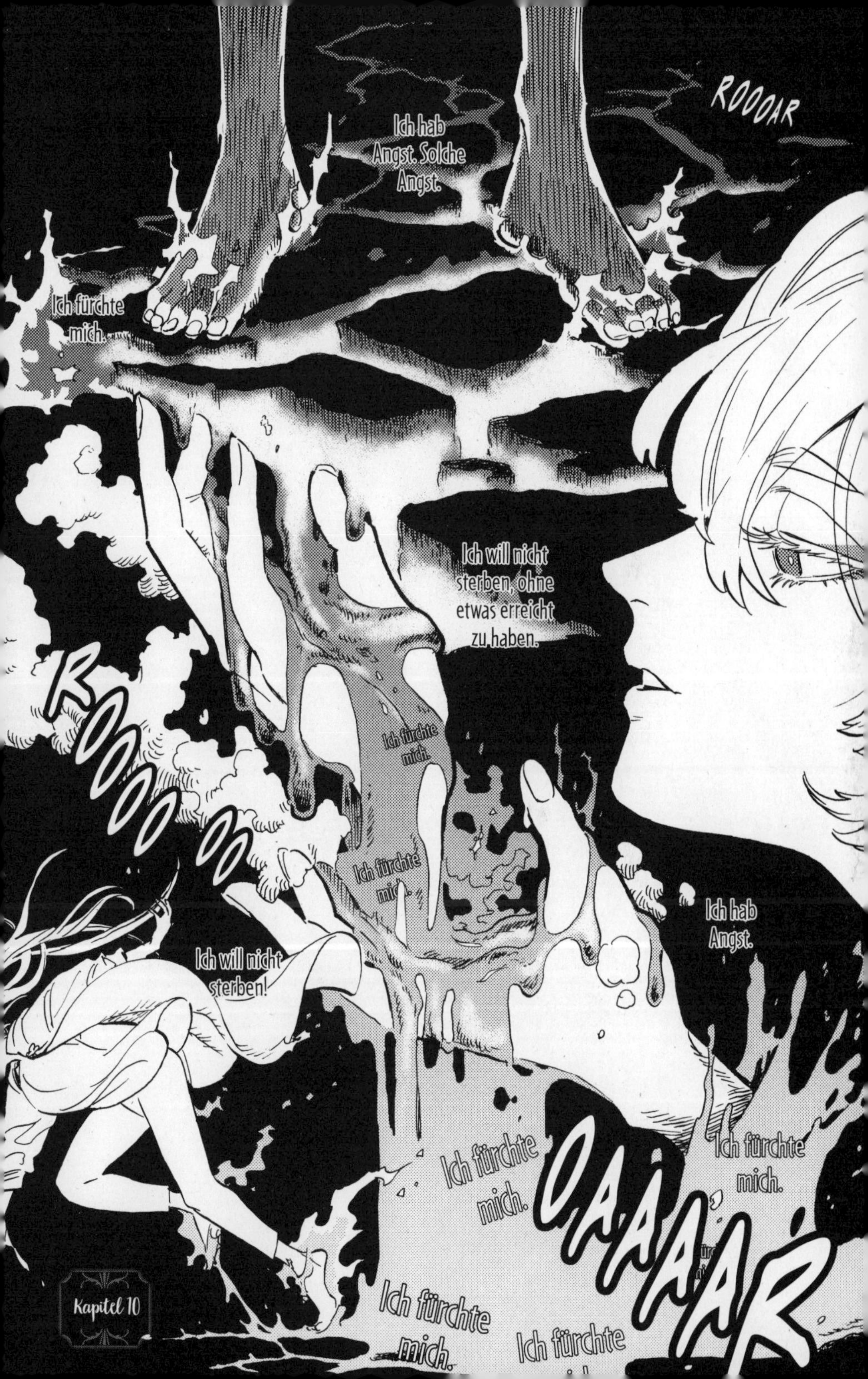
ROOOAR
Ich hab Angst. Solche Angst.
Ich fürchte mich.
Ich will nicht sterben, ohne etwas erreicht zu haben.
Ich fürchte mich.
ROOOOO
Ich fürchte mich.
Ich hab Angst.
Ich will nicht sterben!
Ich fürchte mich.
OAAAAR
Ich fürchte mich.
Ich fürchte mich.
Kapitel 10

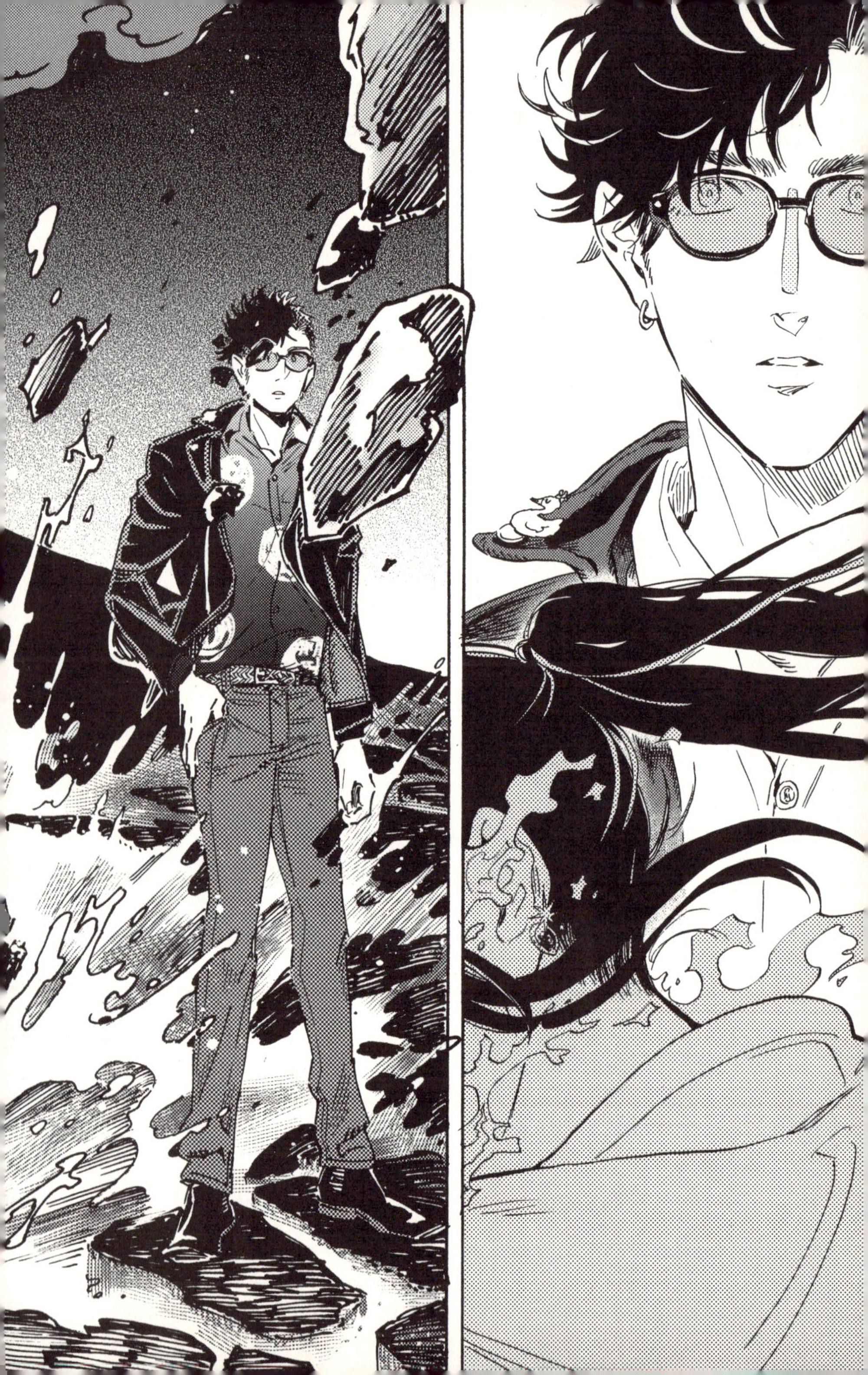

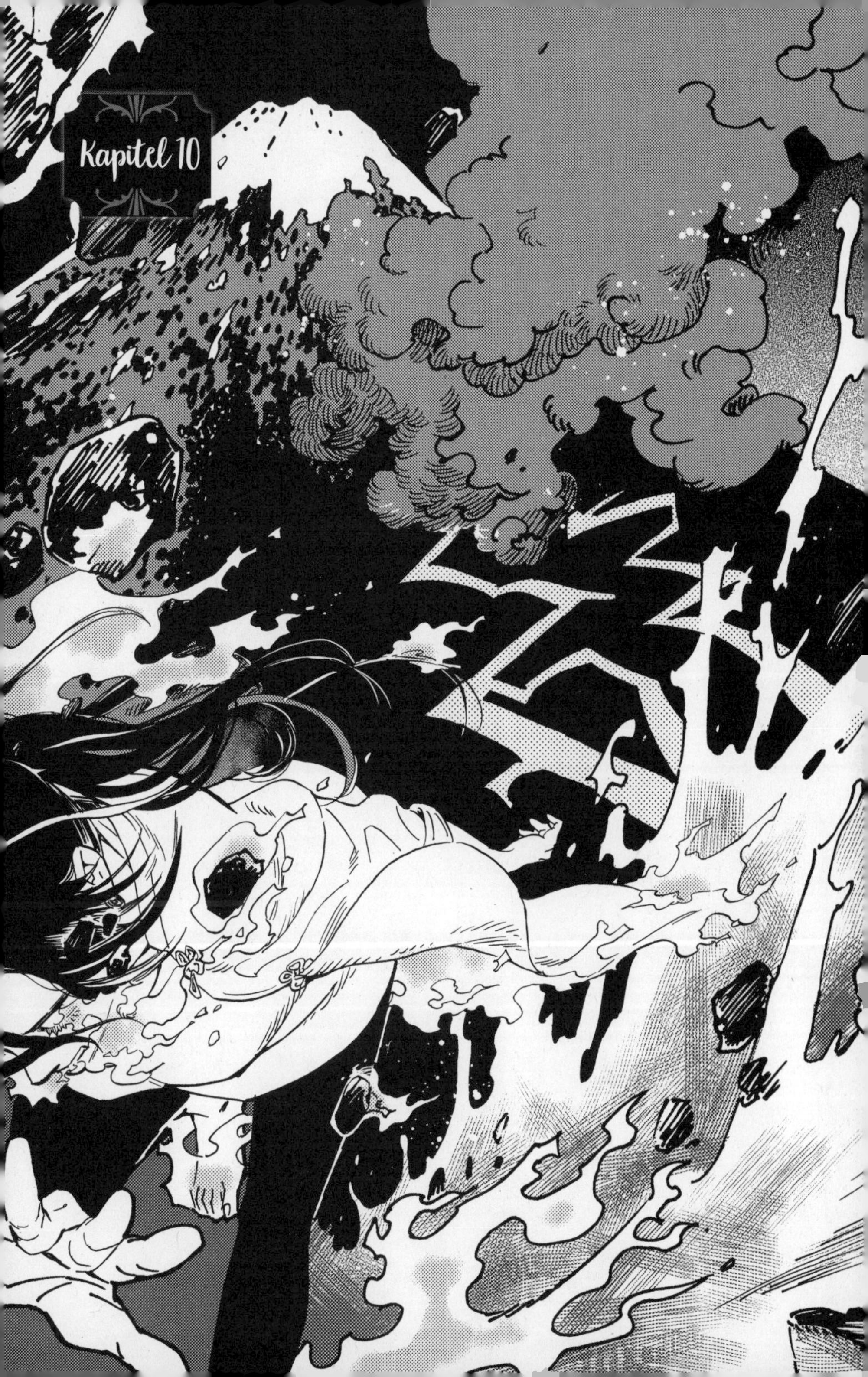
Kapitel 10

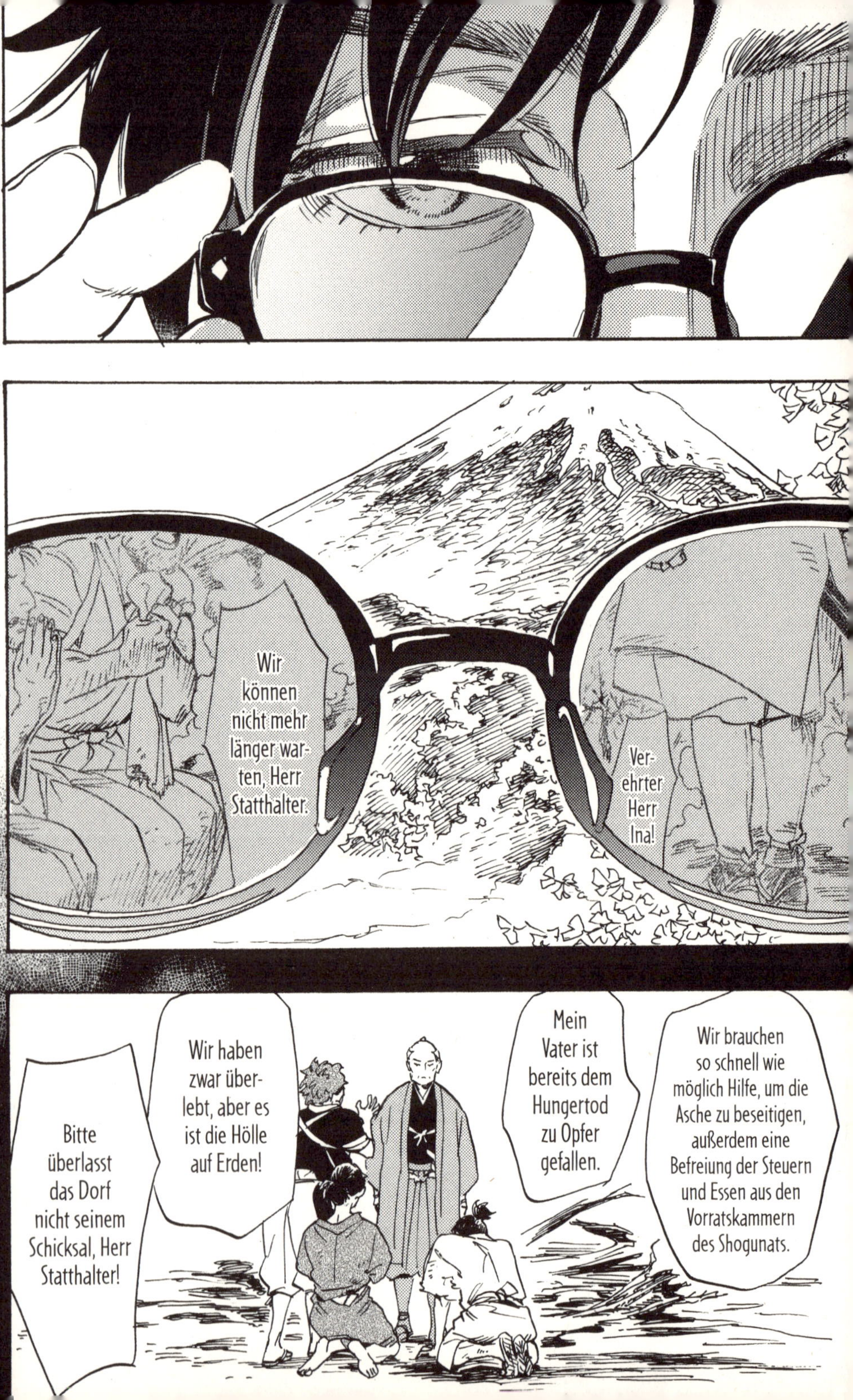

Verehrter Herr Ina!
Wir können nicht mehr länger warten, Herr Statthalter.
Wir brauchen so schnell wie möglich Hilfe, um die Asche zu beseitigen, außerdem eine Befreiung der Steuern und Essen aus den Vorratskammern des Shogunats.
Mein Vater ist bereits dem Hungertod zu Opfer gefallen.
Wir haben zwar überlebt, aber es ist die Hölle auf Erden!
Bitte überlasst das Dorf nicht seinem Schicksal, Herr Statthalter!

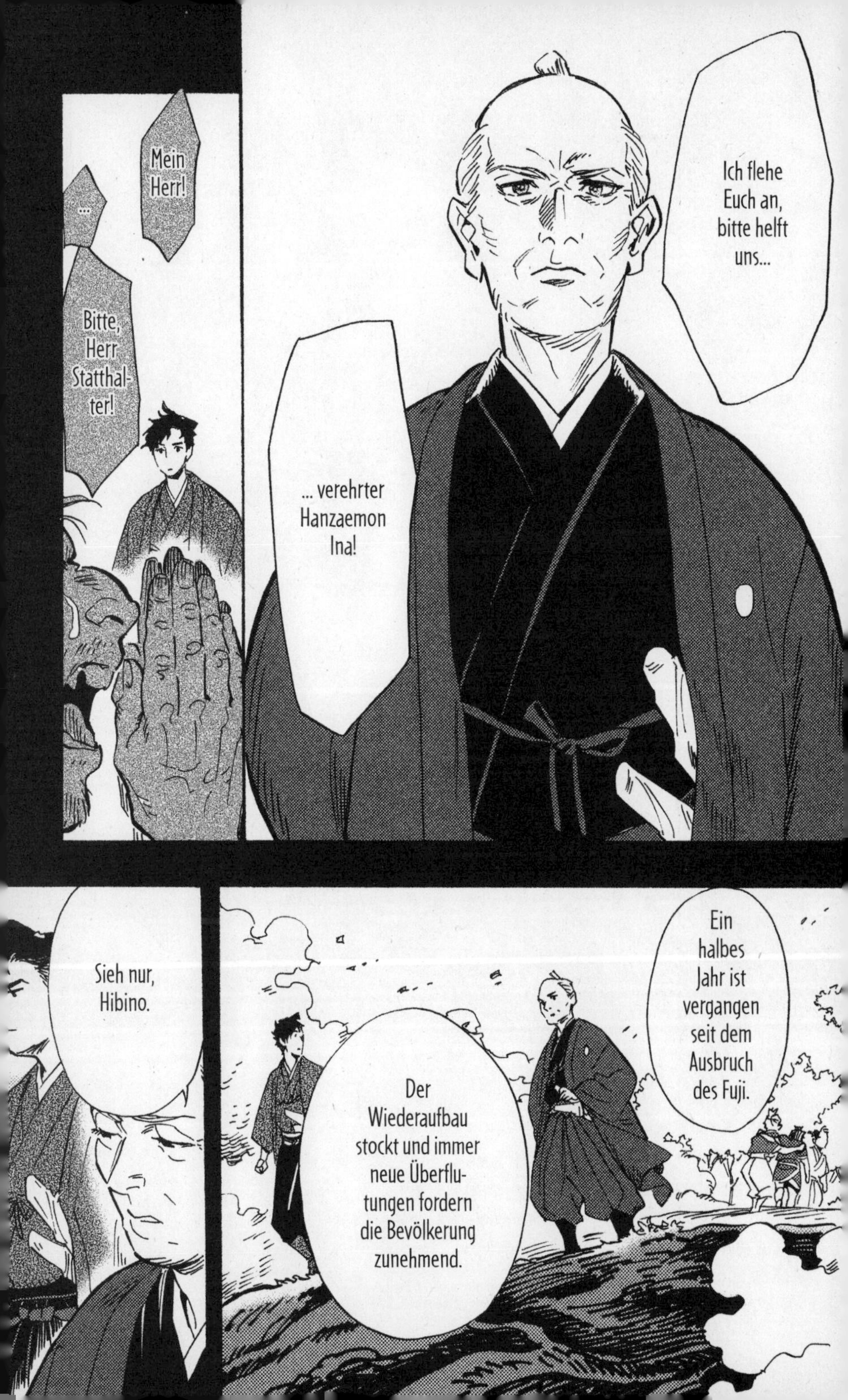
Ich flehe Euch an, bitte helft uns...
... verehrter Hanzaemon Ina!
Mein Herr!
...
Bitte, Herr Statthal-ter!
Ein halbes Jahr ist vergangen seit dem Ausbruch des Fuji.
Der Wiederaufbau stockt und immer neue Überflu-tungen fordern die Bevölkerung zunehmend.
Sieh nur, Hibino.

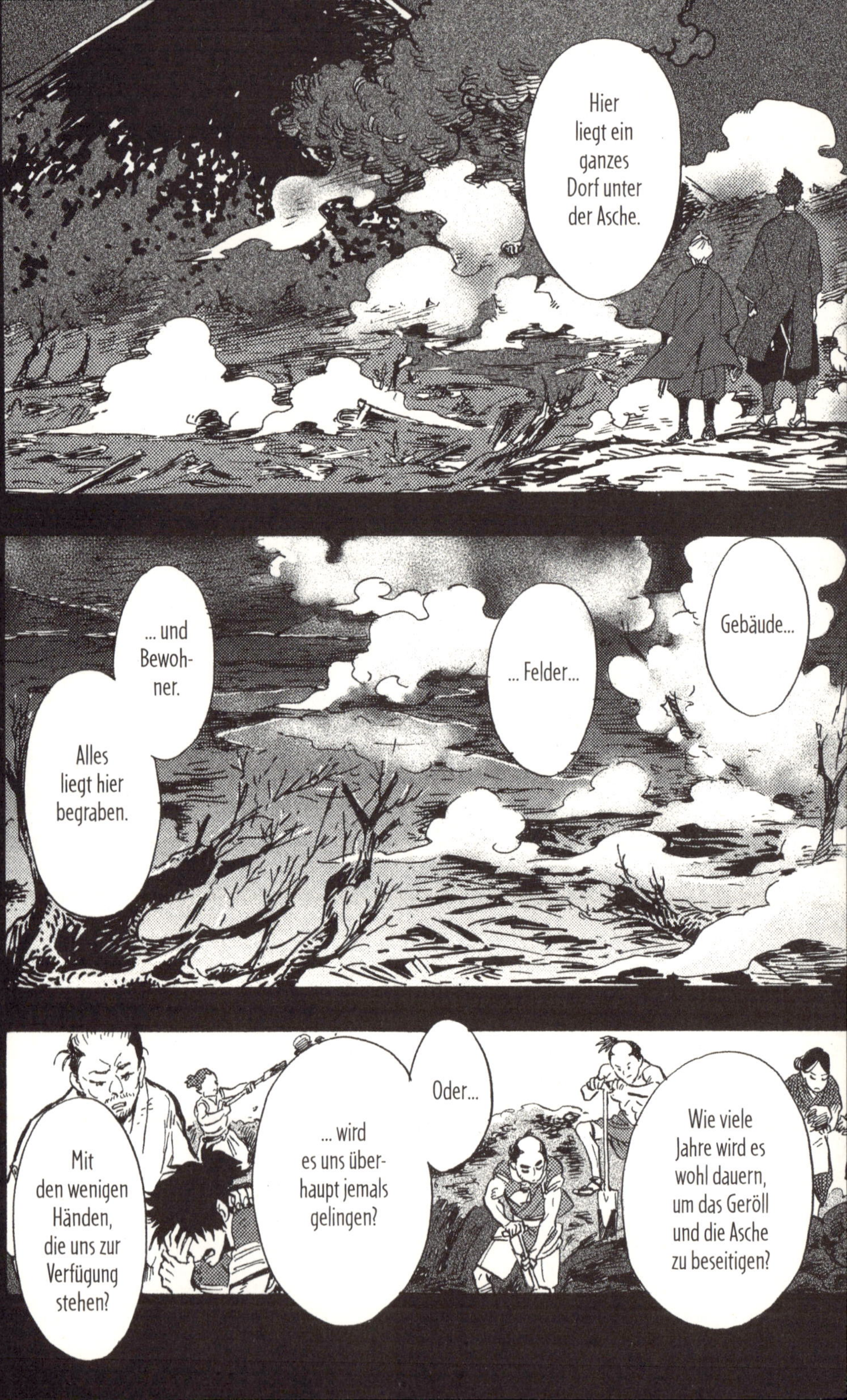
Hier liegt ein ganzes Dorf unter der Asche.
Gebäude...
... Felder...
... und Bewohner.
Alles liegt hier begraben.
Wie viele Jahre wird es wohl dauern, um das Geröll und die Asche zu beseitigen?
Oder...
... wird es uns überhaupt jemals gelingen?
Mit den wenigen Händen, die uns zur Verfügung stehen?

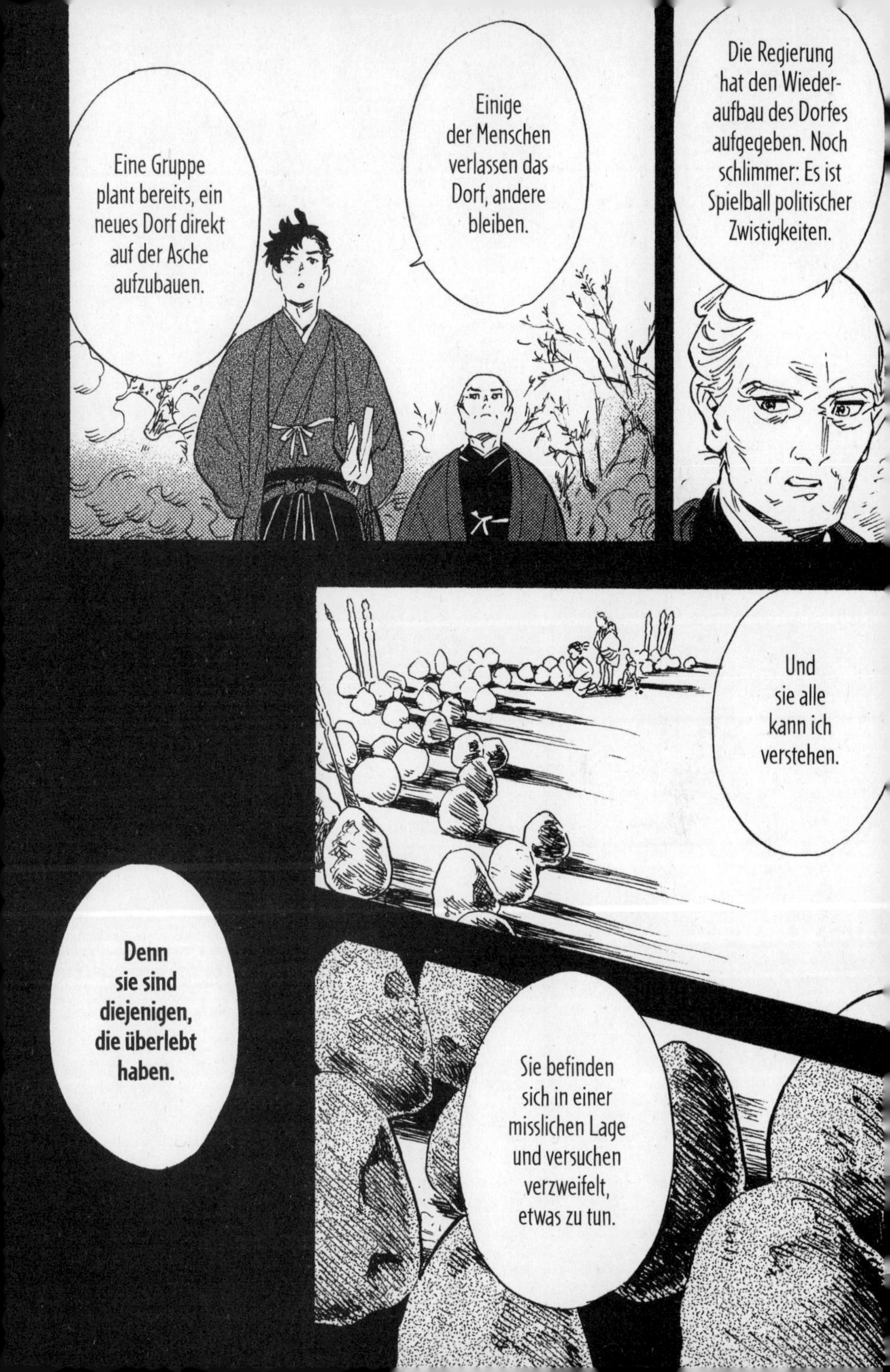

Die Regierung hat den Wiederaufbau des Dorfes aufgegeben. Noch schlimmer: Es ist Spielball politischer Zwistigkeiten.
Einige der Menschen verlassen das Dorf, andere bleiben.
Eine Gruppe plant bereits, ein neues Dorf direkt auf der Asche aufzubauen.
Und sie alle kann ich verstehen.
Sie befinden sich in einer misslichen Lage und versuchen verzweifelt, etwas zu tun.
Denn sie sind diejenigen, die überlebt haben.

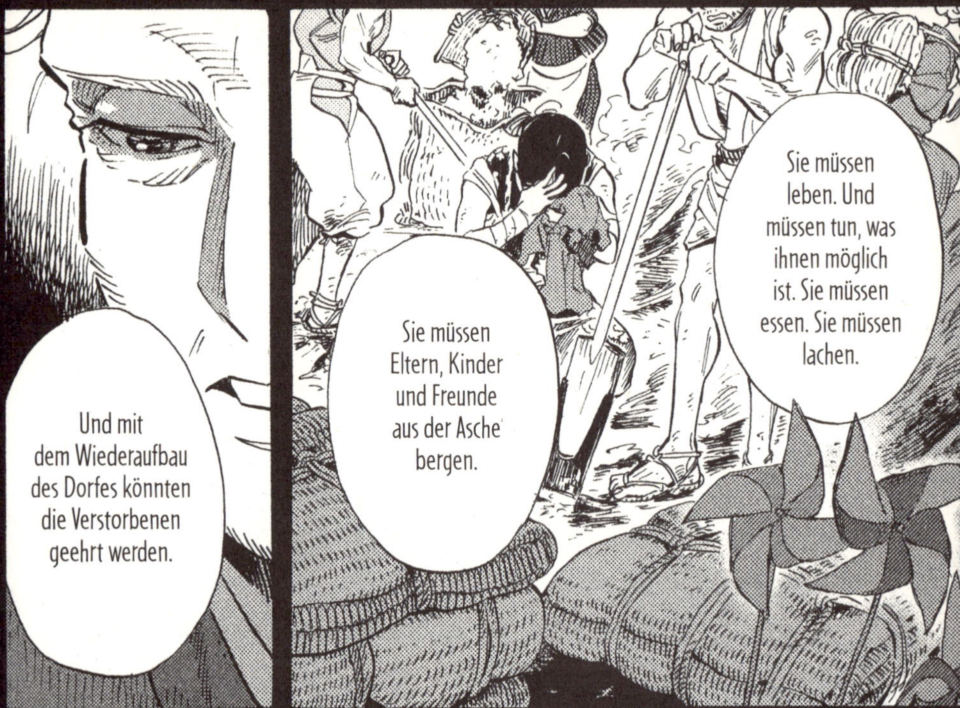

* östliches Gebiet Japans: Großraum Tokyo bis einschließlich Yokohama

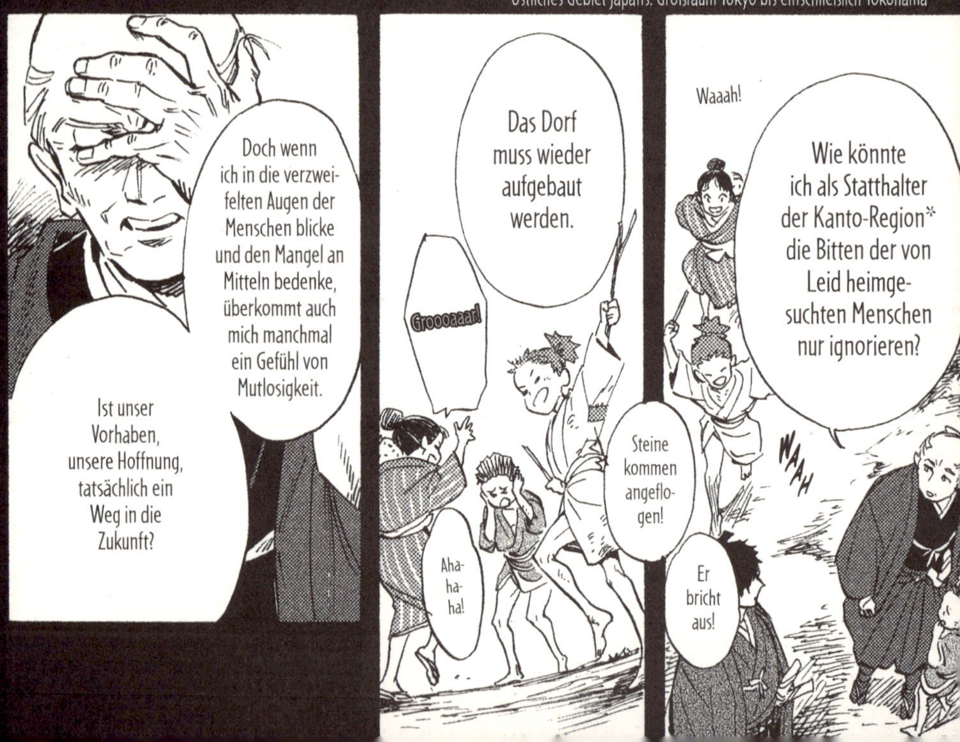

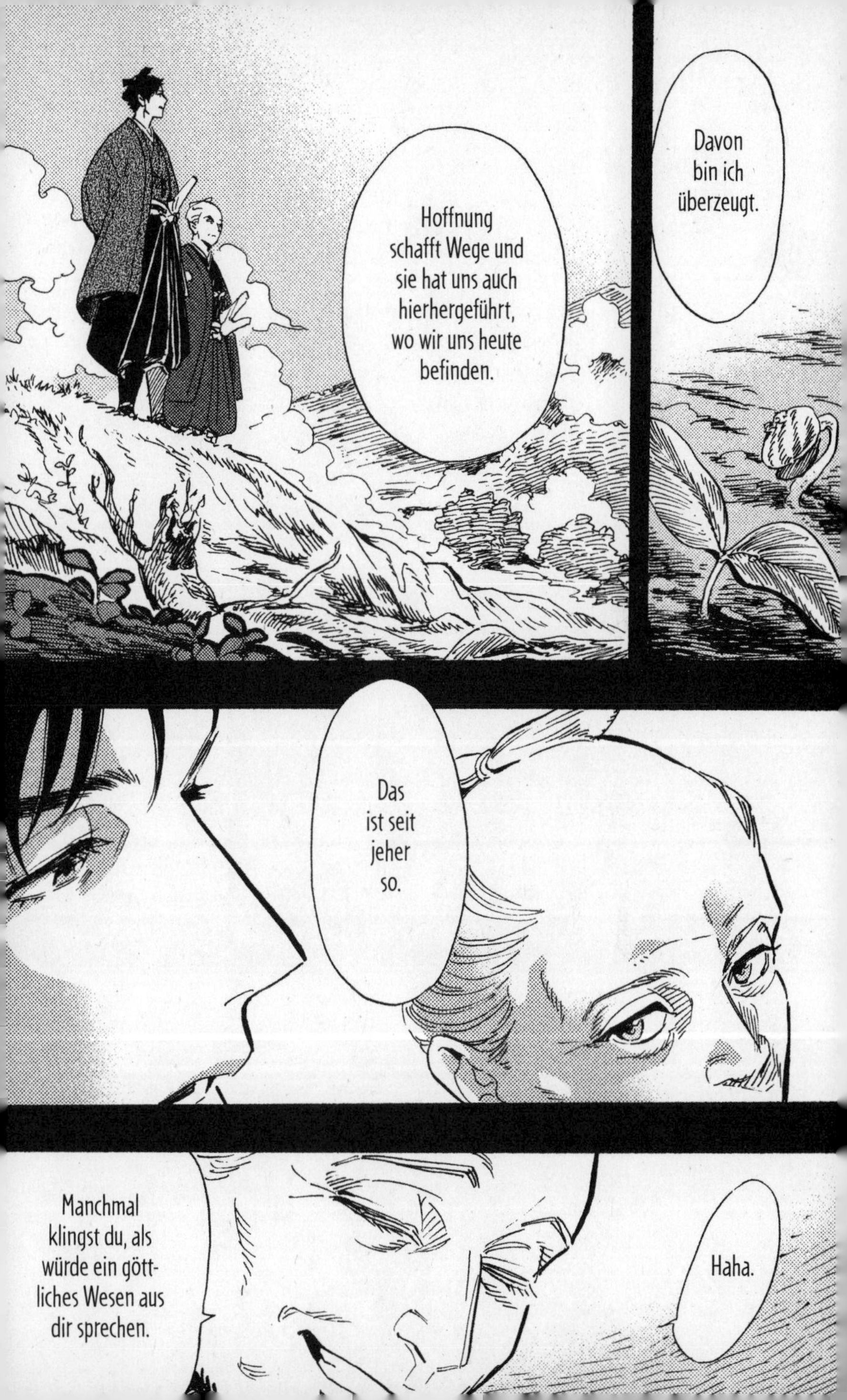
Davon bin ich überzeugt.
Hoffnung schafft Wege und sie hat uns auch hierhergeführt, wo wir uns heute befinden.
Das ist seit jeher so.
Haha.
Manchmal klingst du, als würde ein gött-liches Wesen aus dir sprechen.

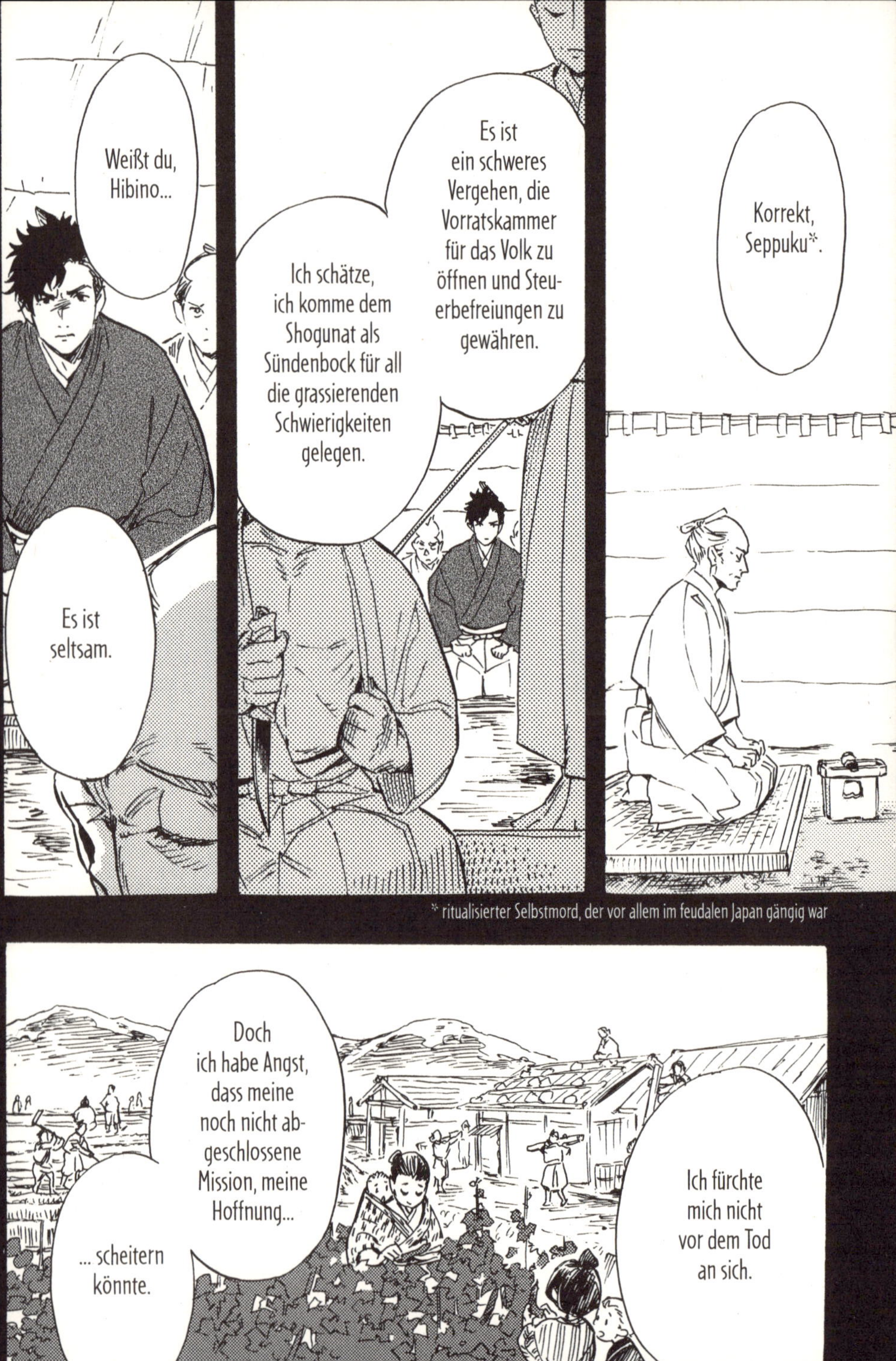

* ritualisierter Selbstmord, der vor allem im feudalen Japan gängig war

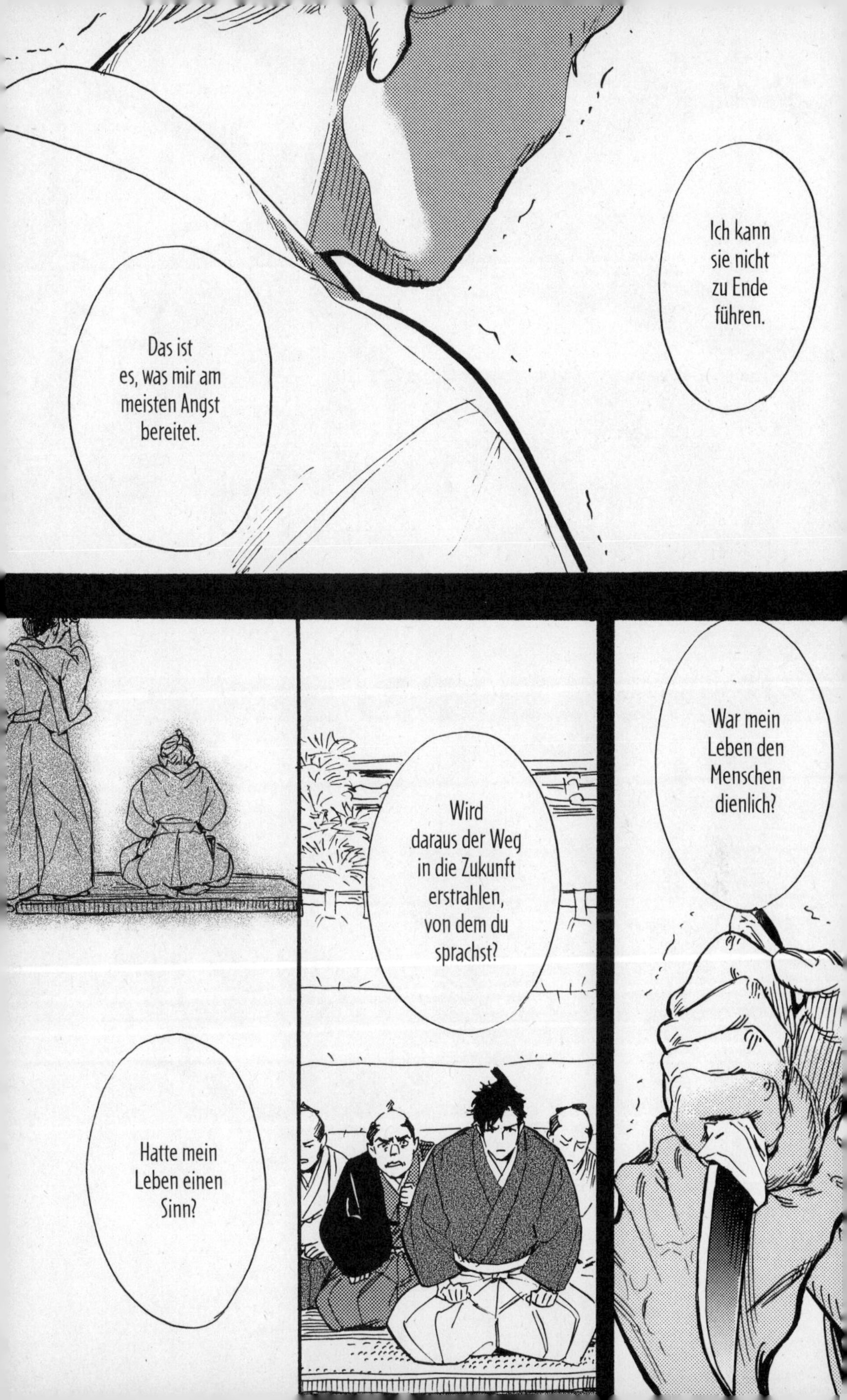
Ich kann sie nicht zu Ende führen.
Das ist es, was mir am meisten Angst bereitet.
War mein Leben den Menschen dienlich?
Wird daraus der Weg in die Zukunft erstrahlen, von dem du sprachst?
Hatte mein Leben einen Sinn?

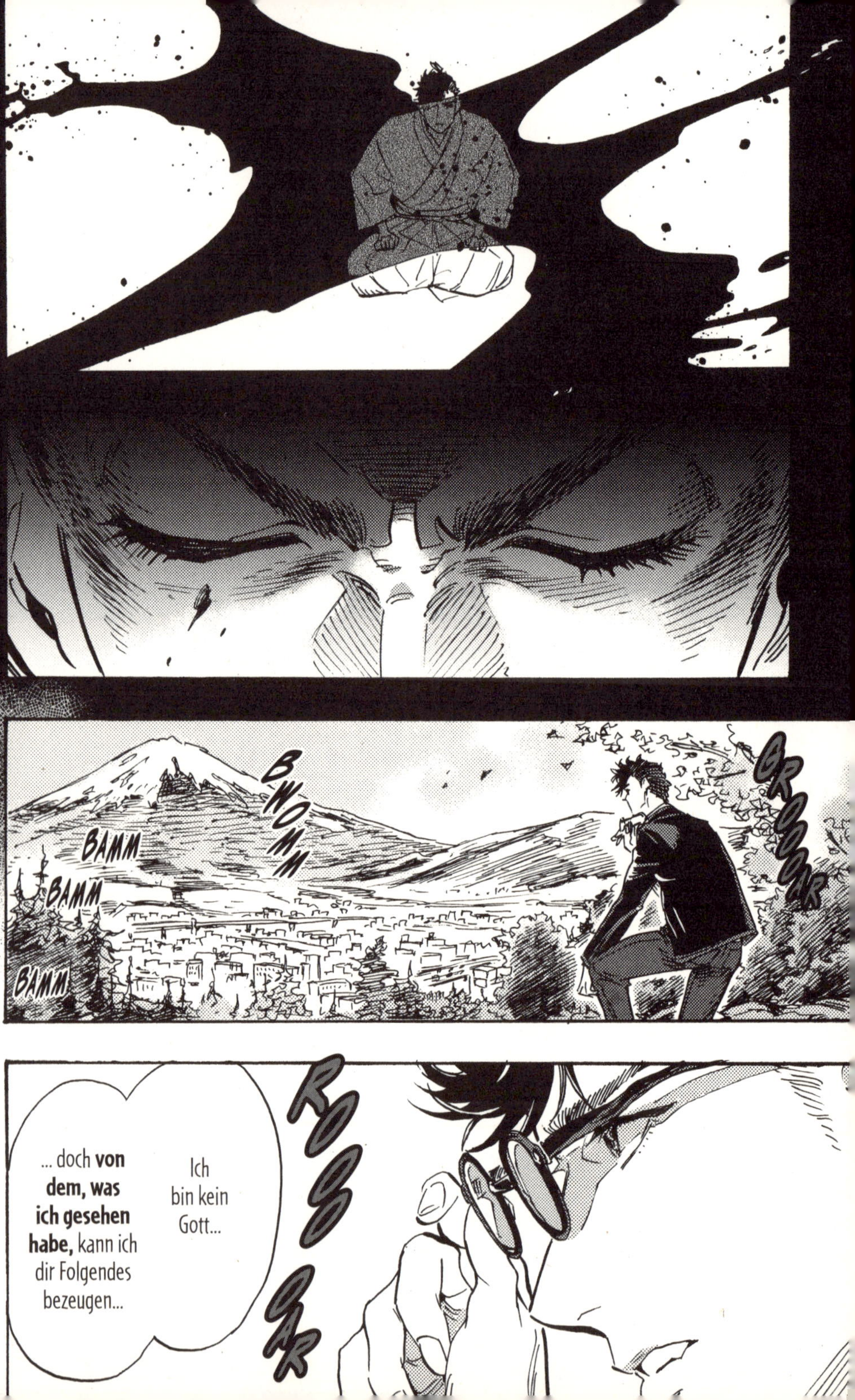

GROOOOAR
BWOMM
BAMM
BAMM
BAMM
ROOOAR
Ich bin kein Gott...
... doch **von dem, was ich gesehen habe,** kann ich dir Folgendes bezeugen...

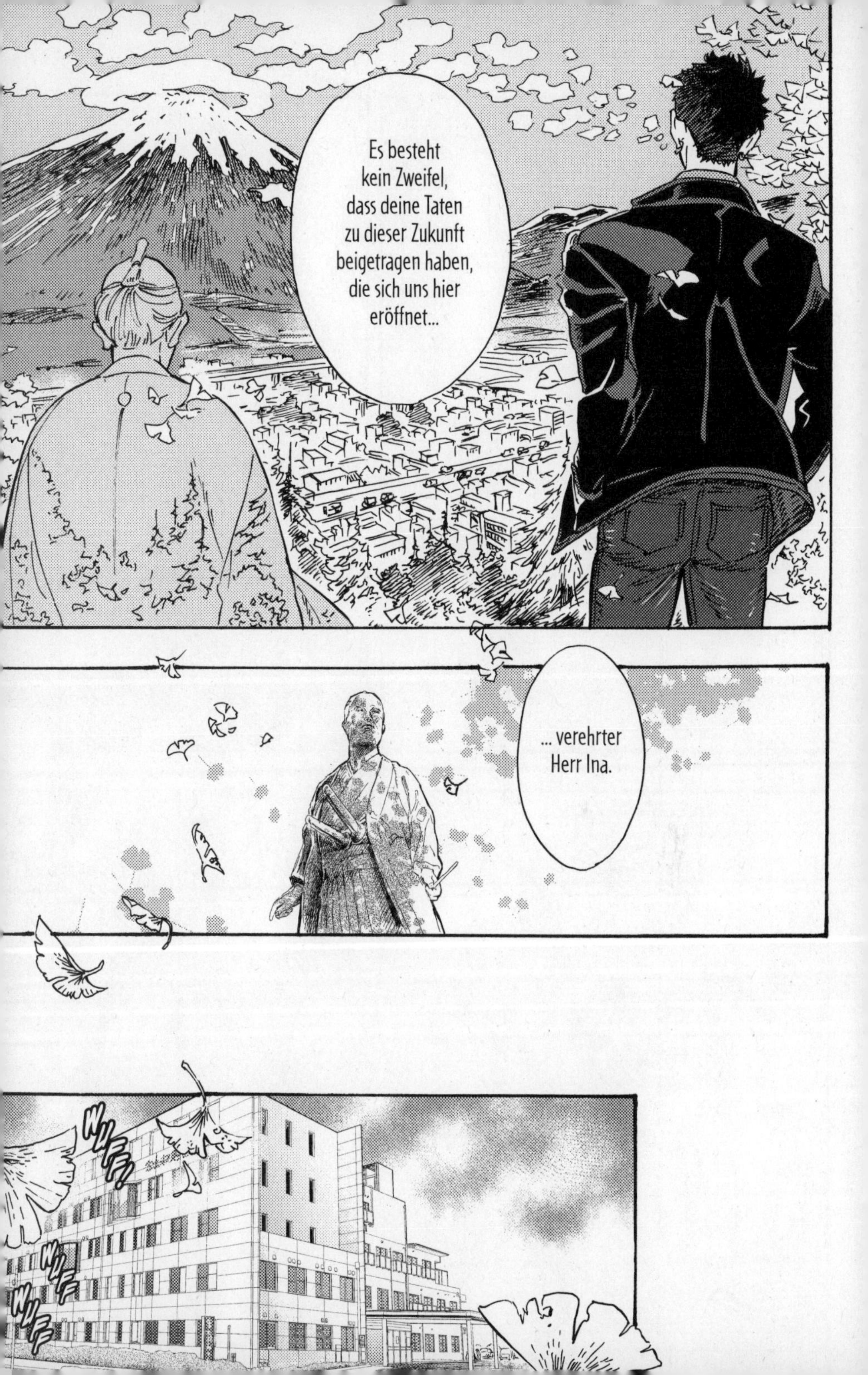
Es besteht kein Zweifel, dass deine Taten zu dieser Zukunft beigetragen haben, die sich uns hier eröffnet...
... verehrter Herr Ina.
WUFF!
WUFF
WUFF

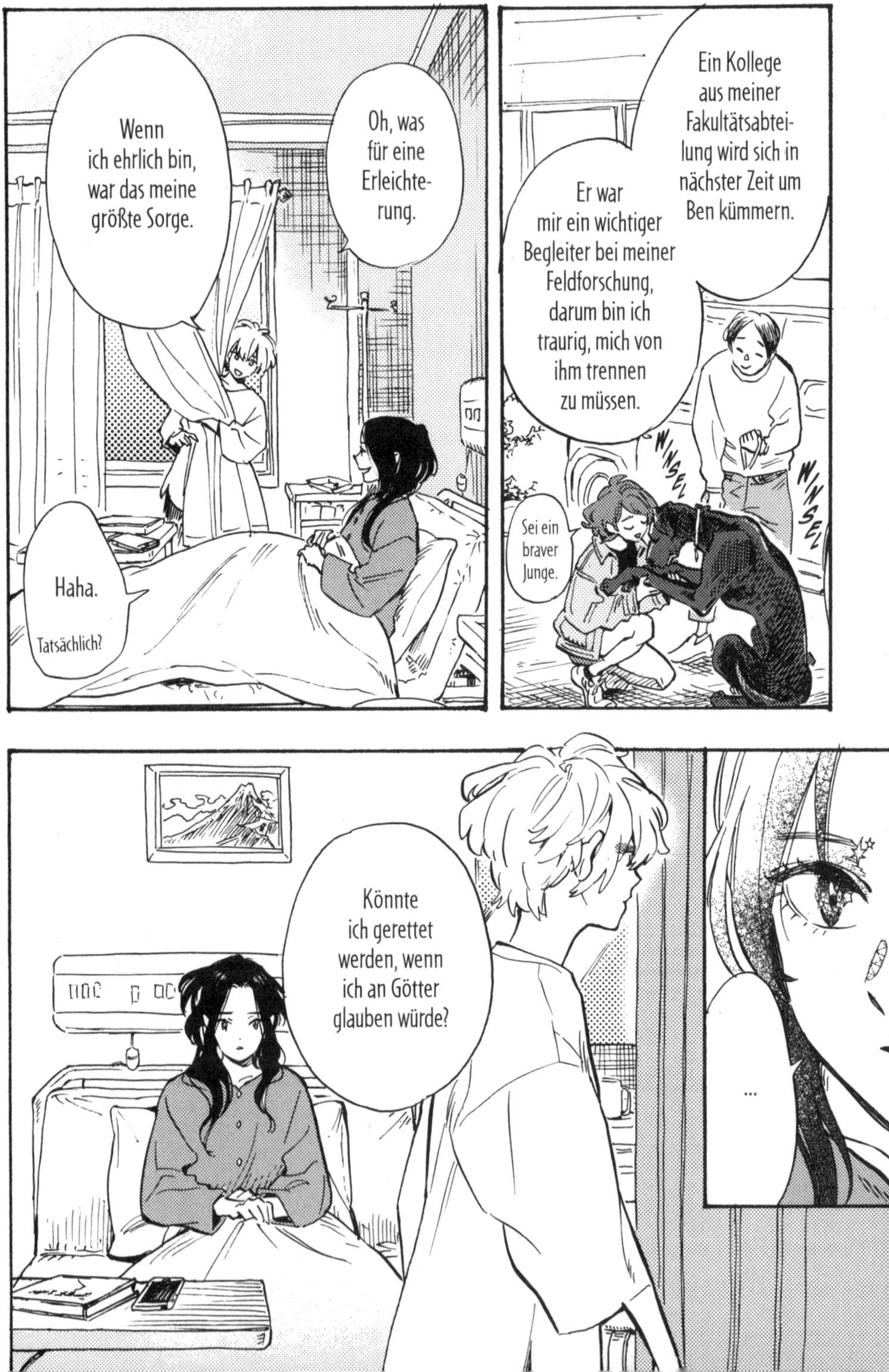
Ein Kollege aus meiner Fakultätsabteilung wird sich in nächster Zeit um Ben kümmern.
Er war mir ein wichtiger Begleiter bei meiner Feldforschung, darum bin ich traurig, mich von ihm trennen zu müssen.
WINSEL
WINSEL
Sei ein braver Junge.
Oh, was für eine Erleichterung.
Wenn ich ehrlich bin, war das meine größte Sorge.
Haha.
Tatsächlich?
...
Könnte ich gerettet werden, wenn ich an Götter glauben würde?

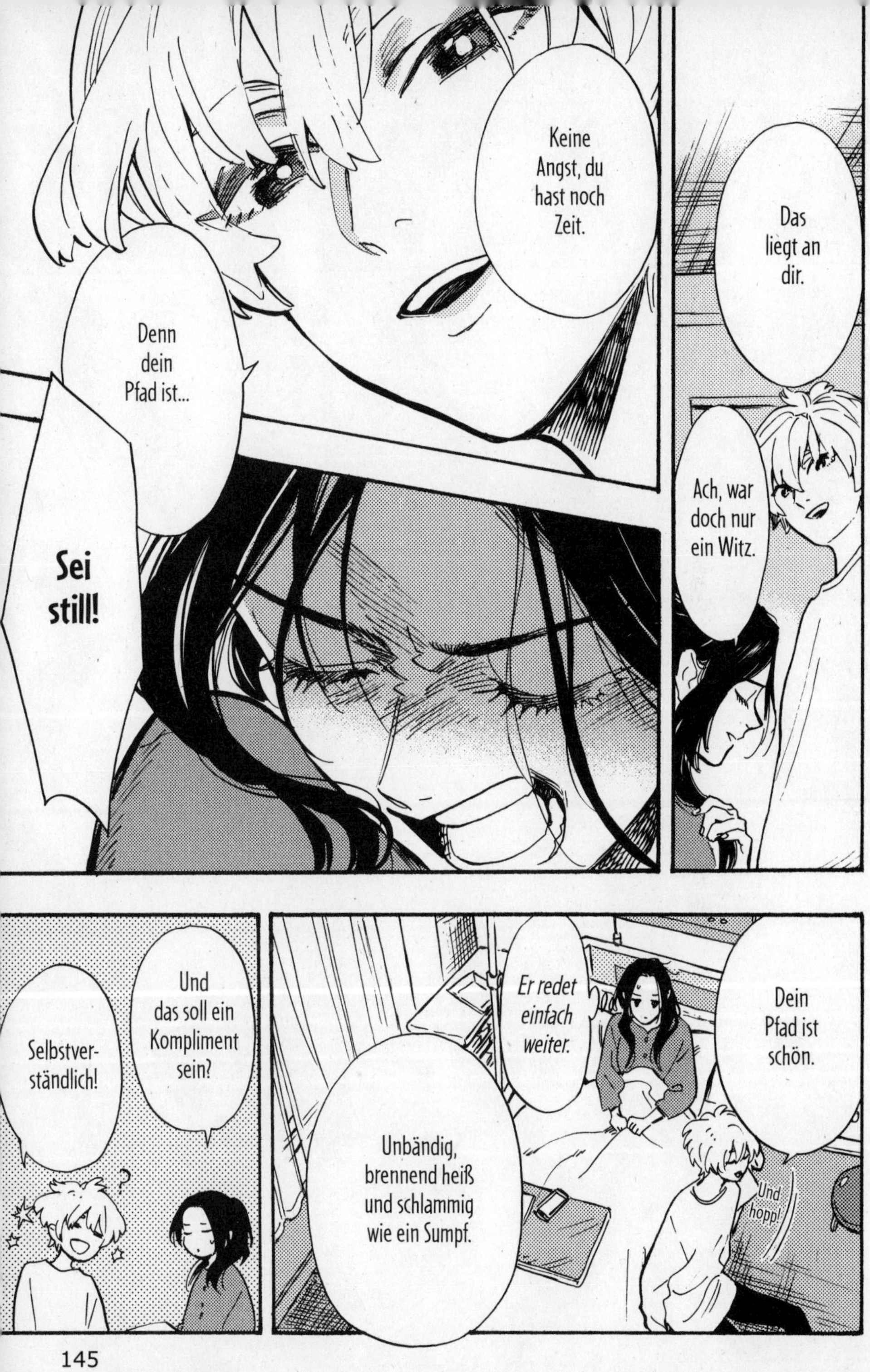
Das liegt an dir.
Ach, war doch nur ein Witz.
Keine Angst, du hast noch Zeit.
Denn dein Pfad ist...
Sei still!
Dein Pfad ist schön.
Und hopp!
Er redet einfach weiter.
Unbändig, brennend heiß und schlammig wie ein Sumpf.
Und das soll ein Kompliment sein?
Selbstver-ständlich!

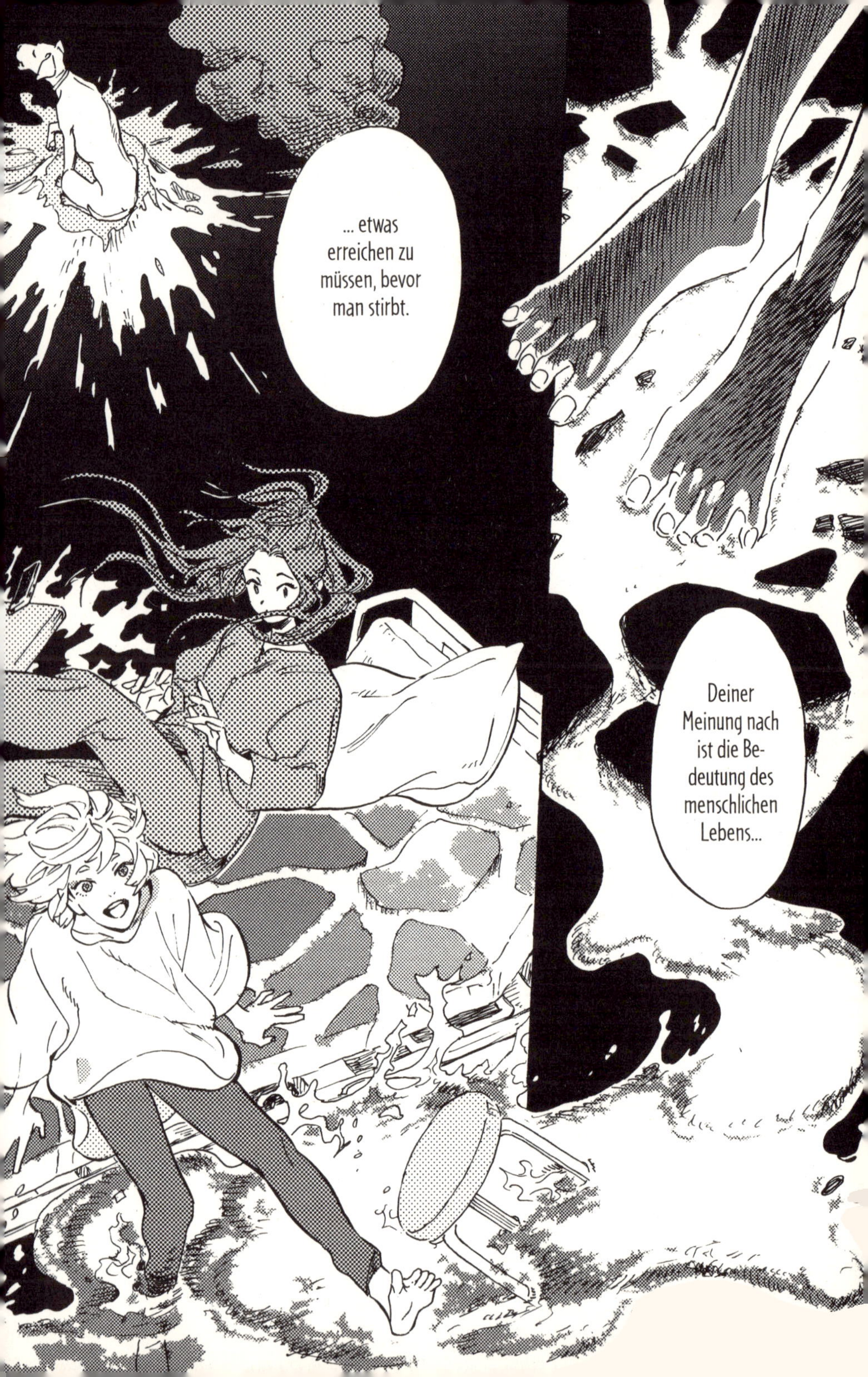
Deiner Meinung nach ist die Bedeutung des menschlichen Lebens...
... etwas erreichen zu müssen, bevor man stirbt.

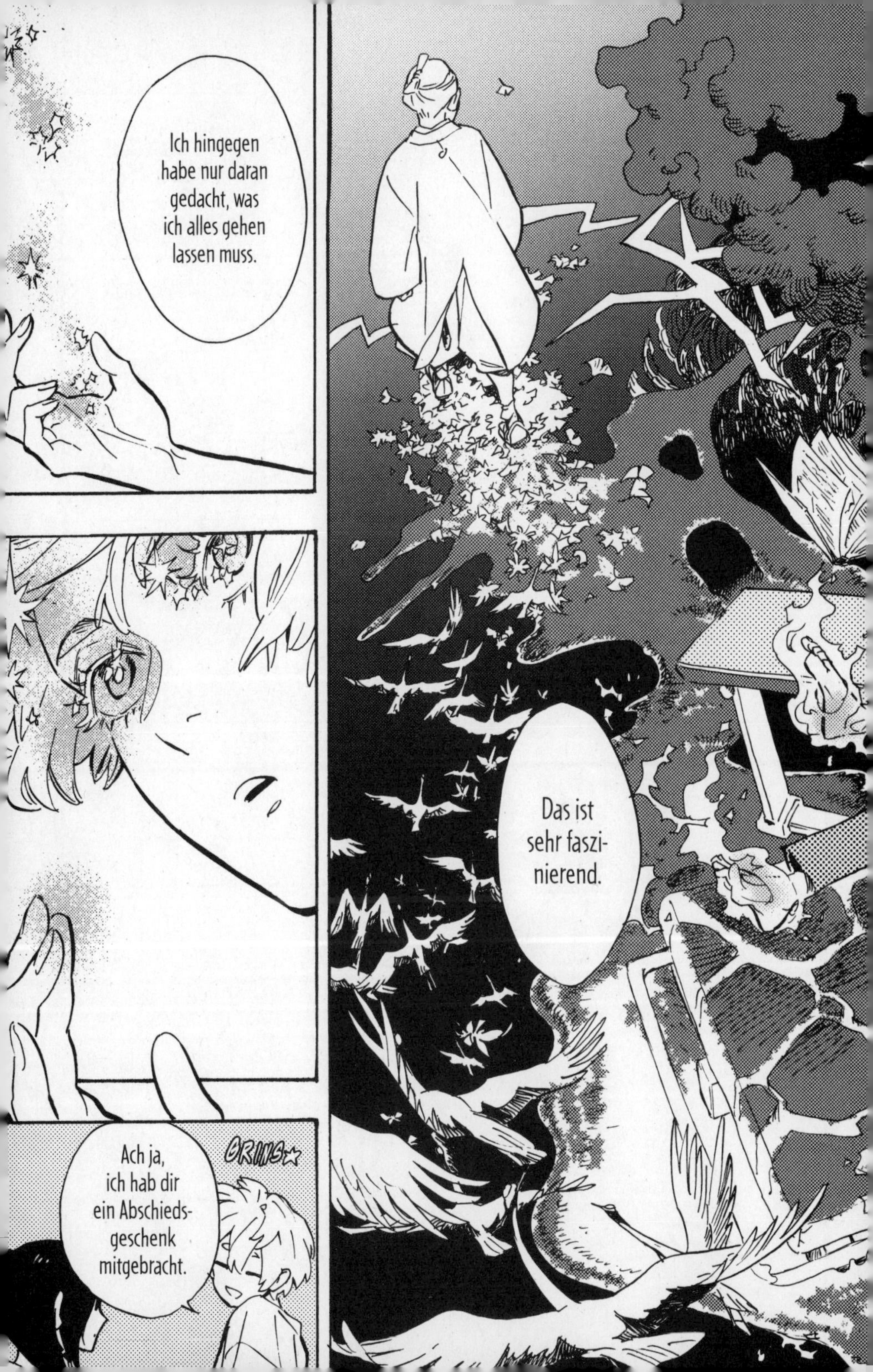
Das ist sehr faszi-nierend.
Ich hingegen habe nur daran gedacht, was ich alles gehen lassen muss.
GRINS☆
Ach ja, ich hab dir ein Abschieds-geschenk mitgebracht.

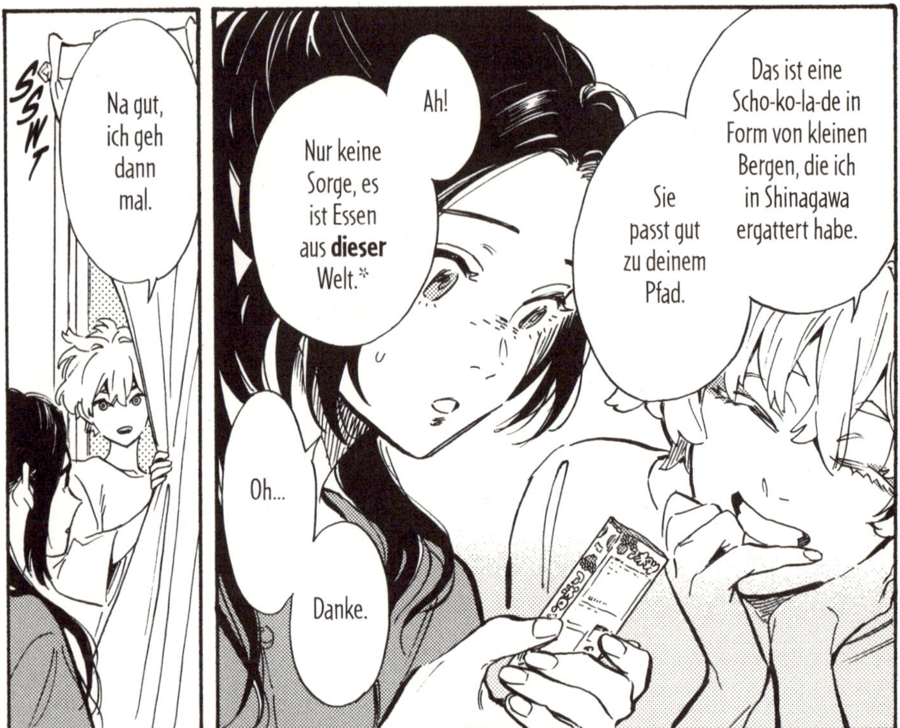

* Laut der japanischen Mythologie ist es einem nicht mehr möglich in das Diesseits zurückzukehren, wenn man Essen aus der Unterwelt Yomi zu sich genommen hat.

** Apollon

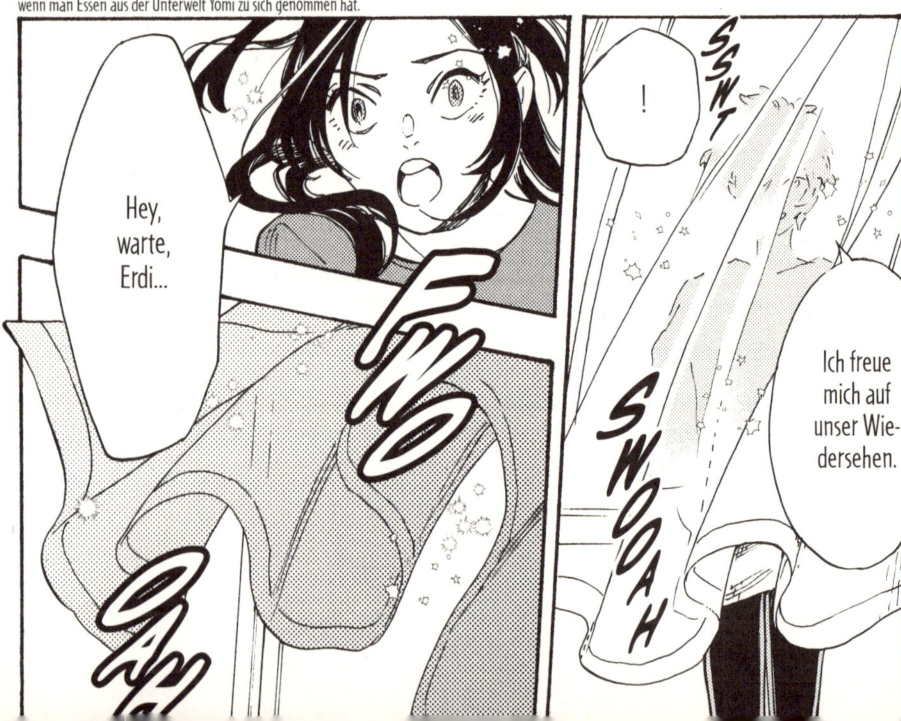

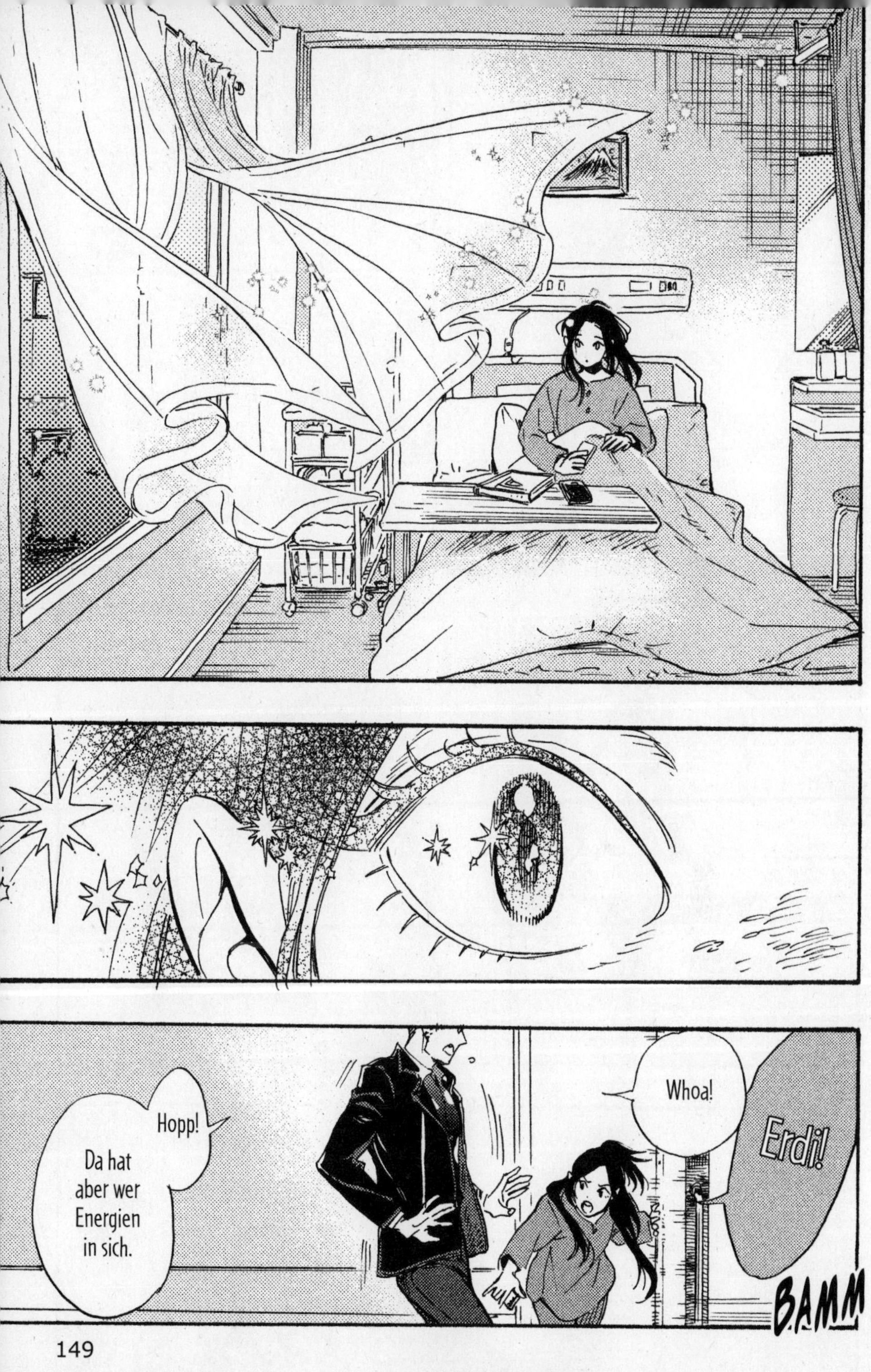
Erdi!
BAMM
Whoa!
Hopp!
Da hat aber wer Energien in sich.

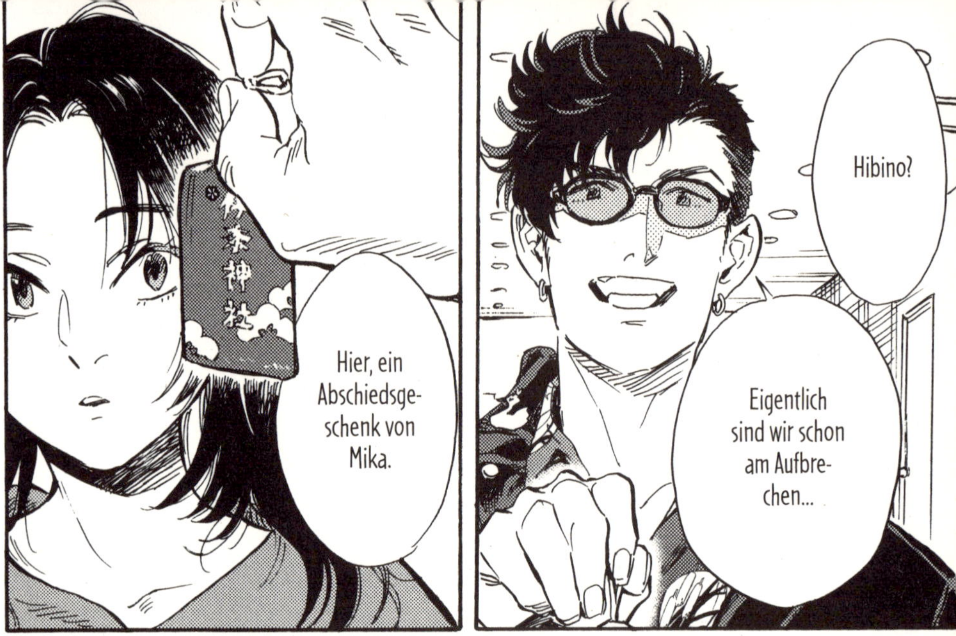

* Ina-Schrein

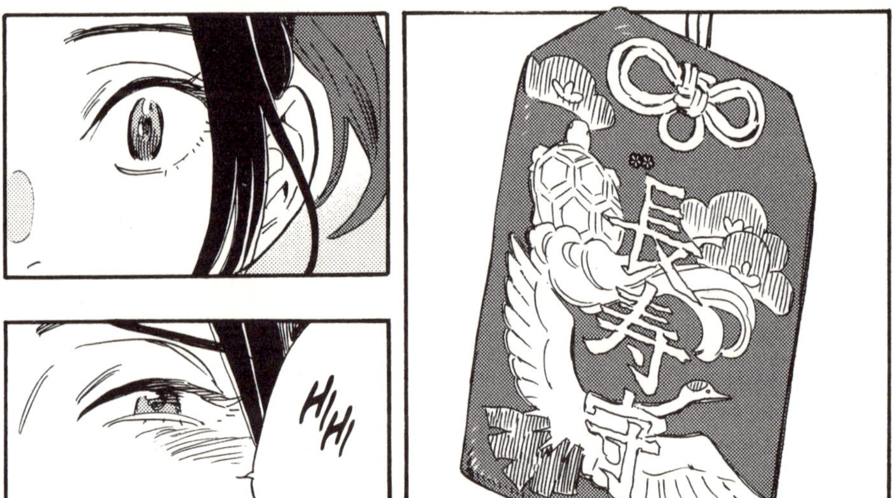

** Für ein langes Leben

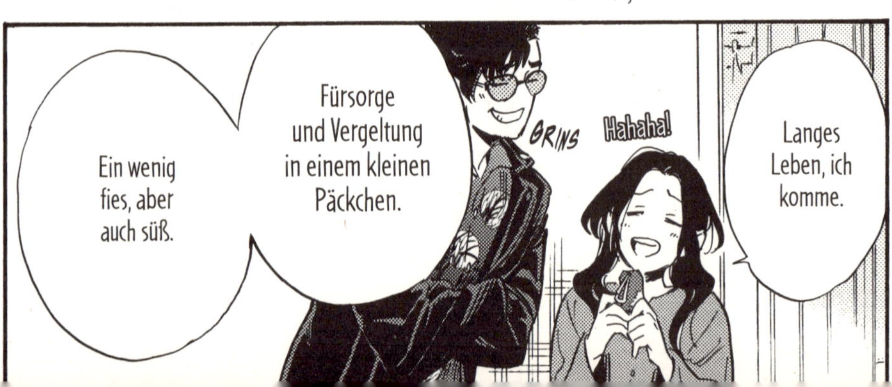

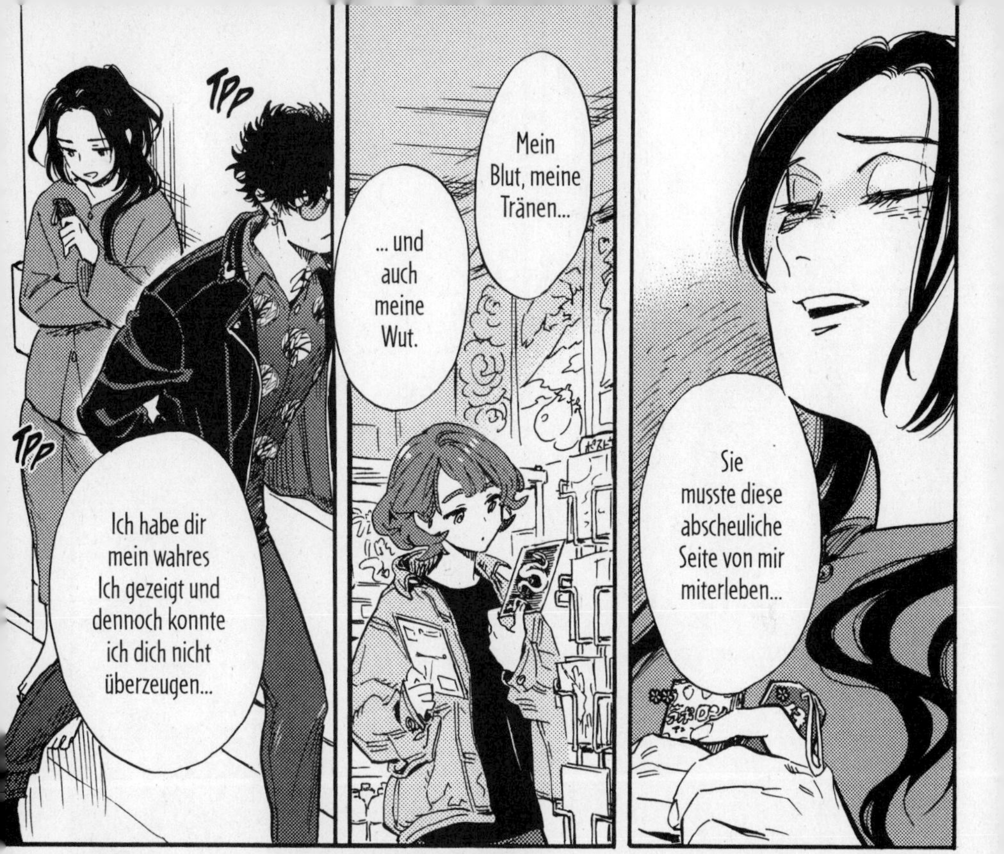

** Ina-Schrein * Apollon

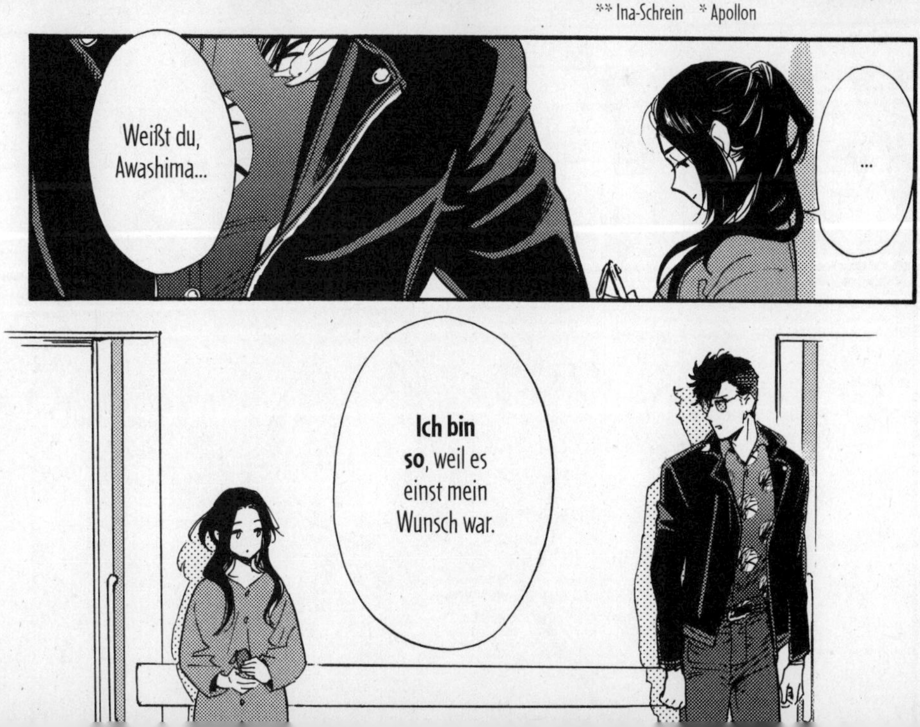

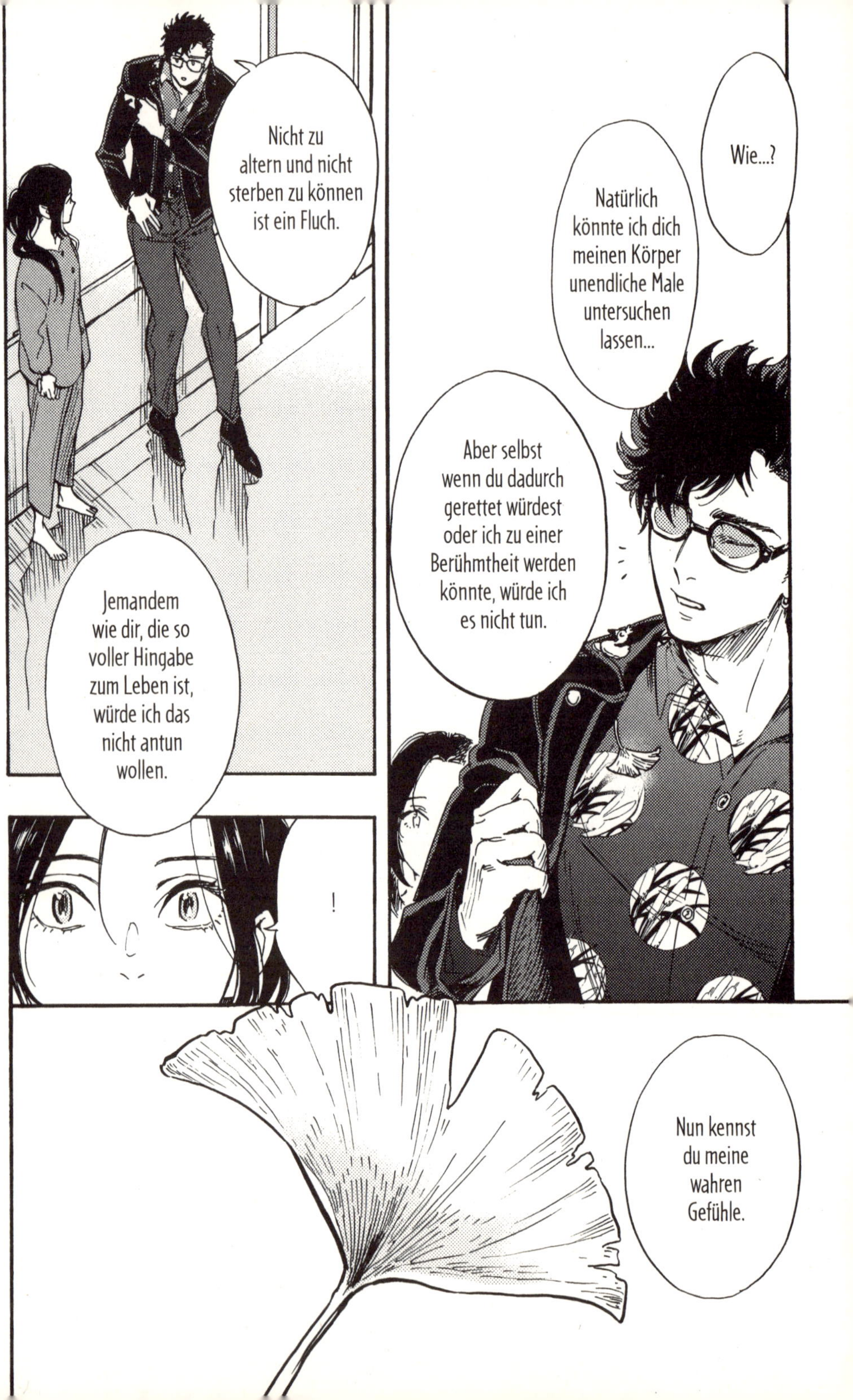
Nicht zu altern und nicht sterben zu können ist ein Fluch.
Jemandem wie dir, die so voller Hingabe zum Leben ist, würde ich das nicht antun wollen.
!
Wie...?
Natürlich könnte ich dich meinen Körper unendliche Male untersuchen lassen...
Aber selbst wenn du dadurch gerettet würdest oder ich zu einer Berühmtheit werden könnte, würde ich es nicht tun.
Nun kennst du meine wahren Gefühle.

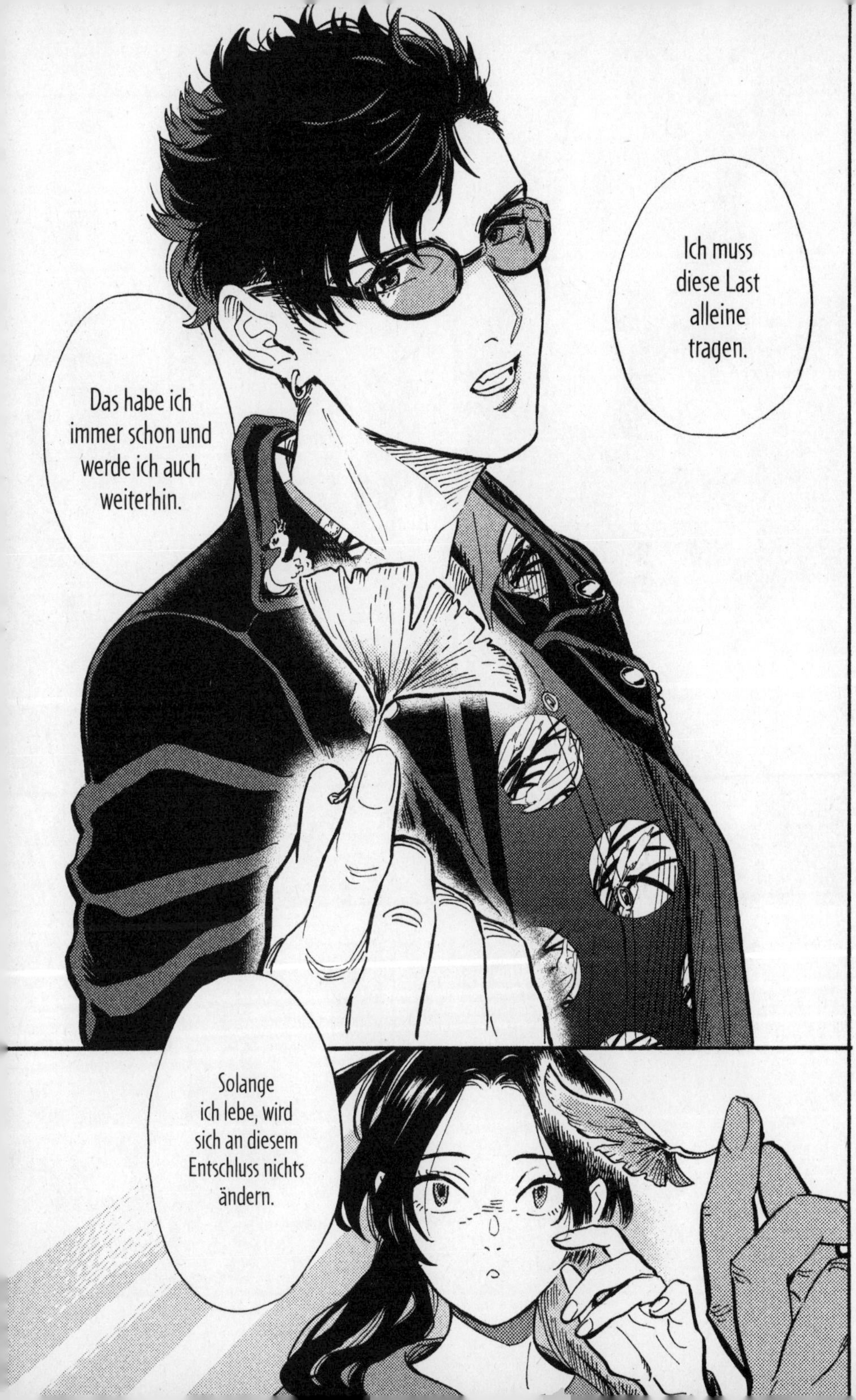
Ich muss diese Last alleine tragen.
Das habe ich immer schon und werde ich auch weiterhin.
Solange ich lebe, wird sich an diesem Entschluss nichts ändern.

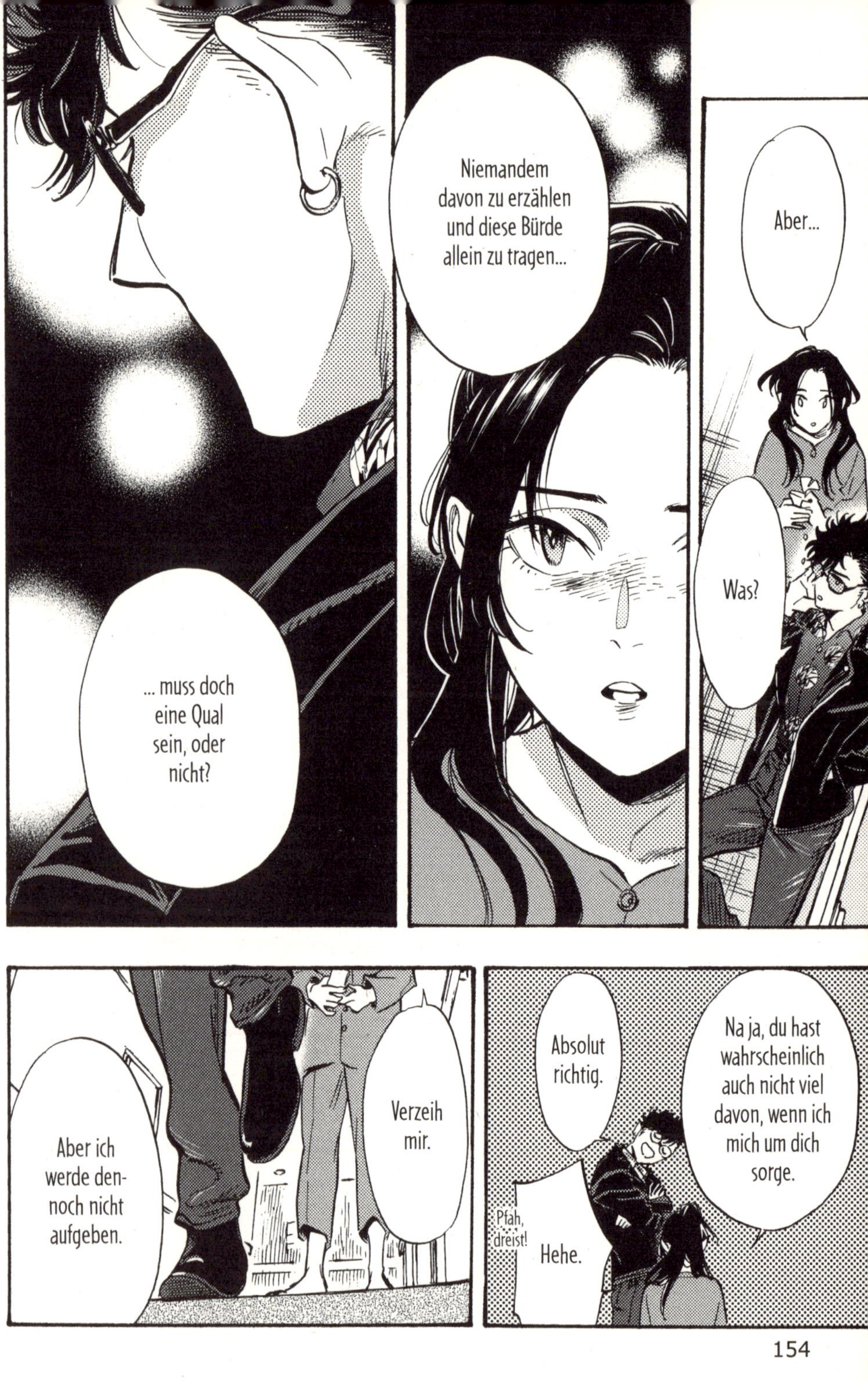
Aber...
Was?
Niemandem davon zu erzählen und diese Bürde allein zu tragen...
... muss doch eine Qual sein, oder nicht?
Na ja, du hast wahrscheinlich auch nicht viel davon, wenn ich mich um dich sorge.
Absolut richtig.
Hehe.
Pfah, dreist!
Verzeih mir.
Aber ich werde dennoch nicht aufgeben.

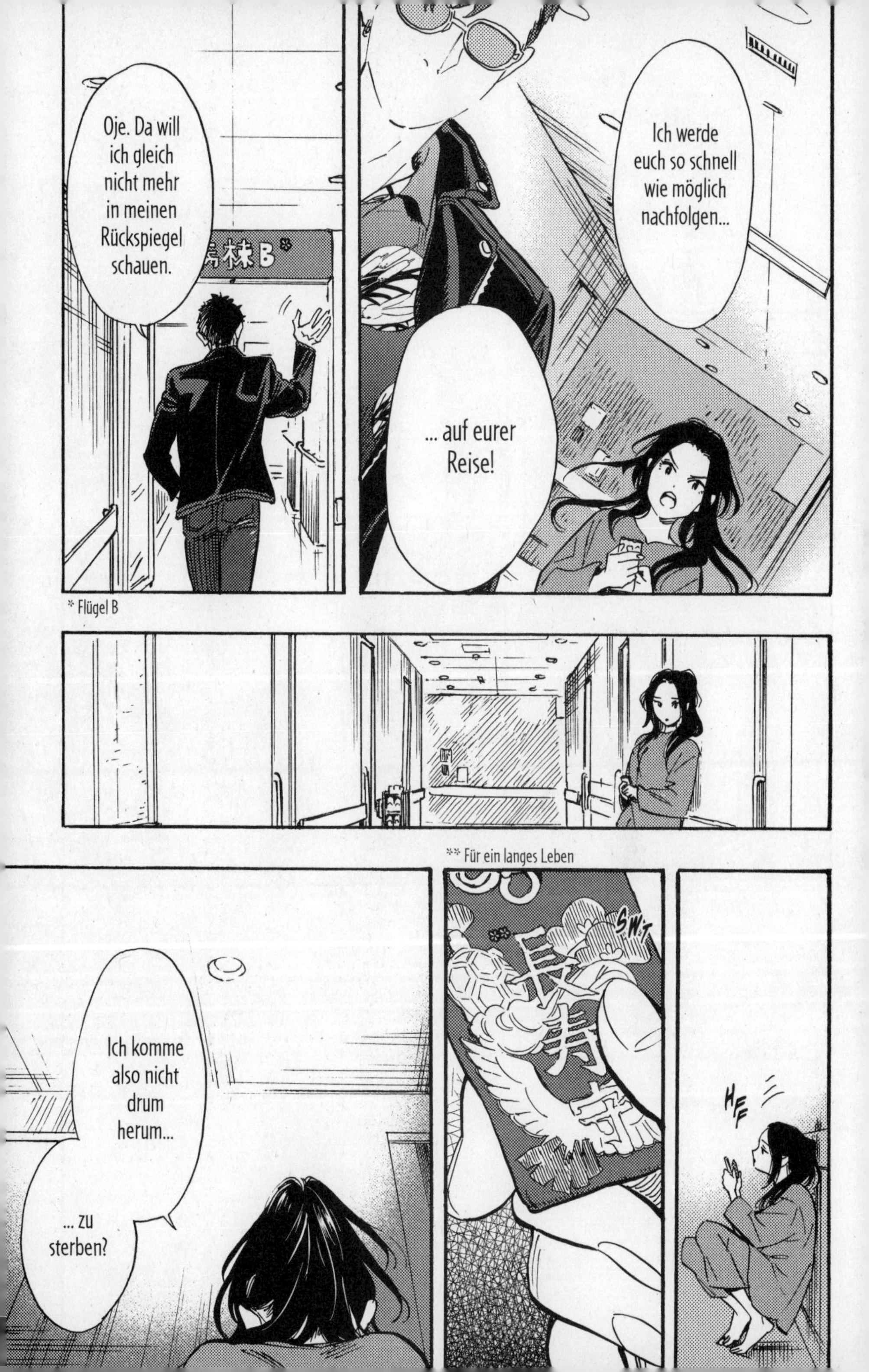

* Flügel B

** Für ein langes Leben

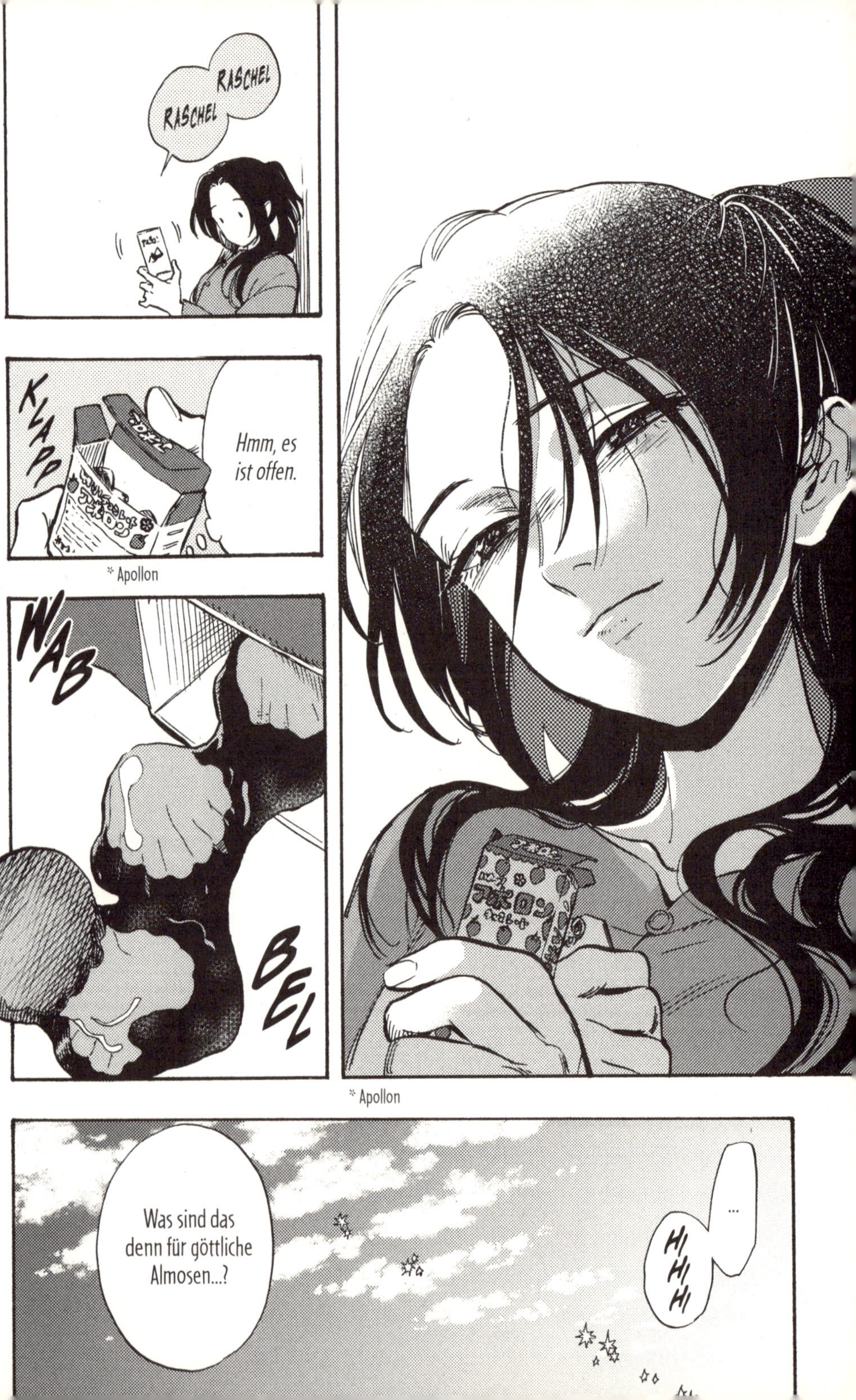
RASCHEL
RASCHEL
KLAPP
Hmm, es ist offen.
* Apollon
WAB
BEL
* Apollon
...
HI HI HI
Was sind das denn für göttliche Almosen...?

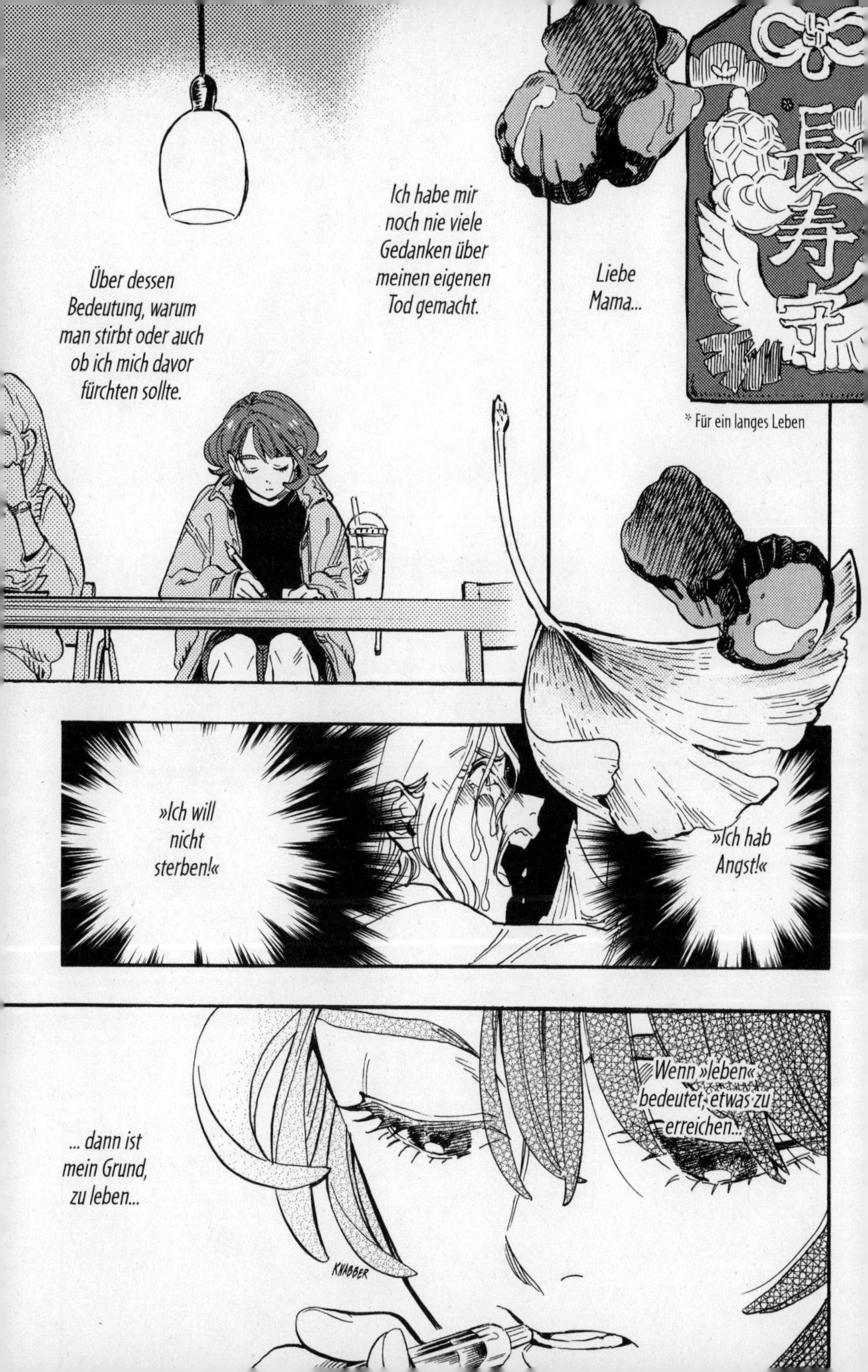
長寿守
Liebe Mama...
Ich habe mir noch nie viele Gedanken über meinen eigenen Tod gemacht.
Über dessen Bedeutung, warum man stirbt oder auch ob ich mich davor fürchten sollte.
* Für ein langes Leben
»Ich hab Angst!«
»Ich will nicht sterben!«
Wenn »leben« bedeutet, etwas zu erreichen...
... dann ist mein Grund, zu leben...
KNABBER

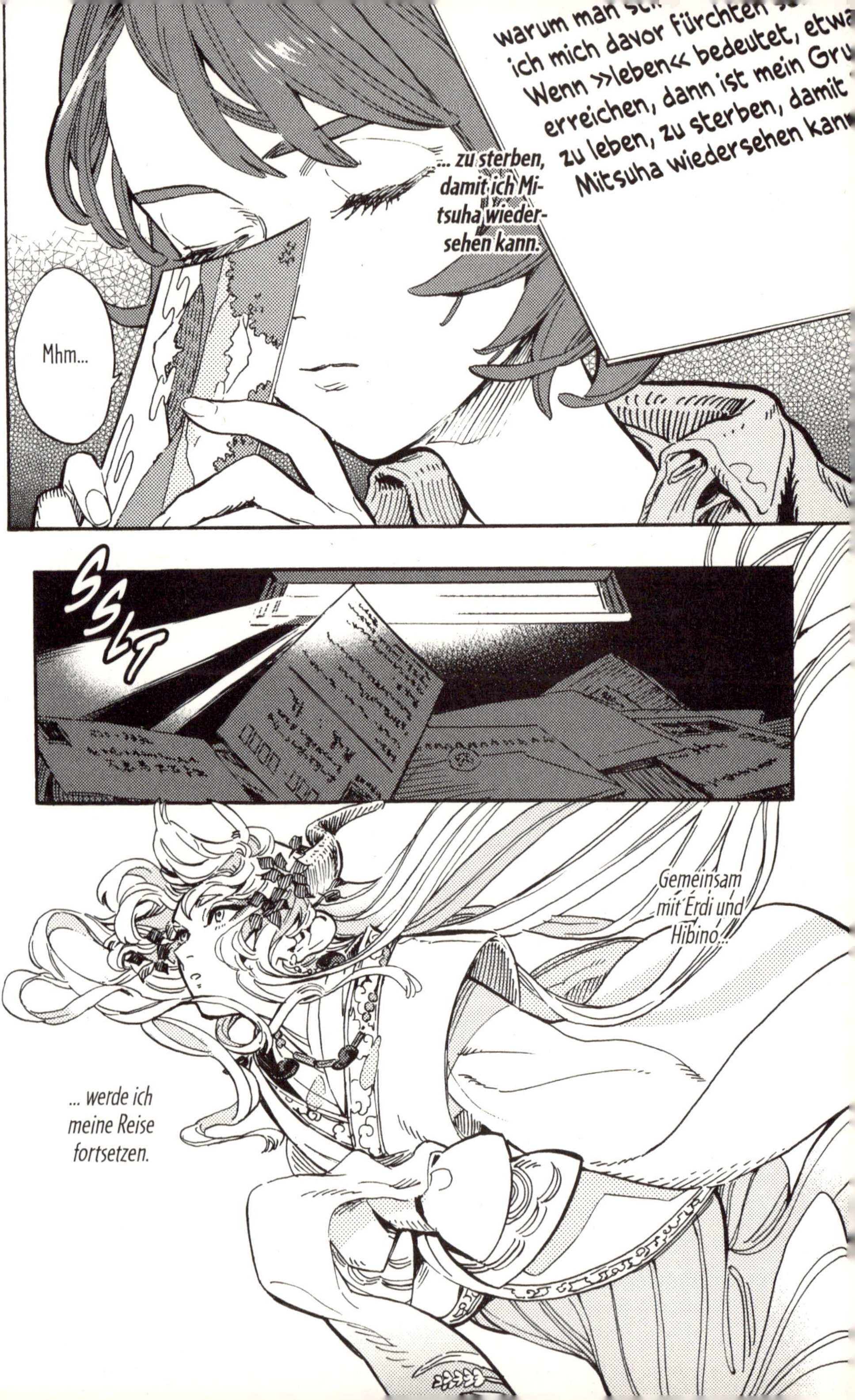
warum man
ich mich davor fürchten
Wenn »leben« bedeutet, etwa
erreichen, dann ist mein Gru
zu leben, zu sterben, damit
Mitsuha wiedersehen kann
... zu sterben, damit ich Mitsuha wiedersehen kann.
Mhm...
SSLT
Gemeinsam mit Erdi und Hibino...
... werde ich meine Reise fortsetzen.

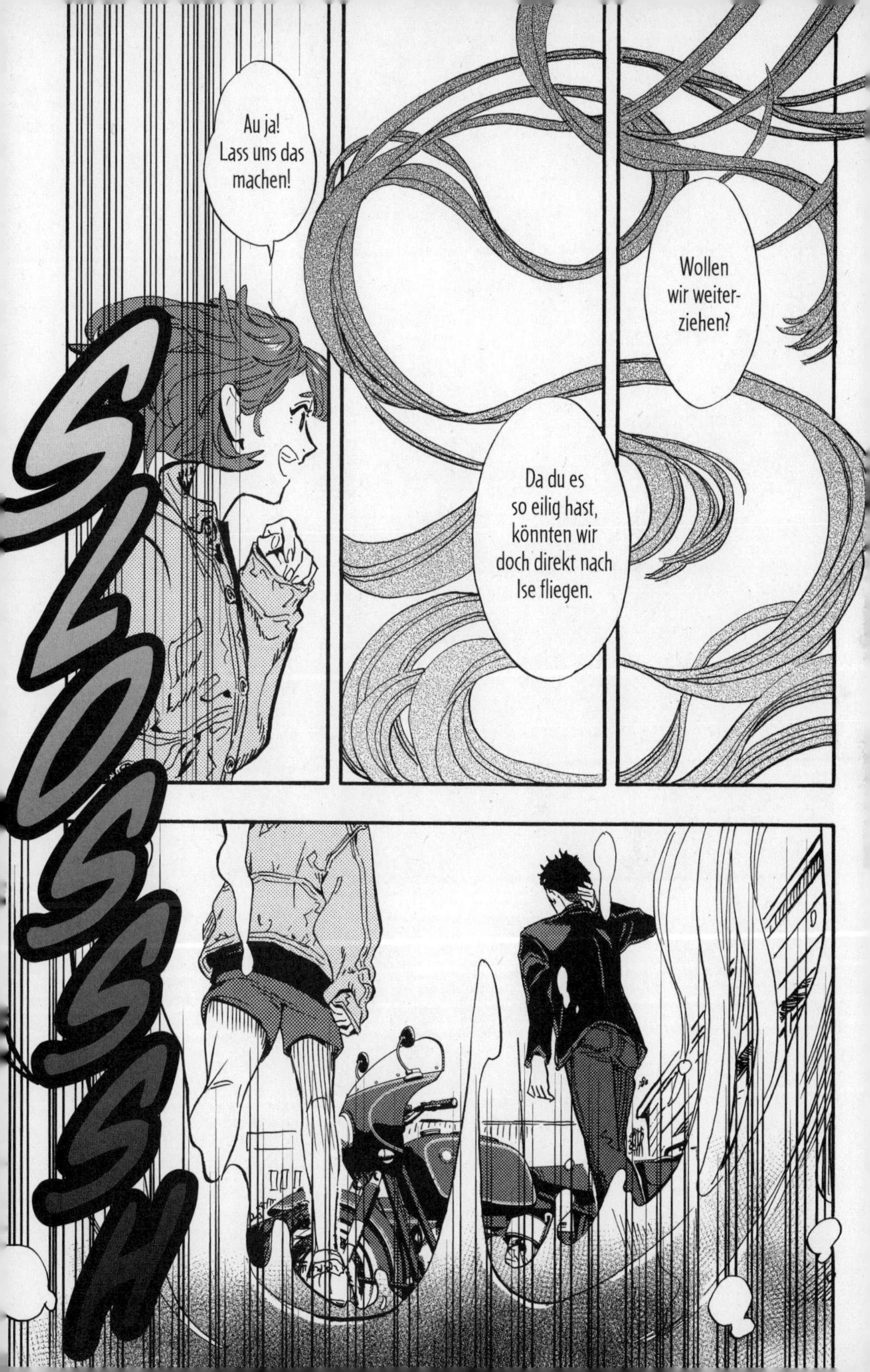
Wollen wir weiter-ziehen?
Da du es so eilig hast, könnten wir doch direkt nach Ise fliegen.
Au ja! Lass uns das machen!

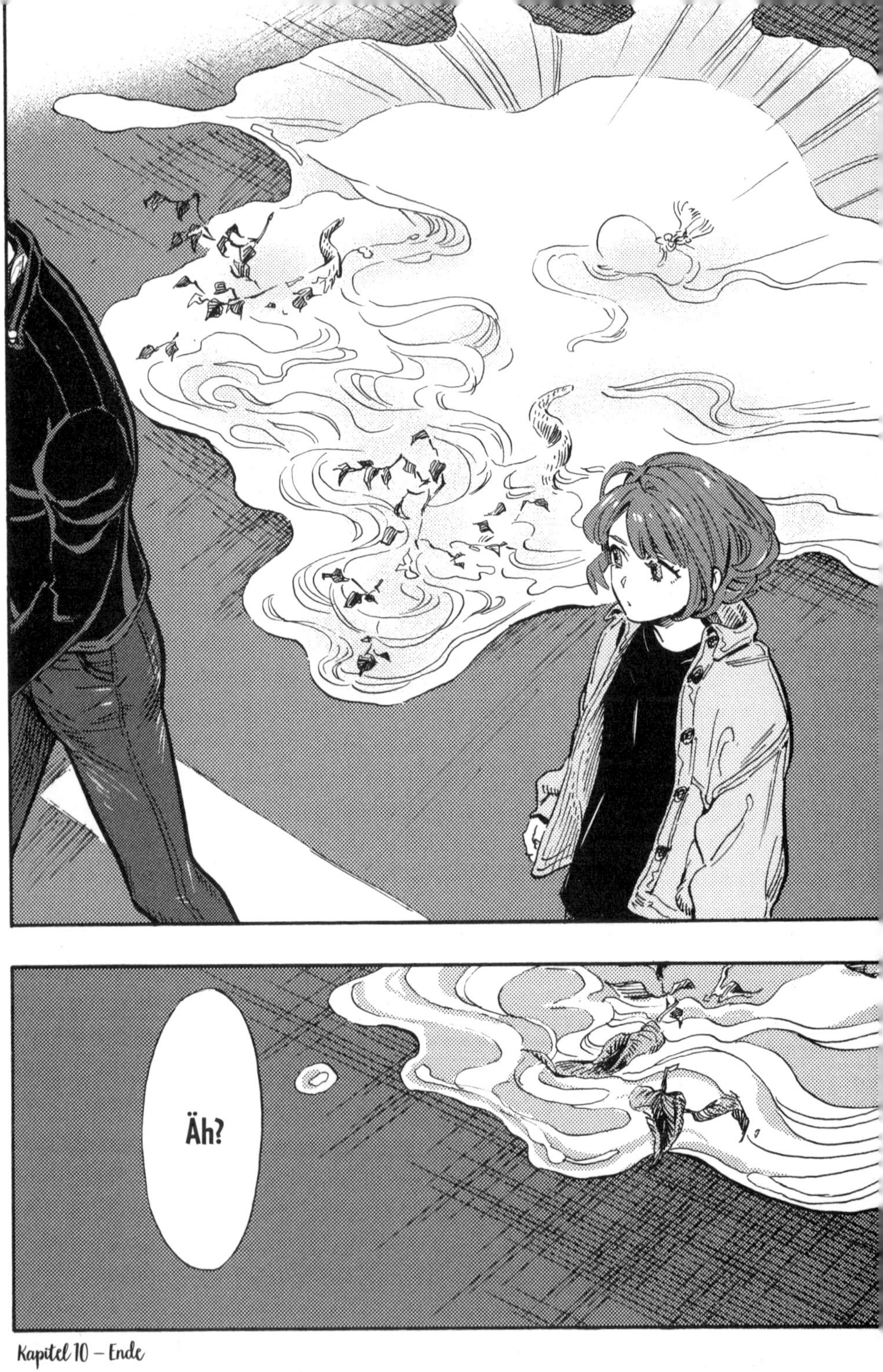

Kapitel 10 – Ende

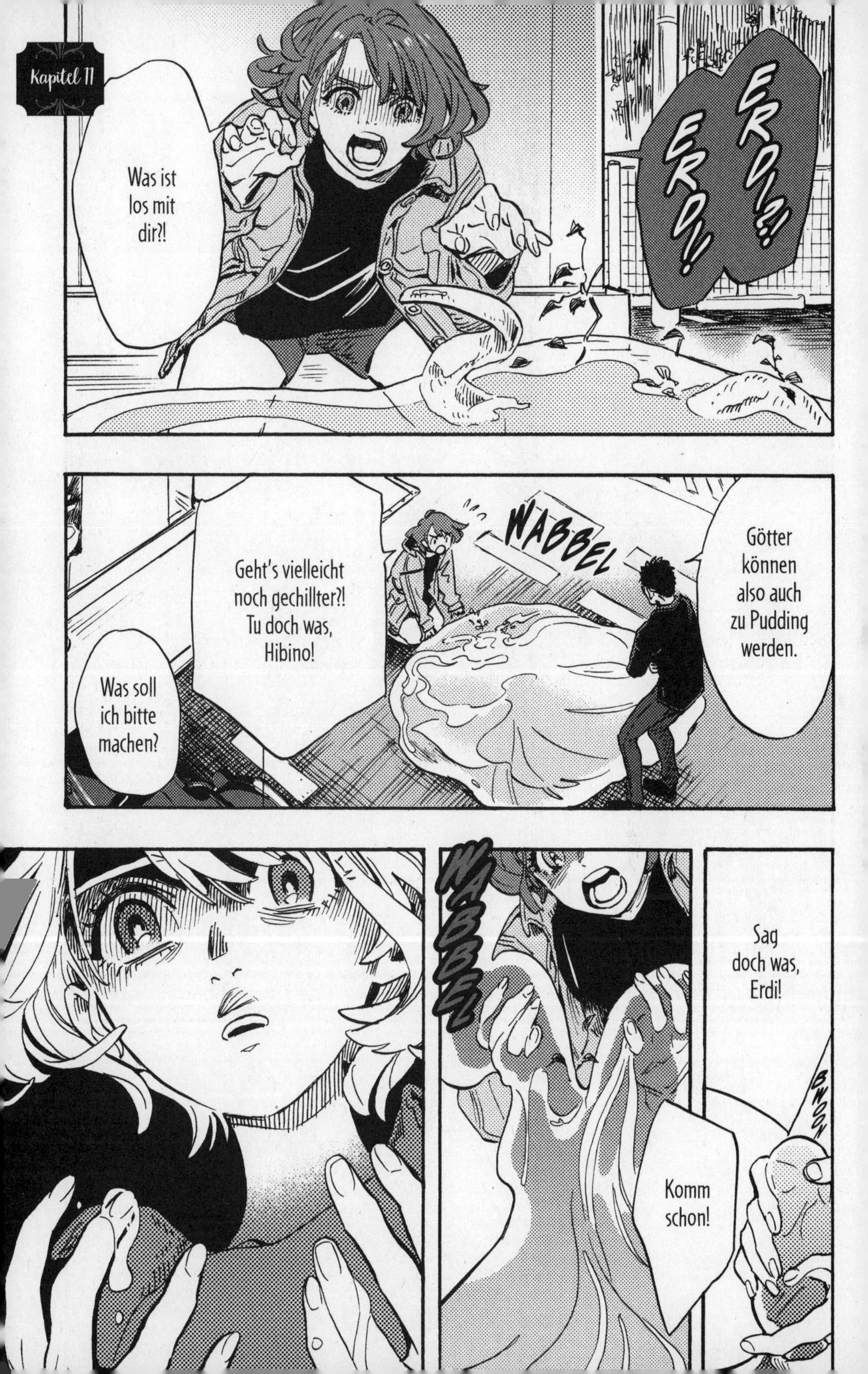
Kapitel 11
ERDI?!
ERDI!
Was ist los mit dir?!
Götter können also auch zu Pudding werden.
WABBEL
Geht's vielleicht noch gechillter?! Tu doch was, Hibino!
Was soll ich bitte machen?
Sag doch was, Erdi!
WABBEL
Komm schon!

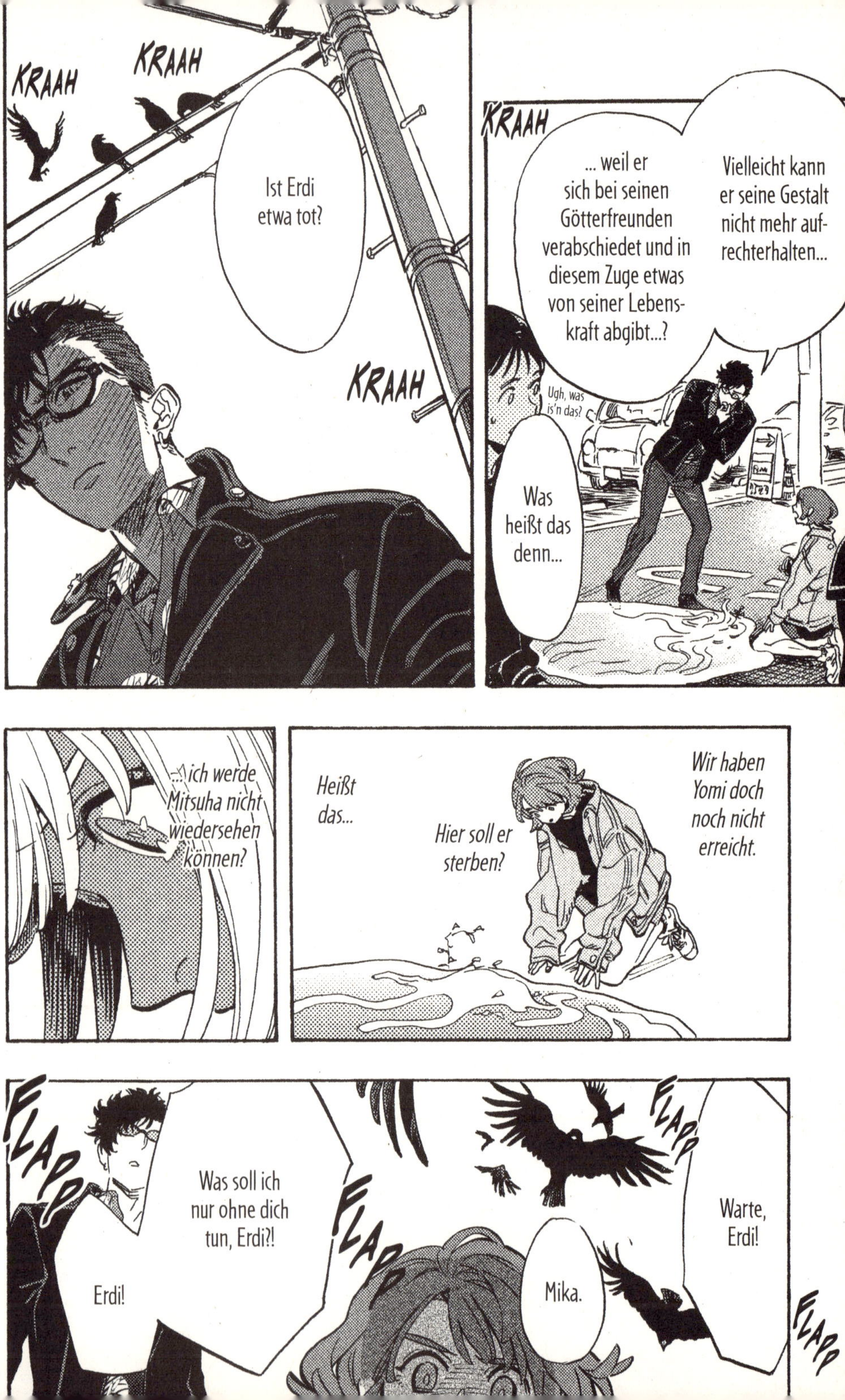
KRAAH
Vielleicht kann er seine Gestalt nicht mehr aufrechterhalten...
... weil er sich bei seinen Götterfreunden verabschiedet und in diesem Zuge etwas von seiner Lebenskraft abgibt...?
Ugh, was is'n das?
Was heißt das denn...
KRAAH
KRAAH
Ist Erdi etwa tot?
KRAAH
Wir haben Yomi doch noch nicht erreicht.
Hier soll er sterben?
Heißt das...
... ich werde Mitsuha nicht wiedersehen können?
FLAPP
FLAPP
Warte, Erdi!
Mika.
FLAPP
Was soll ich nur ohne dich tun, Erdi?!
Erdi!
FLAPP

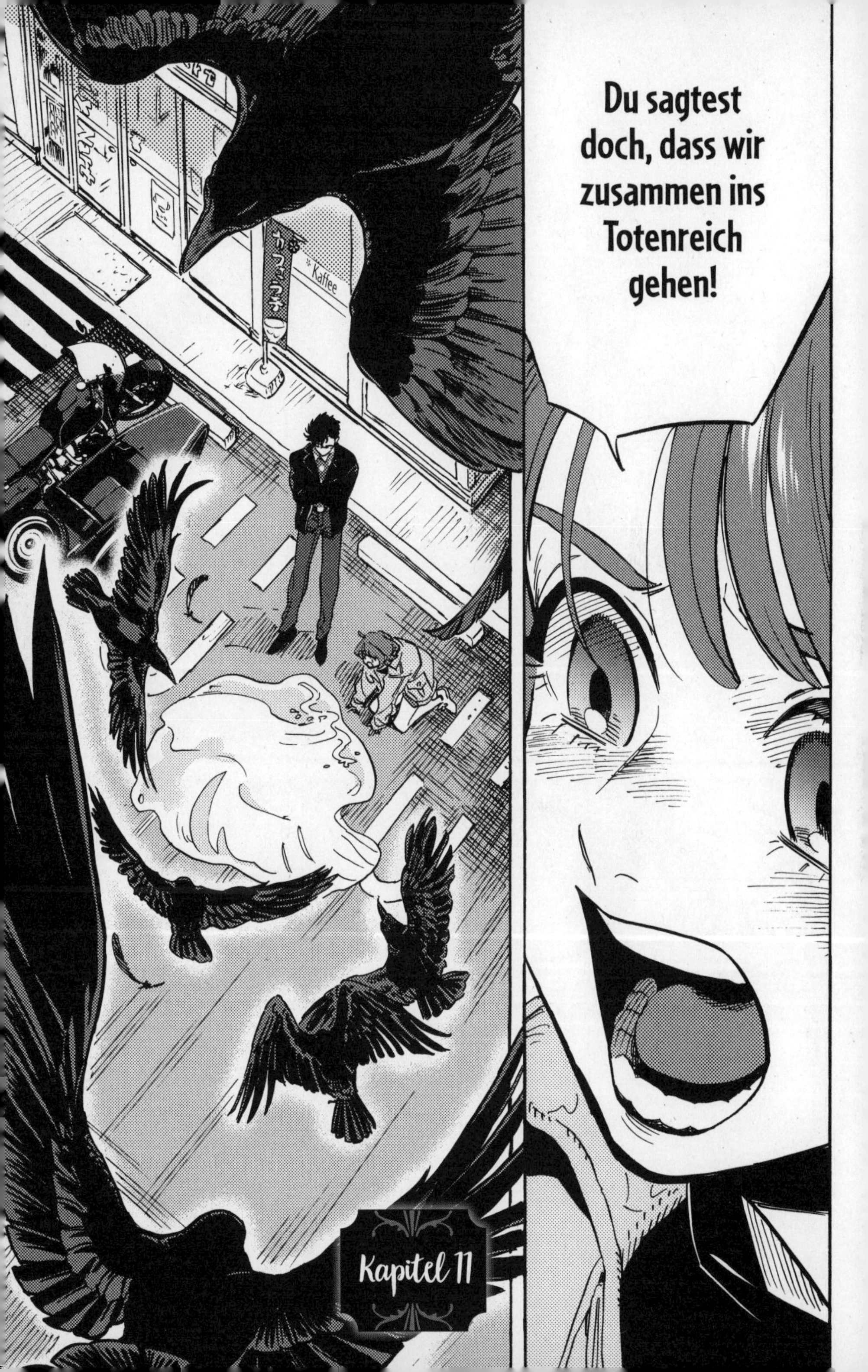
Du sagtest doch, dass wir zusammen ins Totenreich gehen!
Kaffee
Kapitel 11

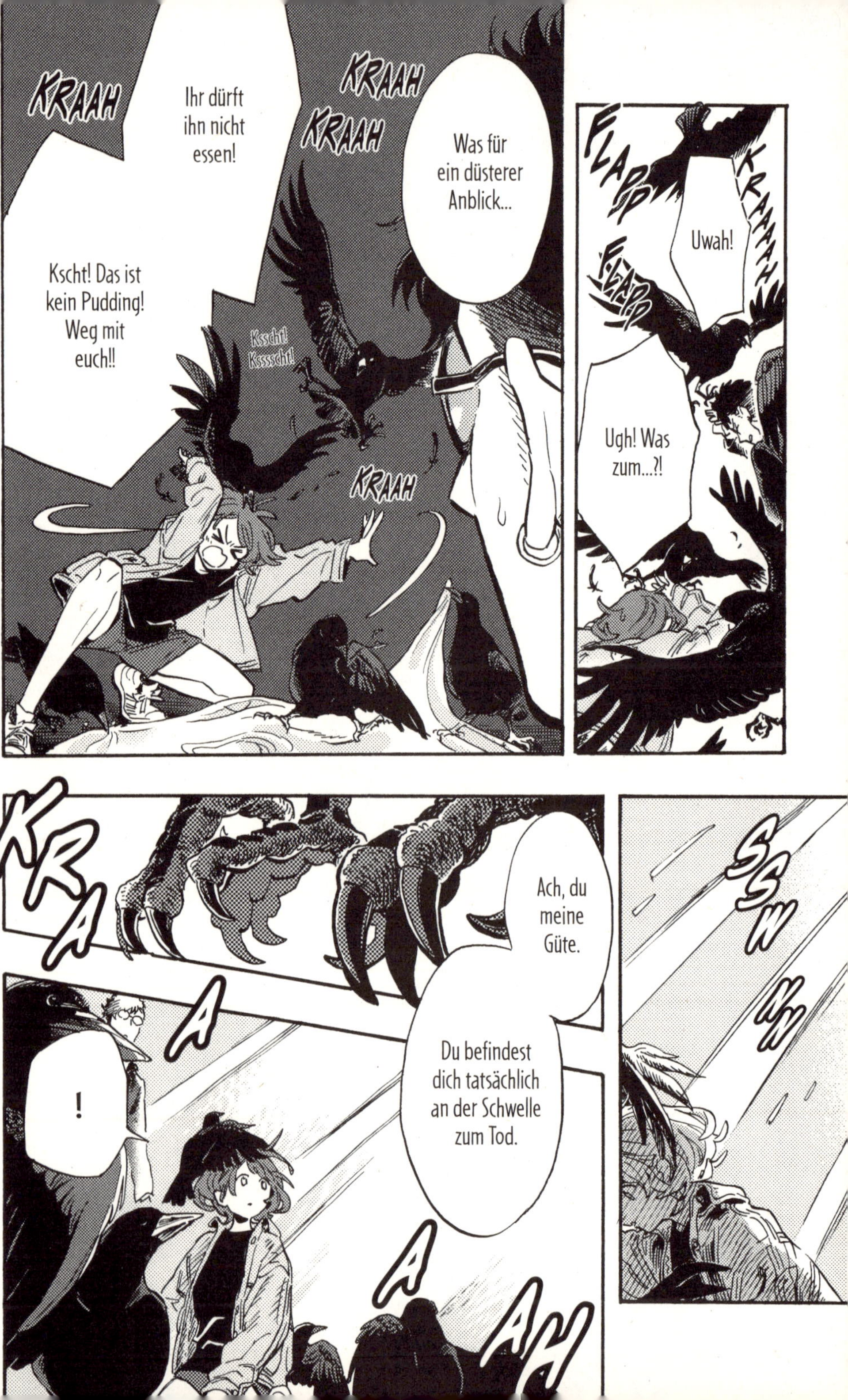
FLAPP
KRAAAAH
Uwah!
FLAPP
Ugh! Was zum...?!
KRAAH
KRAAH
Was für ein düsterer Anblick...
KRAAH
Ihr dürft ihn nicht essen!
Kscht! Das ist kein Pudding! Weg mit euch!!
Ksscht! Kssscht!
KRAAH
SSWNN
KRAAAAH
Ach, du meine Güte.
Du befindest dich tatsächlich an der Schwelle zum Tod.
!

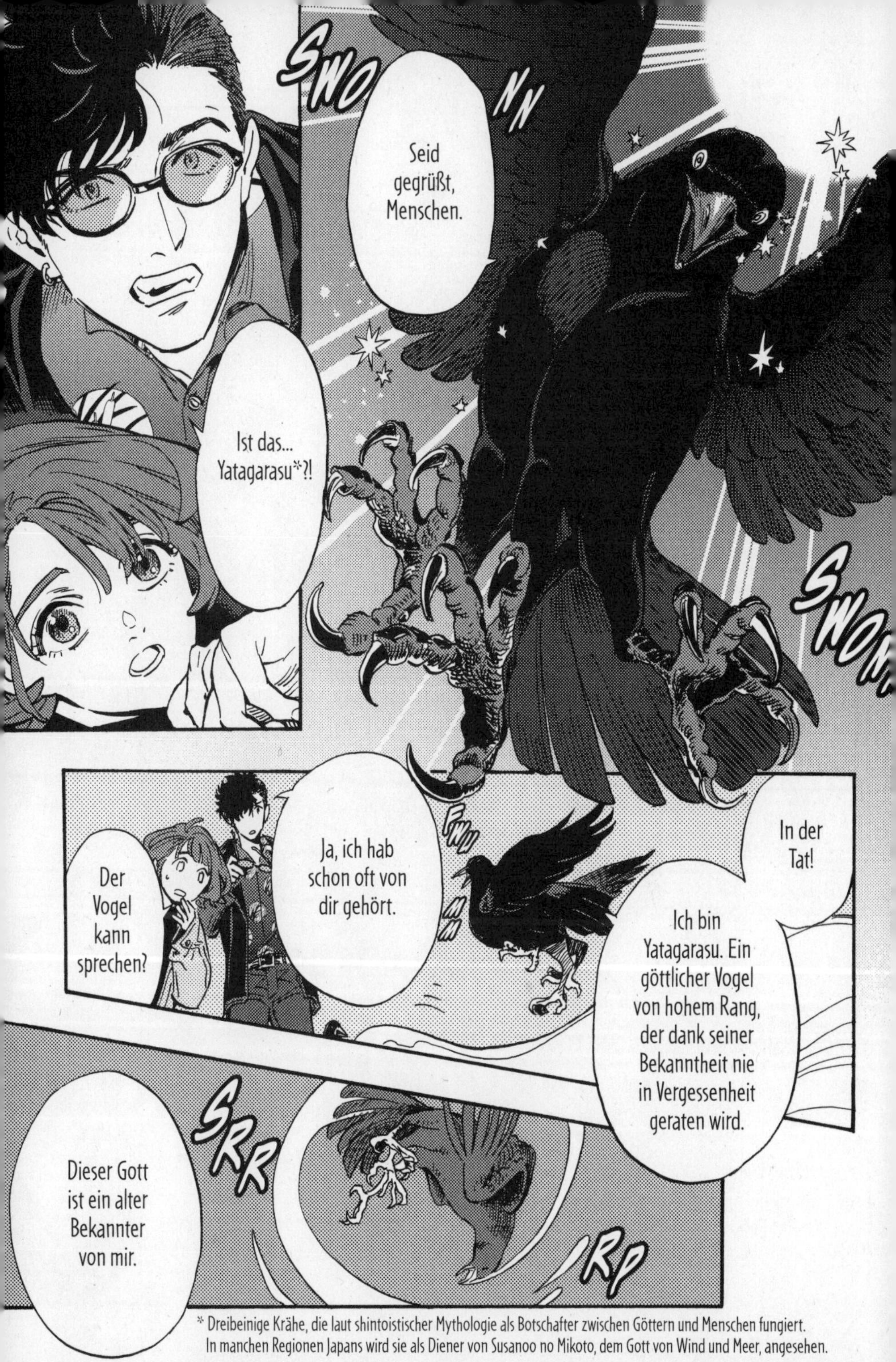

* Dreibeinige Krähe, die laut shintoistischer Mythologie als Botschafter zwischen Göttern und Menschen fungiert. In manchen Regionen Japans wird sie als Diener von Susanoo no Mikoto, dem Gott von Wind und Meer, angesehen.

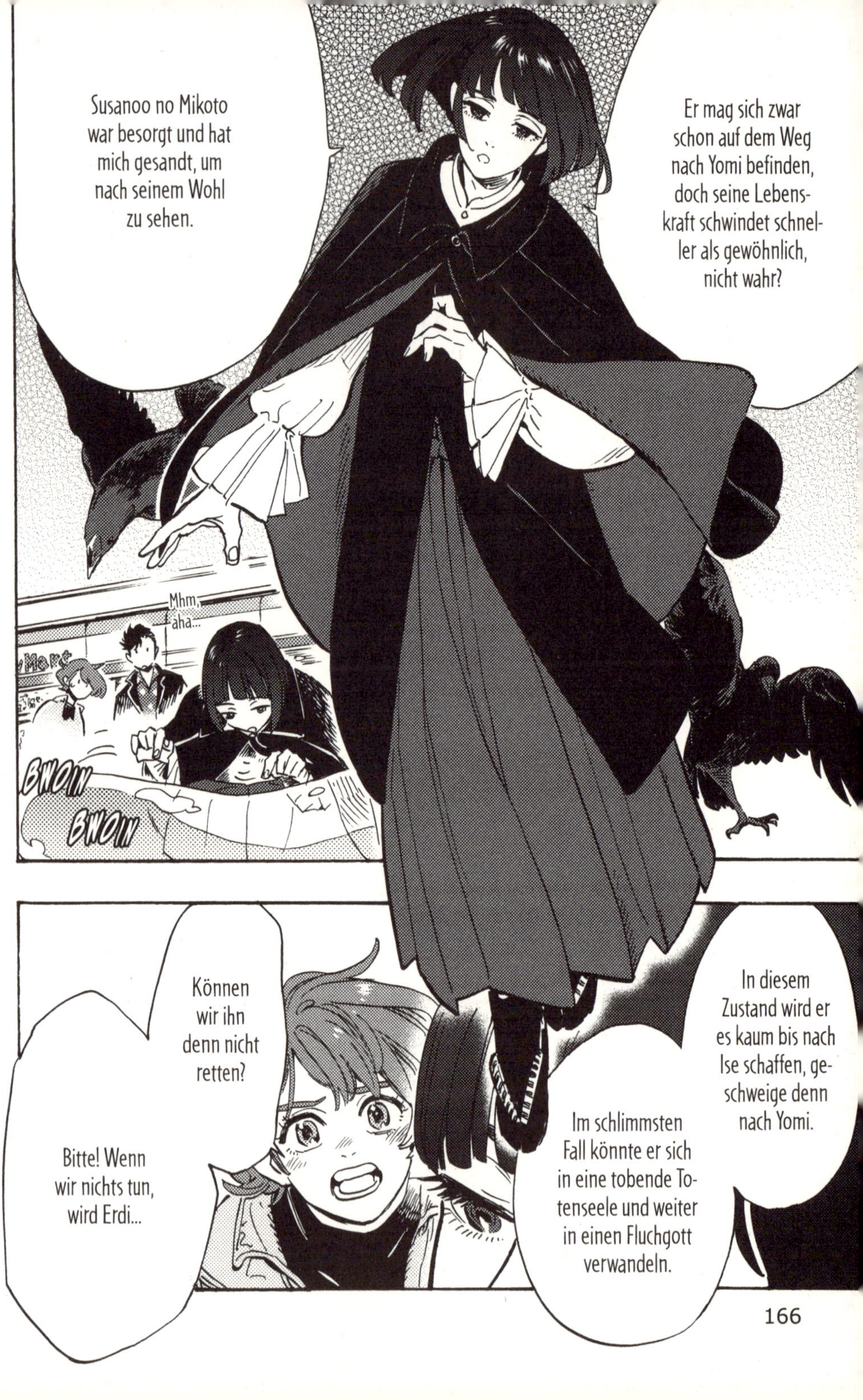

Er mag sich zwar schon auf dem Weg nach Yomi befinden, doch seine Lebenskraft schwindet schneller als gewöhnlich, nicht wahr?
Susanoo no Mikoto war besorgt und hat mich gesandt, um nach seinem Wohl zu sehen.
Mhm, aha...
BWOIN
BWOIN
In diesem Zustand wird er es kaum bis nach Ise schaffen, geschweige denn nach Yomi.
Im schlimmsten Fall könnte er sich in eine tobende Totenseele und weiter in einen Fluchgott verwandeln.
Können wir ihn denn nicht retten?
Bitte! Wenn wir nichts tun, wird Erdi...

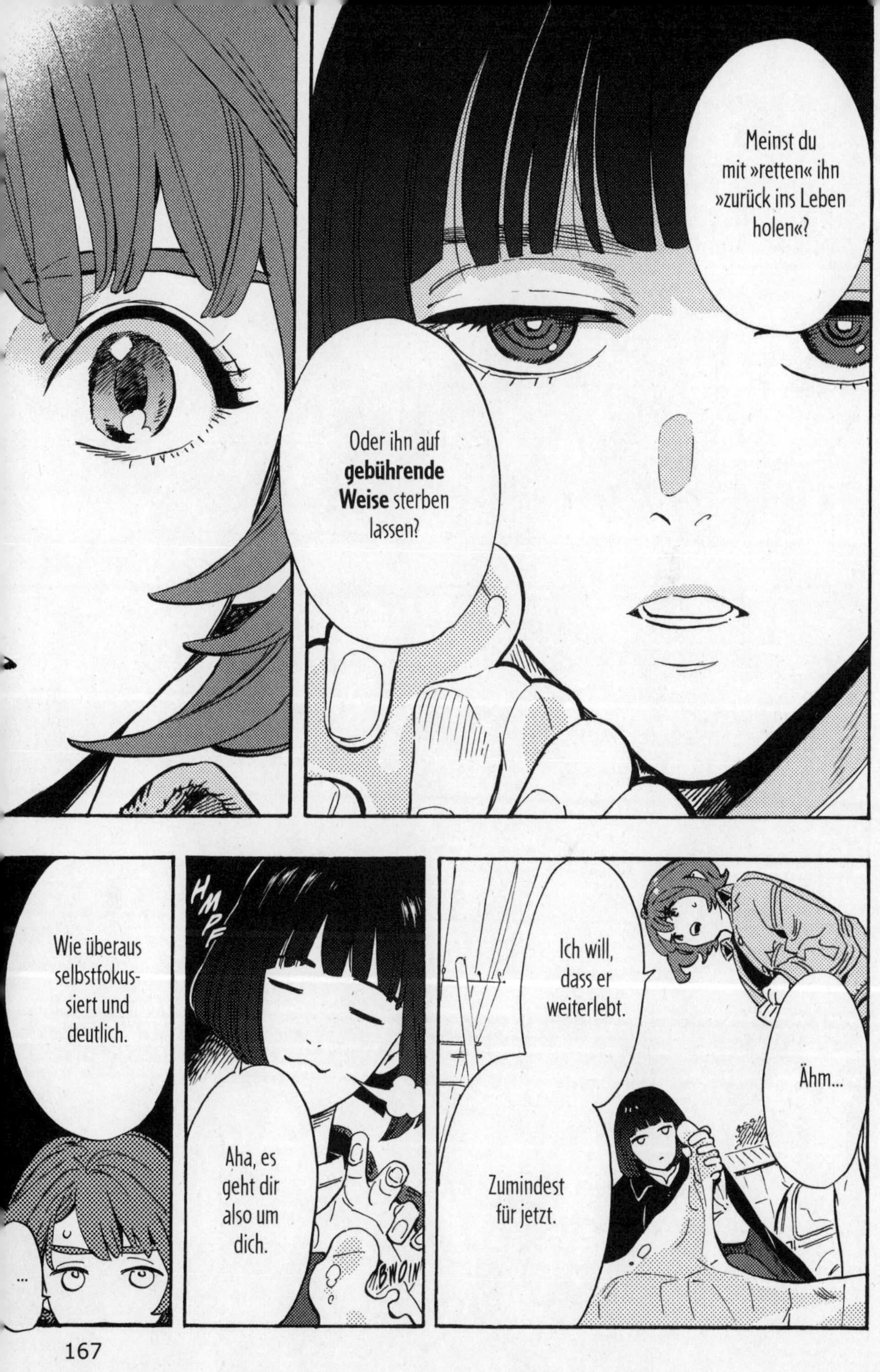
Meinst du mit »retten« ihn »zurück ins Leben holen«?
Oder ihn auf **gebührende Weise** sterben lassen?
Ähm...
Ich will, dass er weiterlebt.
Zumindest für jetzt.
HMPF
Aha, es geht dir also um dich.
BWOIN
Wie überaus selbstfokussiert und deutlich.
...

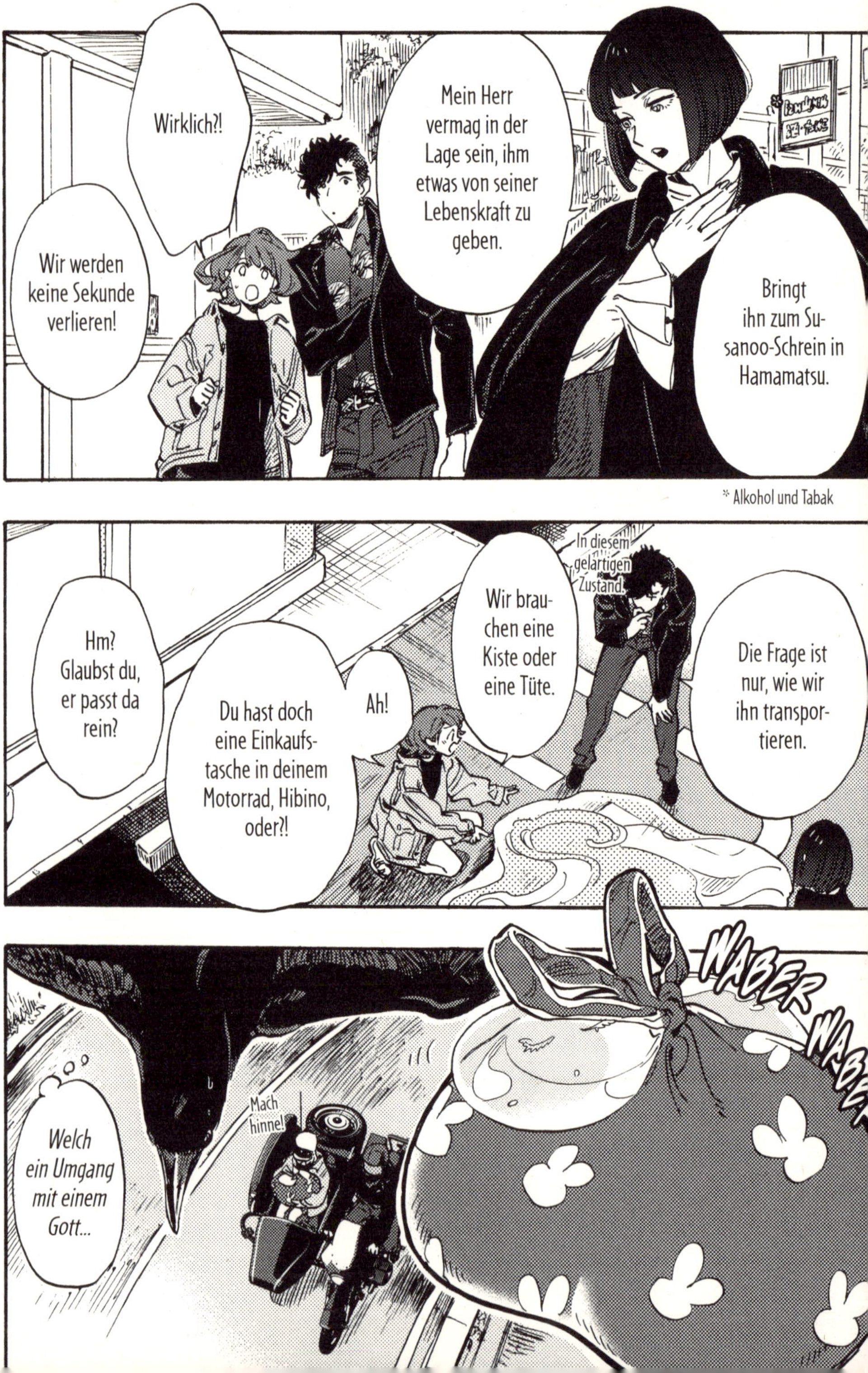

* Alkohol und Tabak

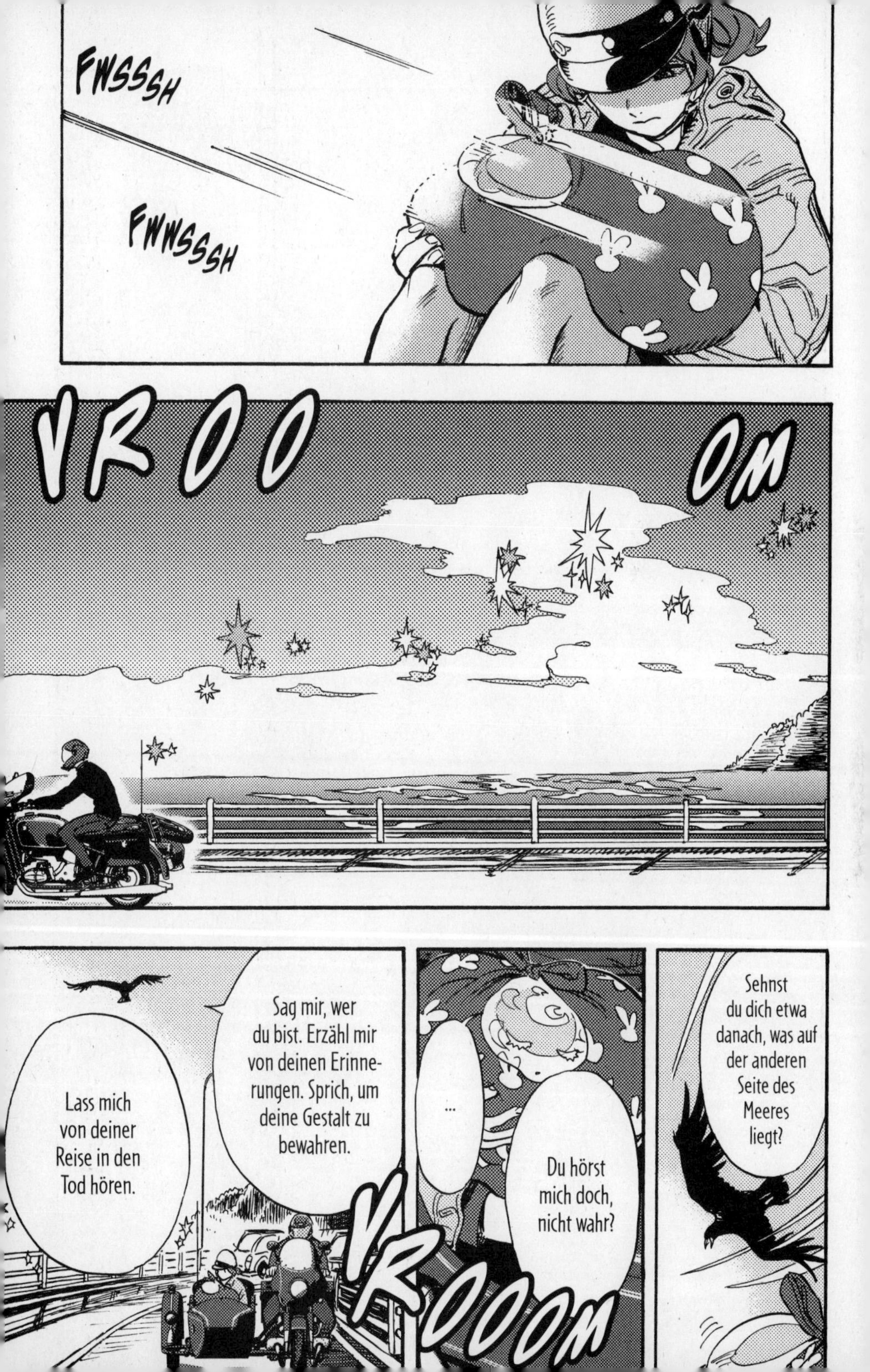
FWSSSH
FWWSSSH
VROOOM
Sehnst du dich etwa danach, was auf der anderen Seite des Meeres liegt?
...
Du hörst mich doch, nicht wahr?
VROOOM
Sag mir, wer du bist. Erzähl mir von deinen Erinnerungen. Sprich, um deine Gestalt zu bewahren.
Lass mich von deiner Reise in den Tod hören.

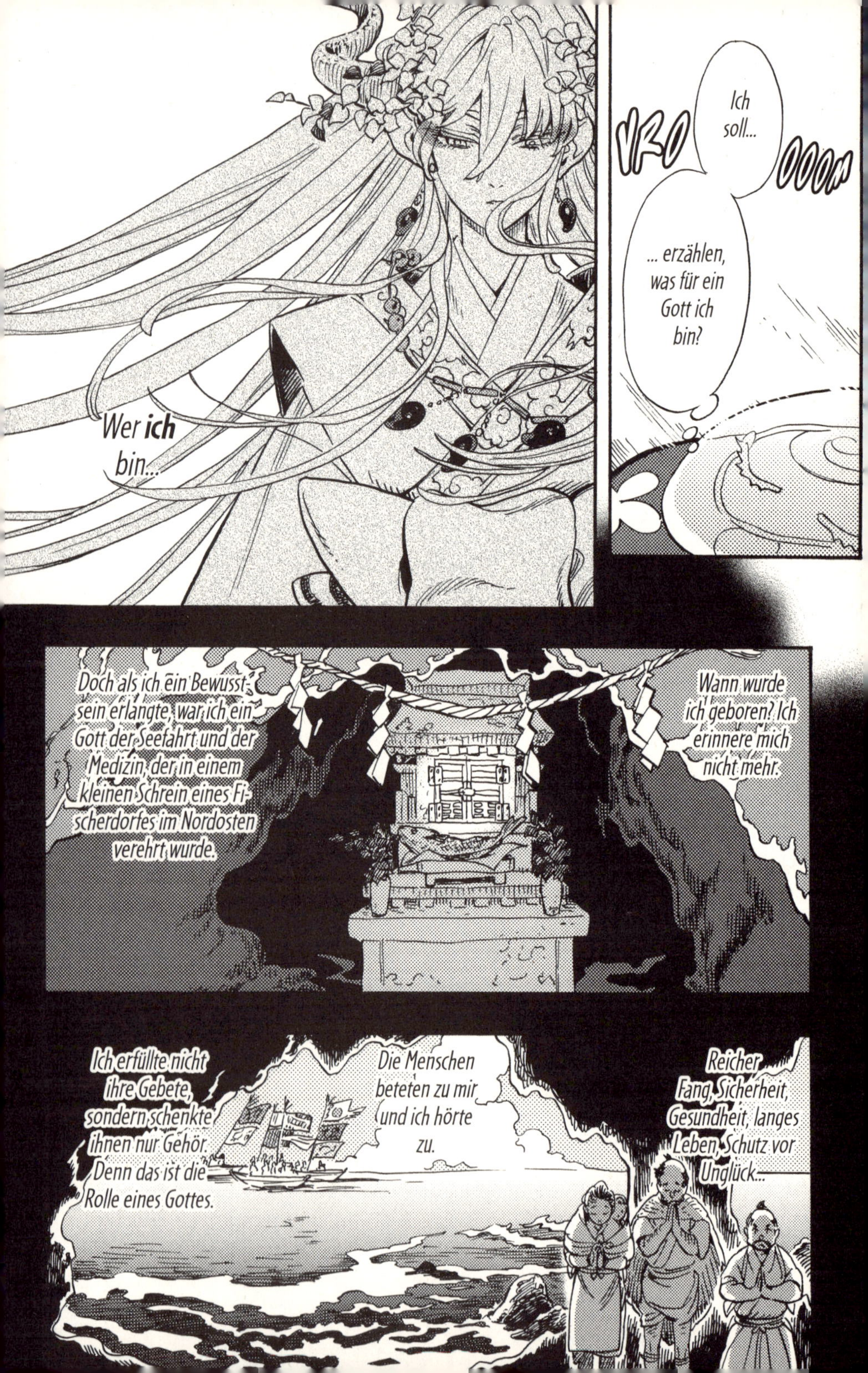
Ich soll...
VROOOOM
... erzählen, was für ein Gott ich bin?
Wer ich bin...
Wann wurde ich geboren? Ich erinnere mich nicht mehr.
Doch als ich ein Bewusstsein erlangte, war ich ein Gott der Seefahrt und der Medizin, der in einem kleinen Schrein eines Fischerdorfes im Nordosten verehrt wurde.
Reicher Fang, Sicherheit, Gesundheit, langes Leben, Schutz vor Unglück...
Die Menschen beteten zu mir und ich hörte zu.
Ich erfüllte nicht ihre Gebete, sondern schenkte ihnen nur Gehör. Denn das ist die Rolle eines Gottes.

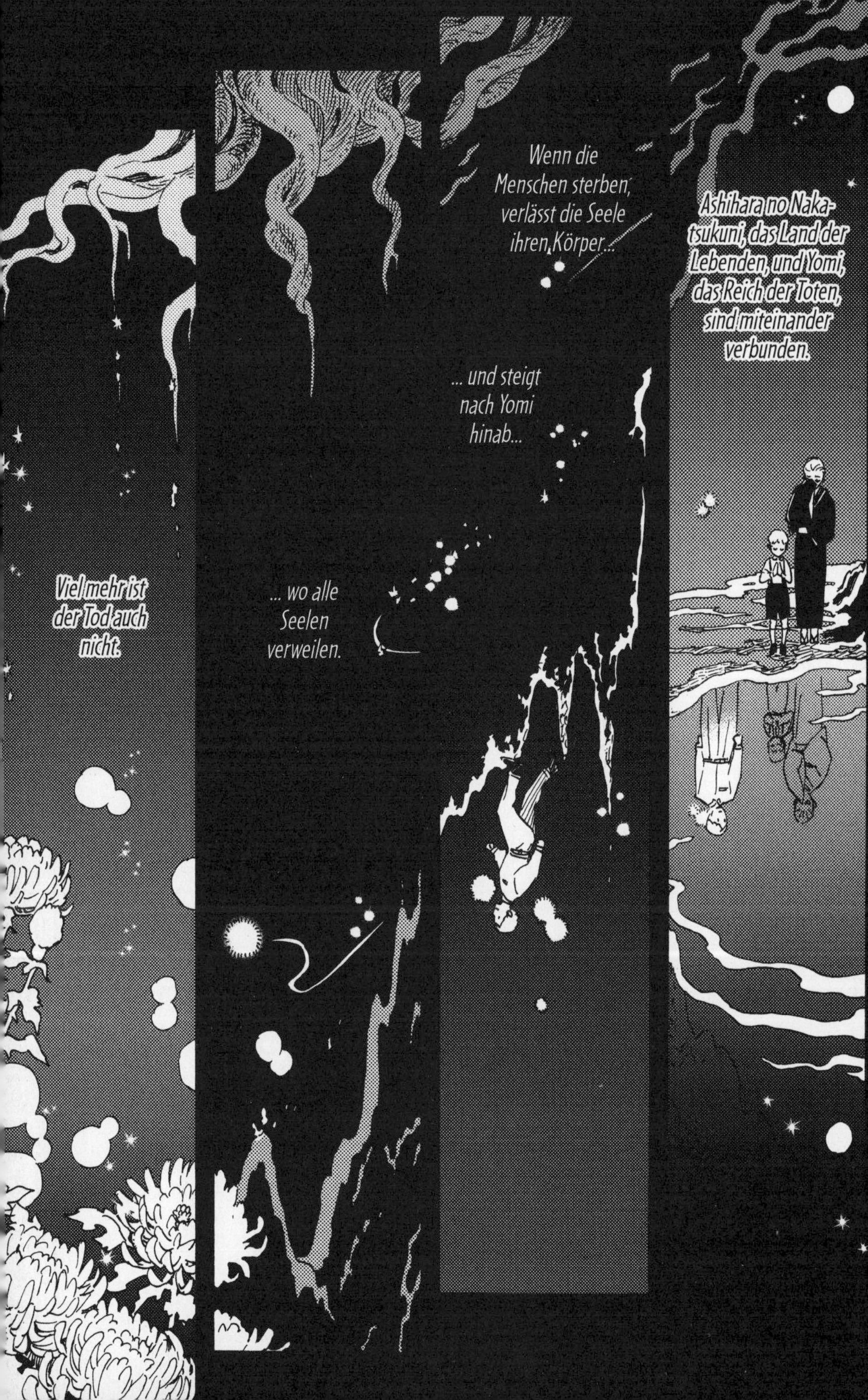

Ashihara no Naka-tsukuni, das Land der Lebenden, und Yomi, das Reich der Toten, sind miteinander verbunden.
Wenn die Menschen sterben, verlässt die Seele ihren Körper...
... und steigt nach Yomi hinab...
... wo alle Seelen verweilen.
Viel mehr ist der Tod auch nicht.

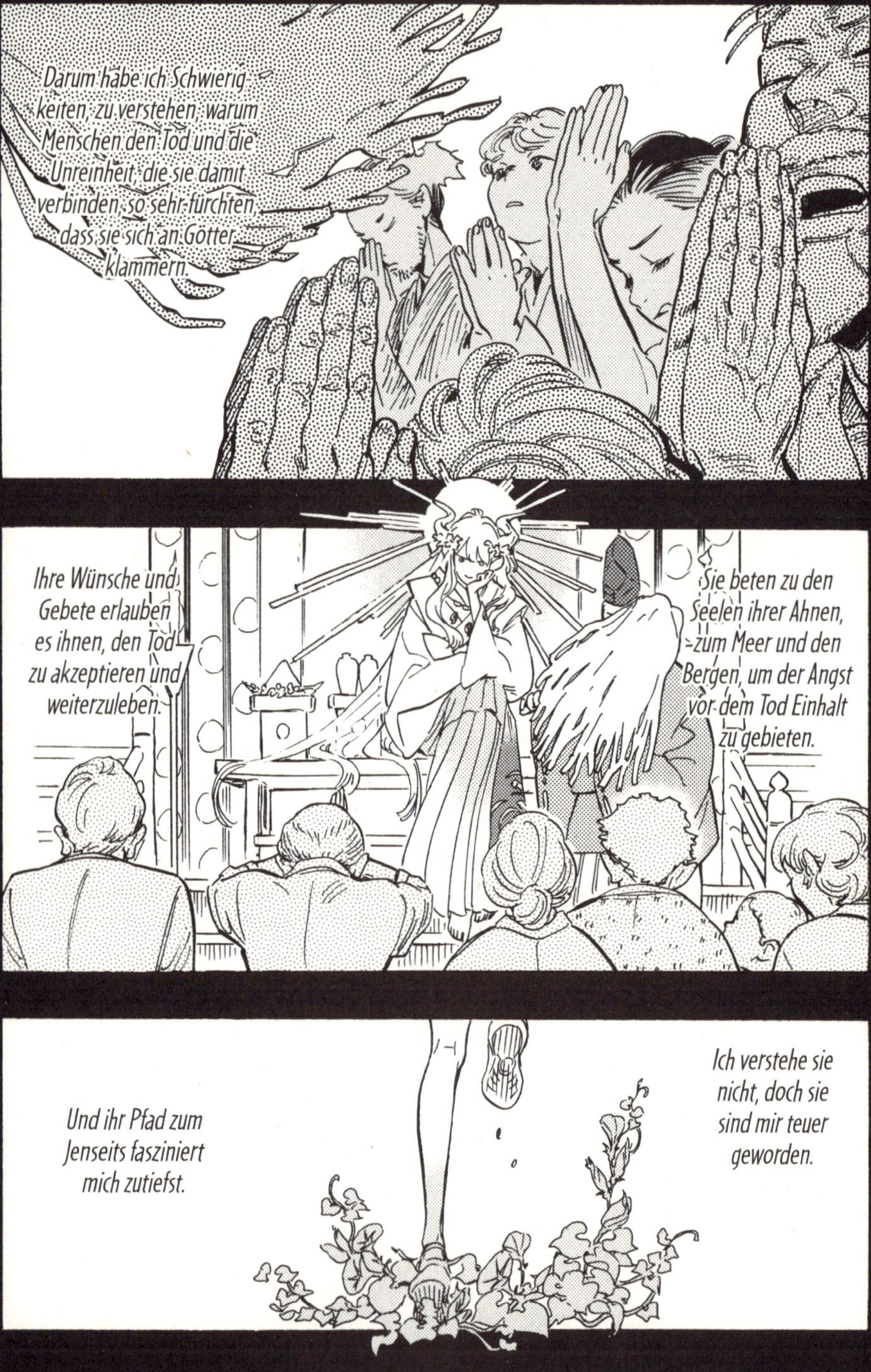
Darum habe ich Schwierigkeiten, zu verstehen, warum Menschen den Tod und die Unreinheit, die sie damit verbinden, so sehr fürchten, dass sie sich an Götter klammern.
Sie beten zu den Seelen ihrer Ahnen, zum Meer und den Bergen, um der Angst vor dem Tod Einhalt zu gebieten.
Ihre Wünsche und Gebete erlauben es ihnen, den Tod zu akzeptieren und weiterzuleben.
Ich verstehe sie nicht, doch sie sind mir teuer geworden.
Und ihr Pfad zum Jenseits fasziniert mich zutiefst.

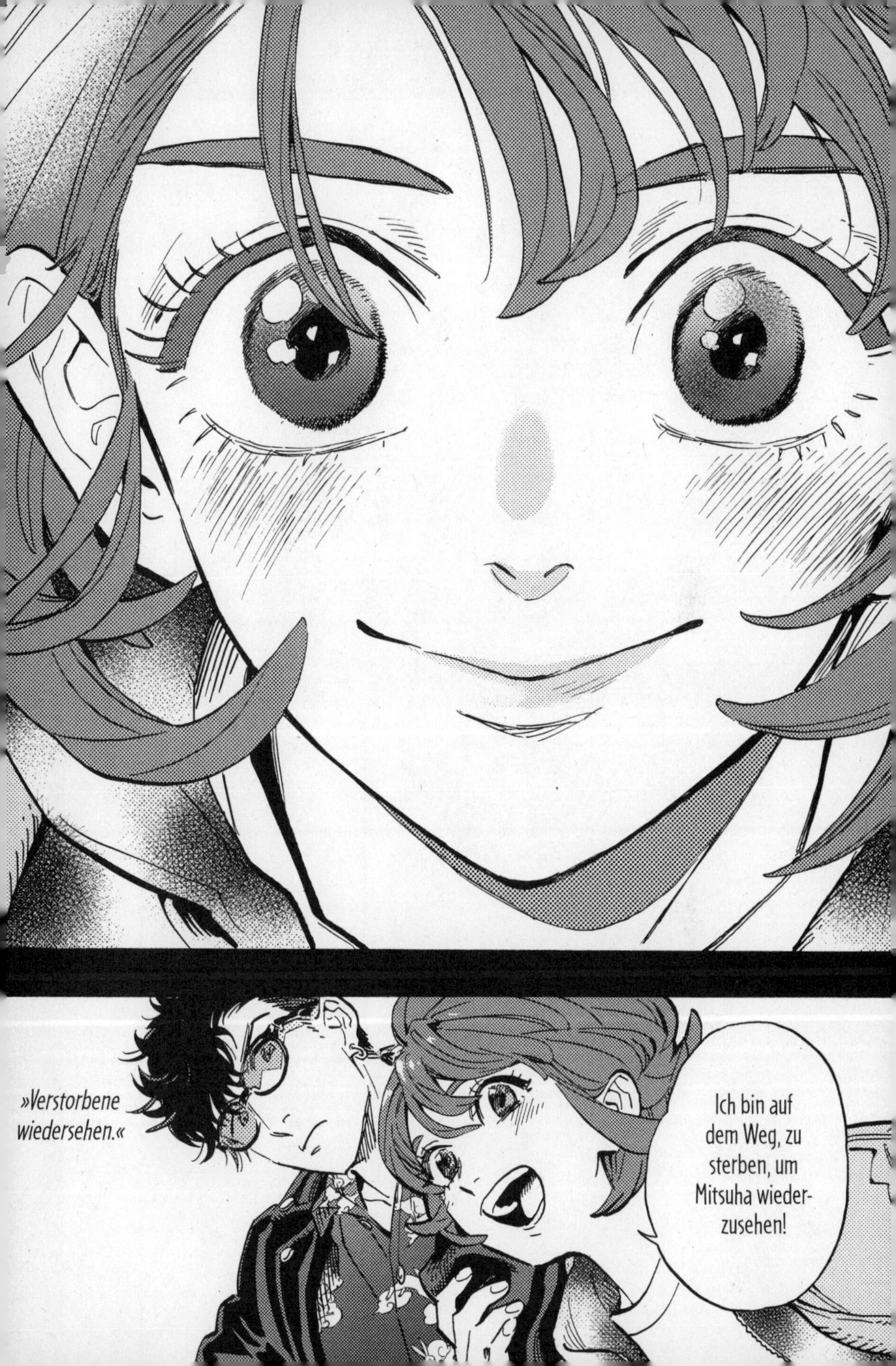
Ich bin auf dem Weg, zu sterben, um Mitsuha wieder-zusehen!
»Verstorbene wiedersehen.«

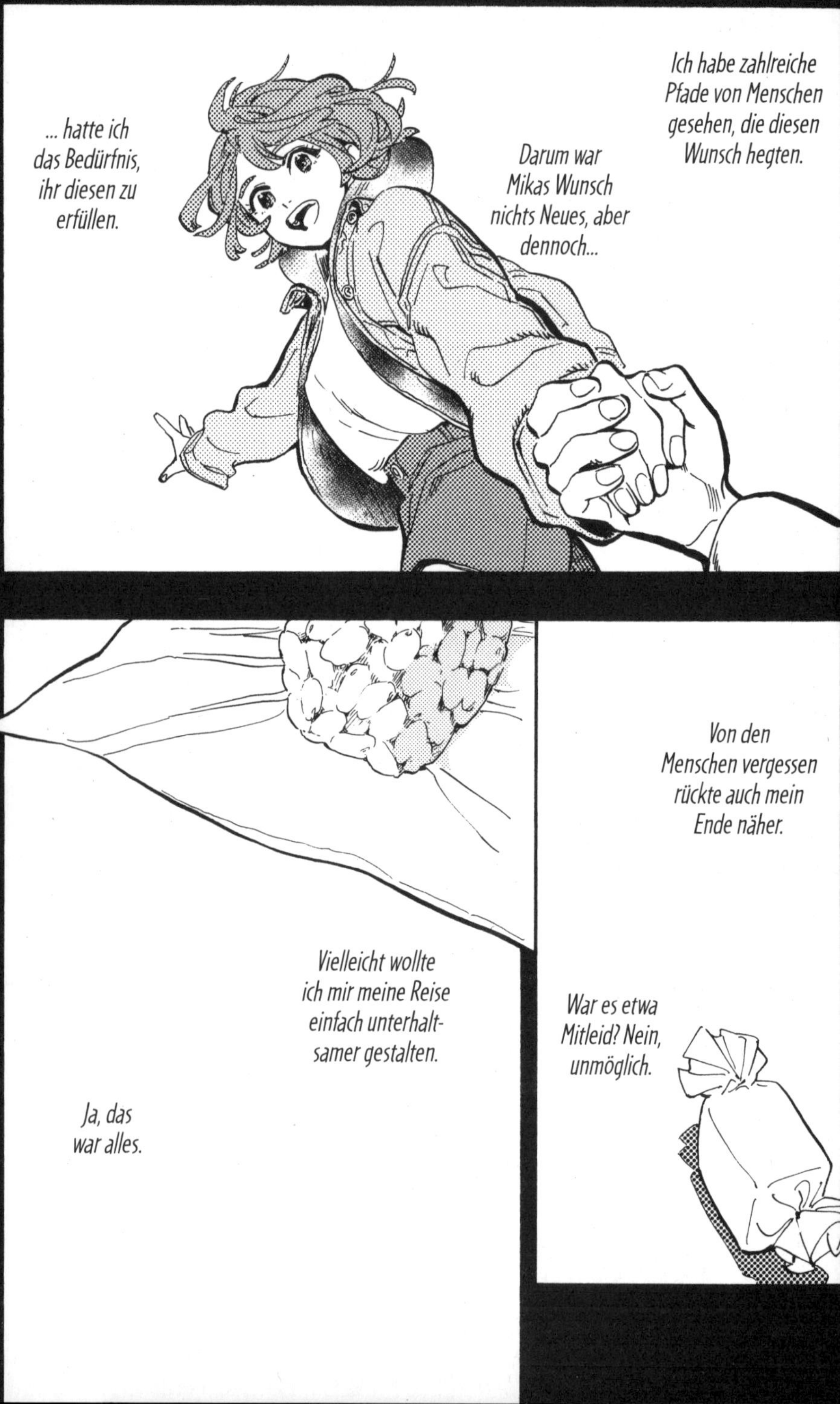
Ich habe zahlreiche Pfade von Menschen gesehen, die diesen Wunsch hegten.
Darum war Mikas Wunsch nichts Neues, aber dennoch...
... hatte ich das Bedürfnis, ihr diesen zu erfüllen.
Von den Menschen vergessen rückte auch mein Ende näher.
War es etwa Mitleid? Nein, unmöglich.
Vielleicht wollte ich mir meine Reise einfach unterhalt-samer gestalten.
Ja, das war alles.

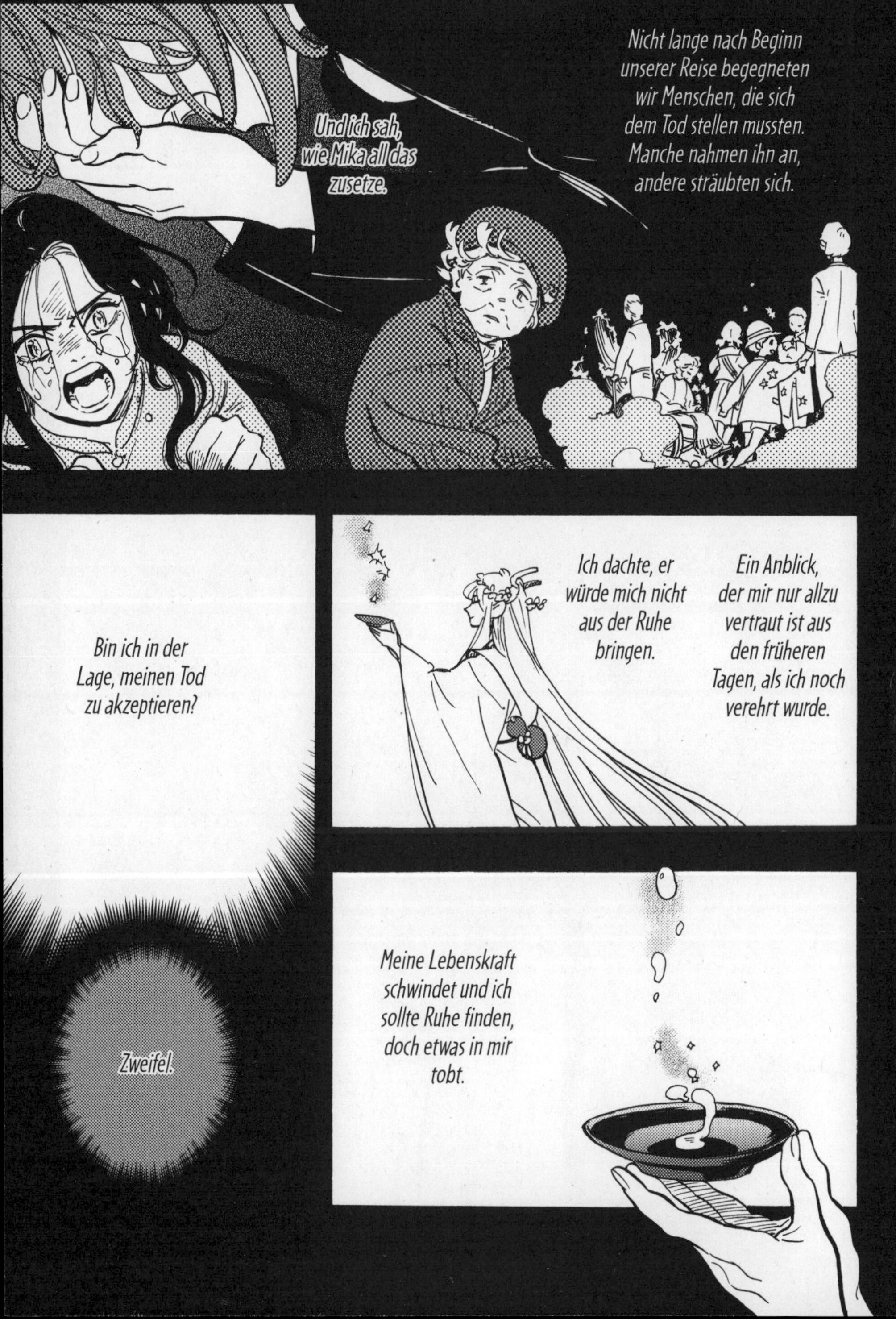
Nicht lange nach Beginn unserer Reise begegneten wir Menschen, die sich dem Tod stellen mussten. Manche nahmen ihn an, andere sträubten sich.
Und ich sah, wie Mika all das zusetze.
Ein Anblick, der mir nur allzu vertraut ist aus den früheren Tagen, als ich noch verehrt wurde.
Ich dachte, er würde mich nicht aus der Ruhe bringen.
Bin ich in der Lage, meinen Tod zu akzeptieren?
Meine Lebenskraft schwindet und ich sollte Ruhe finden, doch etwas in mir tobt.
Zweifel.

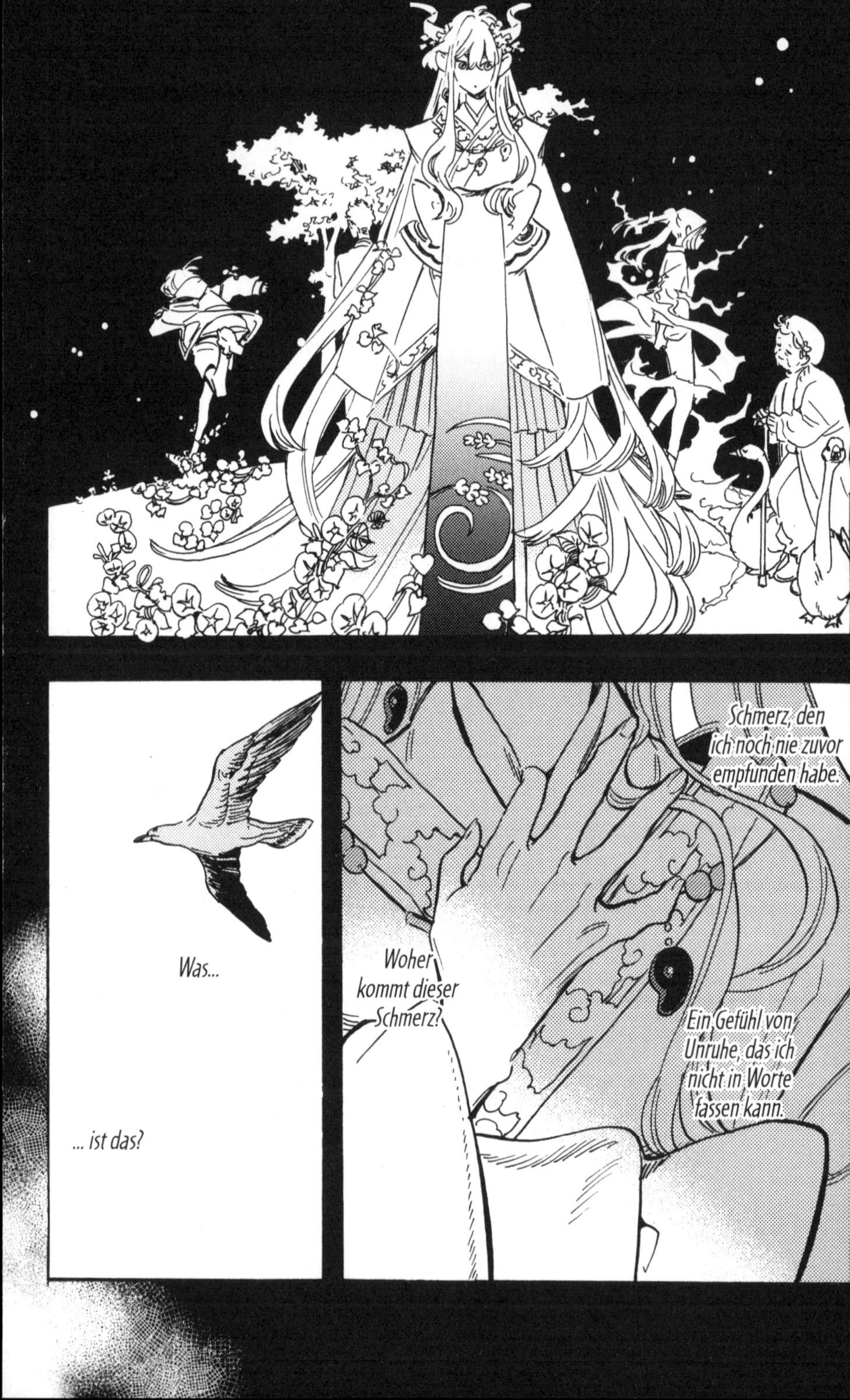
Schmerz, den ich noch nie zuvor empfunden habe.
Woher kommt dieser Schmerz?
Ein Gefühl von Unruhe, das ich nicht in Worte fassen kann.
Was...
... ist das?

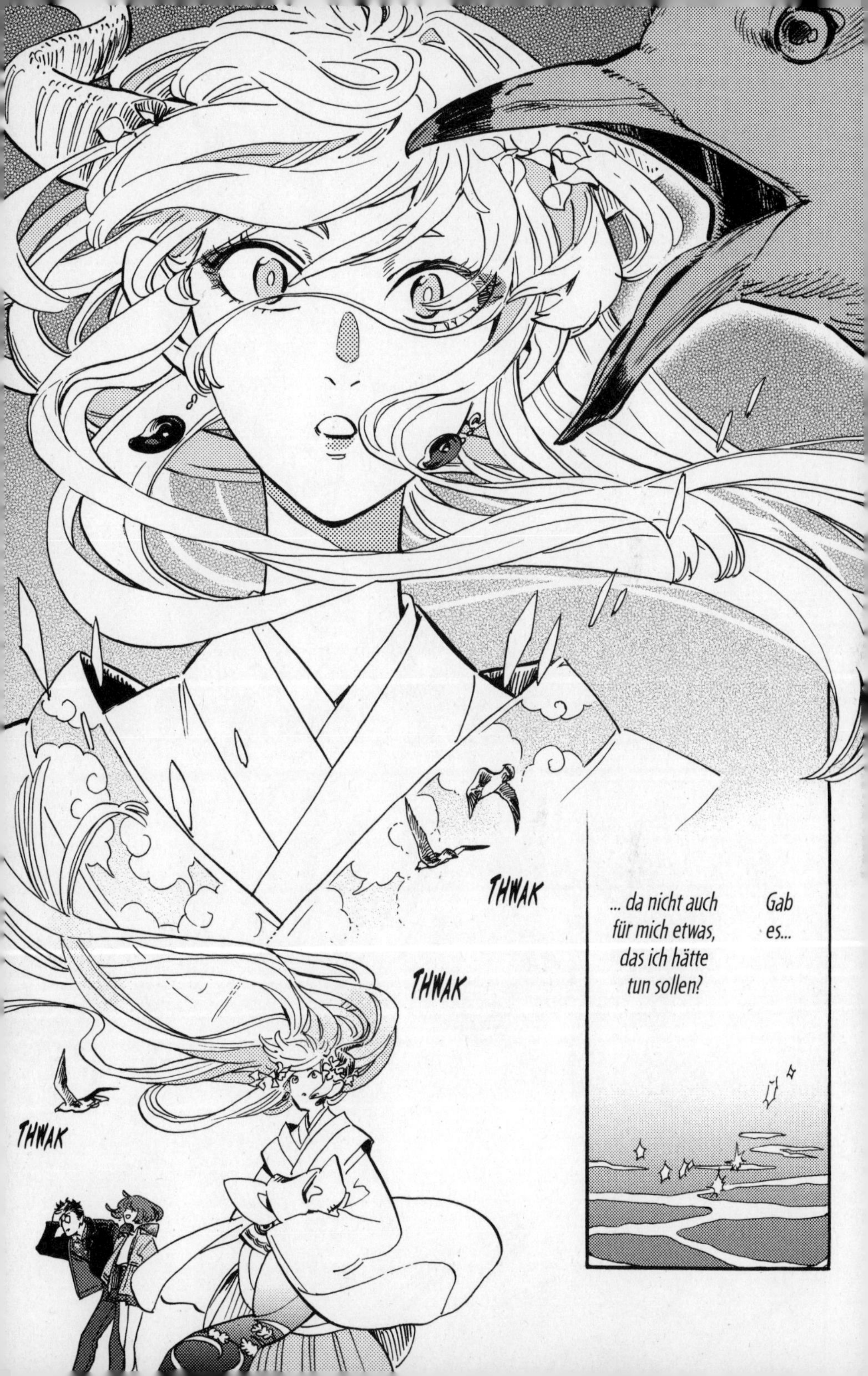
Gab es...
... da nicht auch für mich etwas, das ich hätte tun sollen?
THWAK
THWAK
THWAK

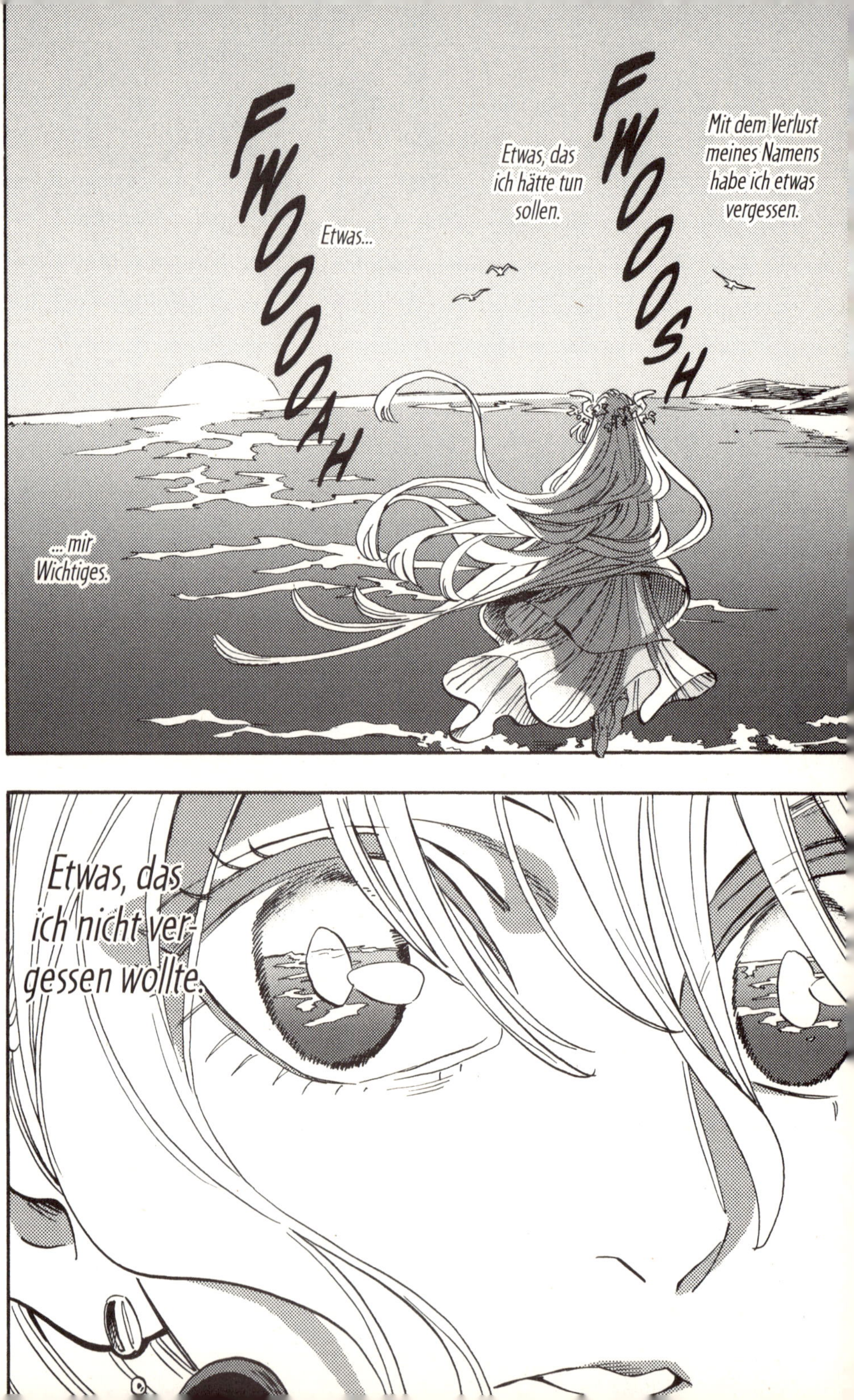
Mit dem Verlust meines Namens habe ich etwas vergessen.
FWOOOSH
Etwas, das ich hätte tun sollen.
FWOOOOAH
Etwas...
... mir Wichtiges.
Etwas, das ich nicht vergessen wollte.

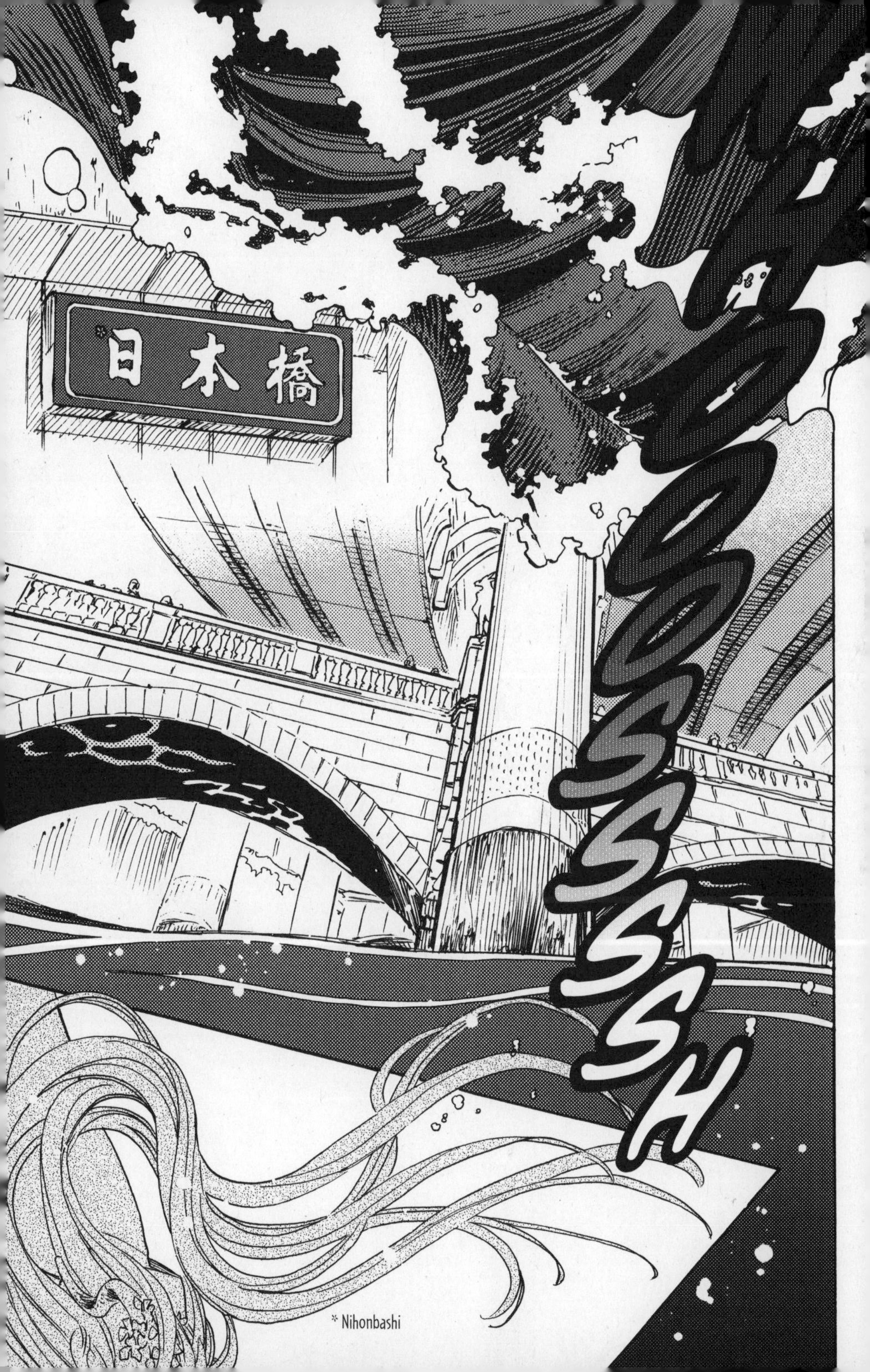
日本橋
SHOOOOSSSSSH
* Nihonbashi

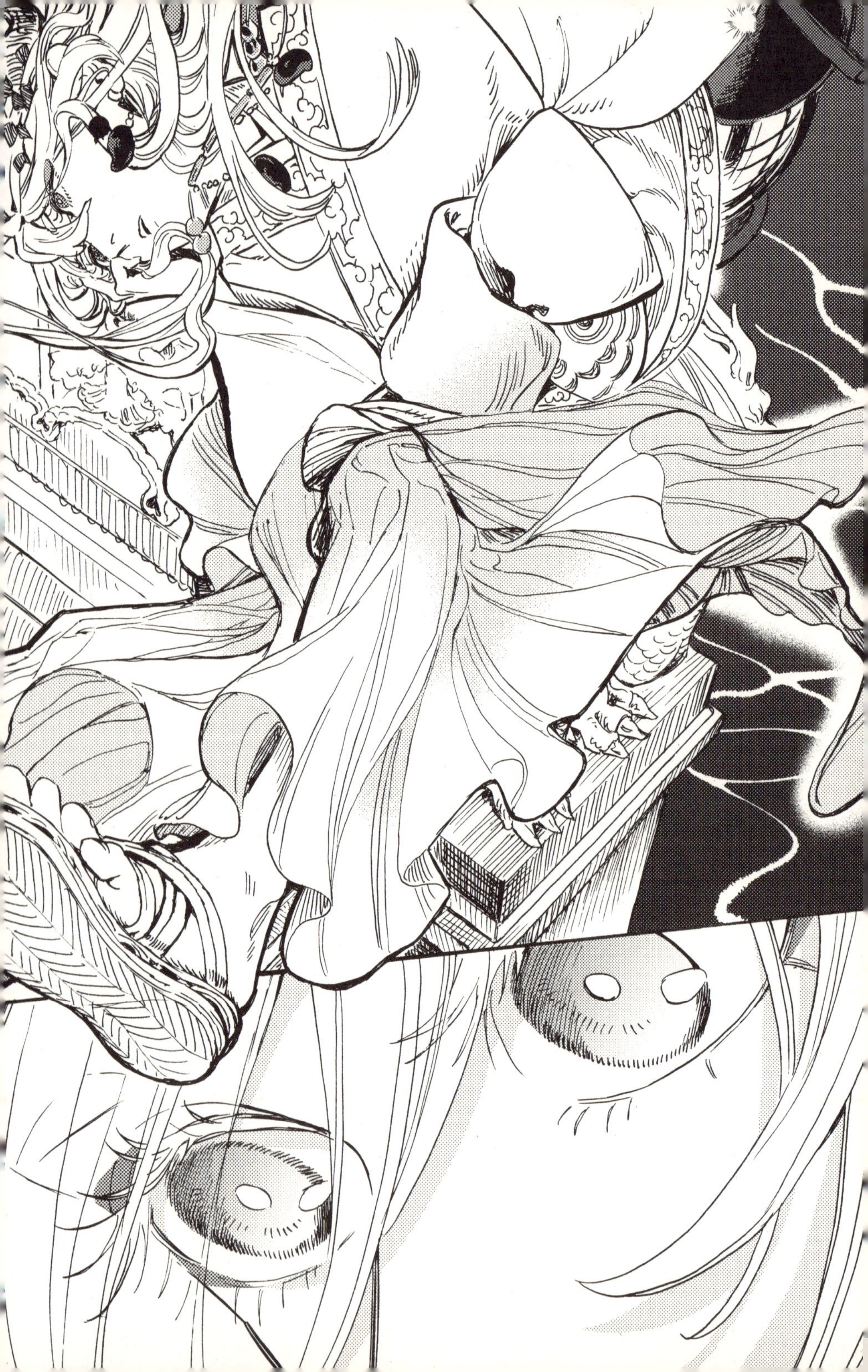

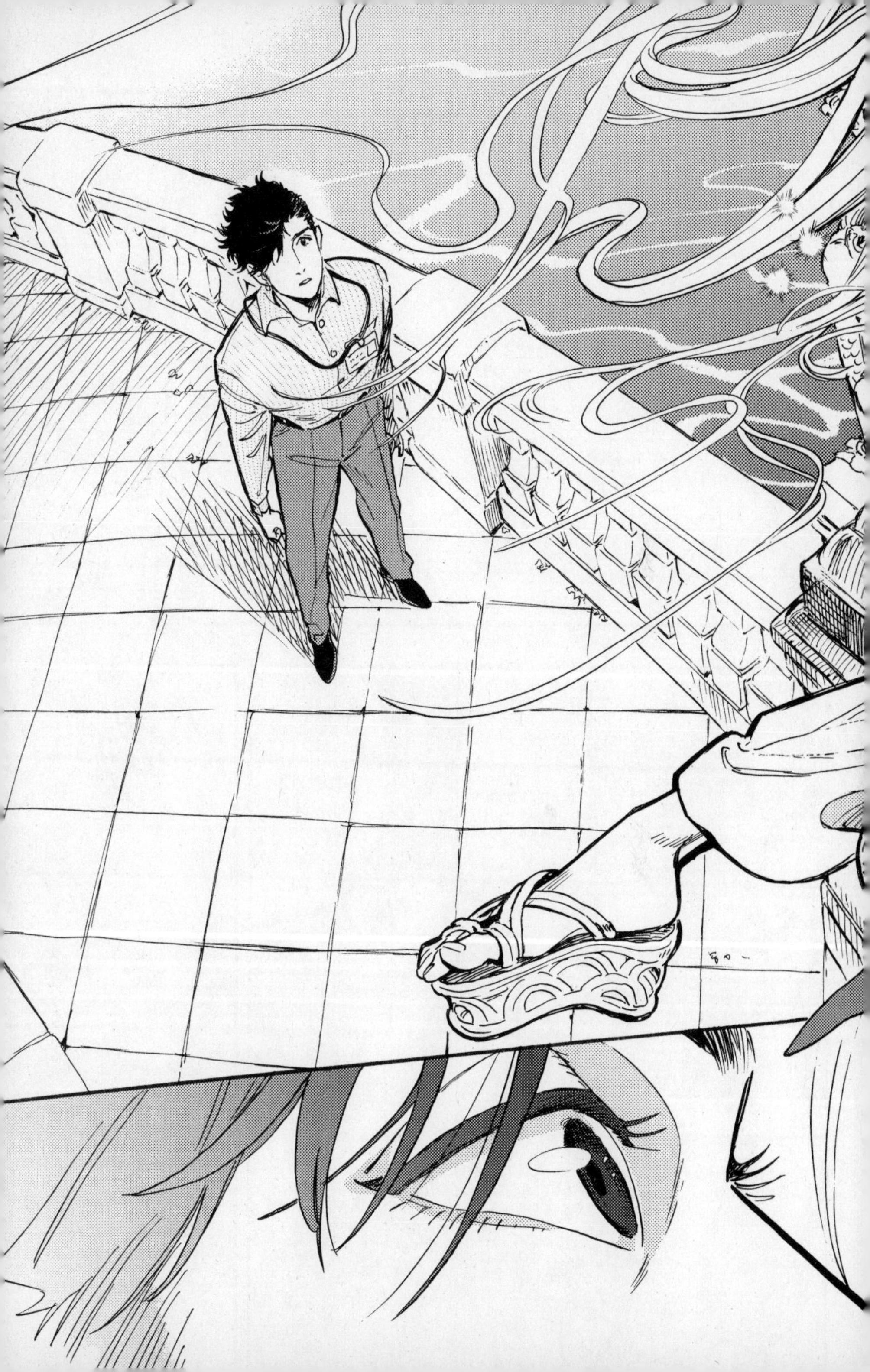

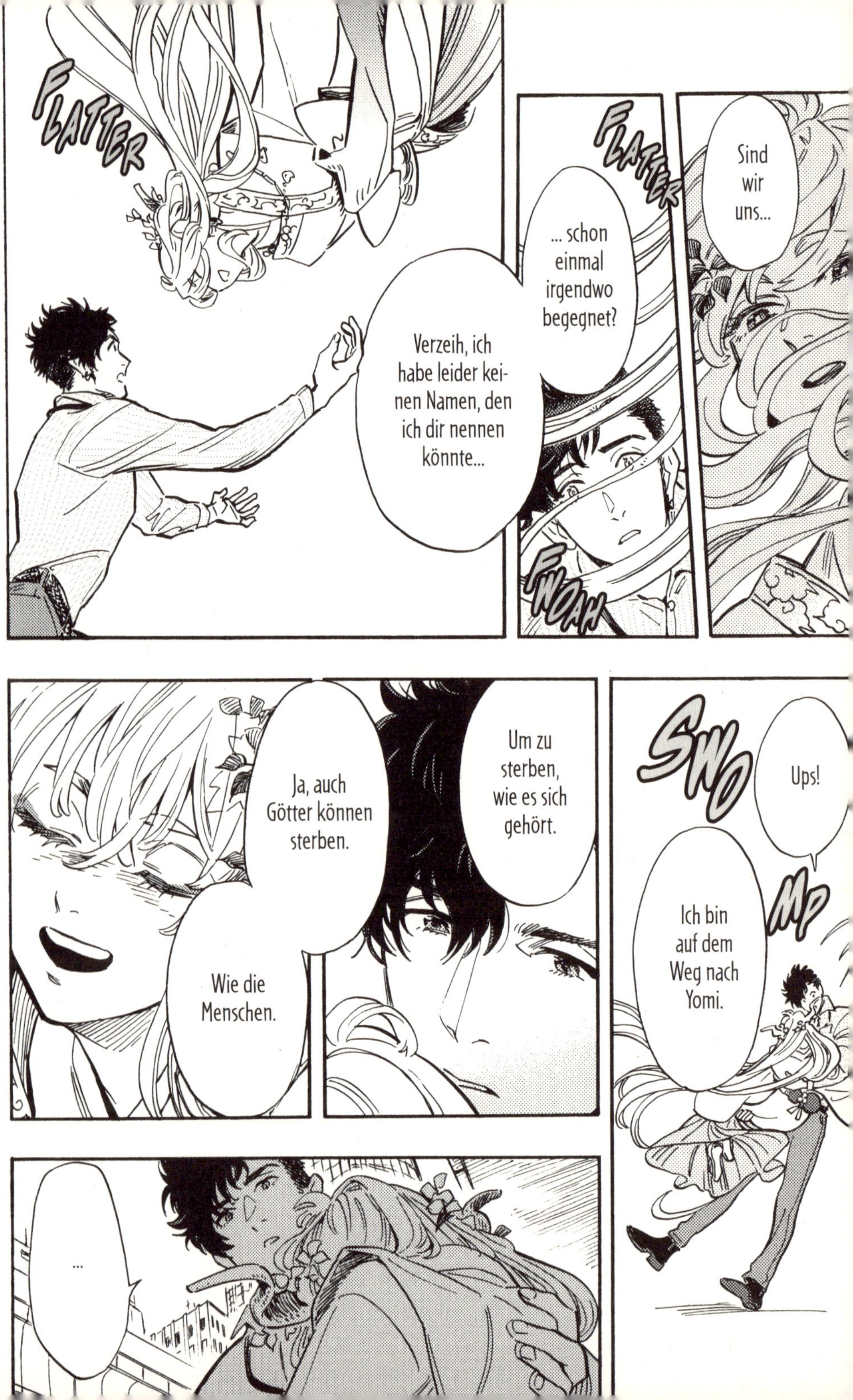
Sind wir uns...
FLATTER
... schon einmal irgendwo begegnet?
FWOAH
FLATTER
Verzeih, ich habe leider keinen Namen, den ich dir nennen könnte...
SWOMP
Ups!
Ich bin auf dem Weg nach Yomi.
Um zu sterben, wie es sich gehört.
Ja, auch Götter können sterben.
Wie die Menschen.
...

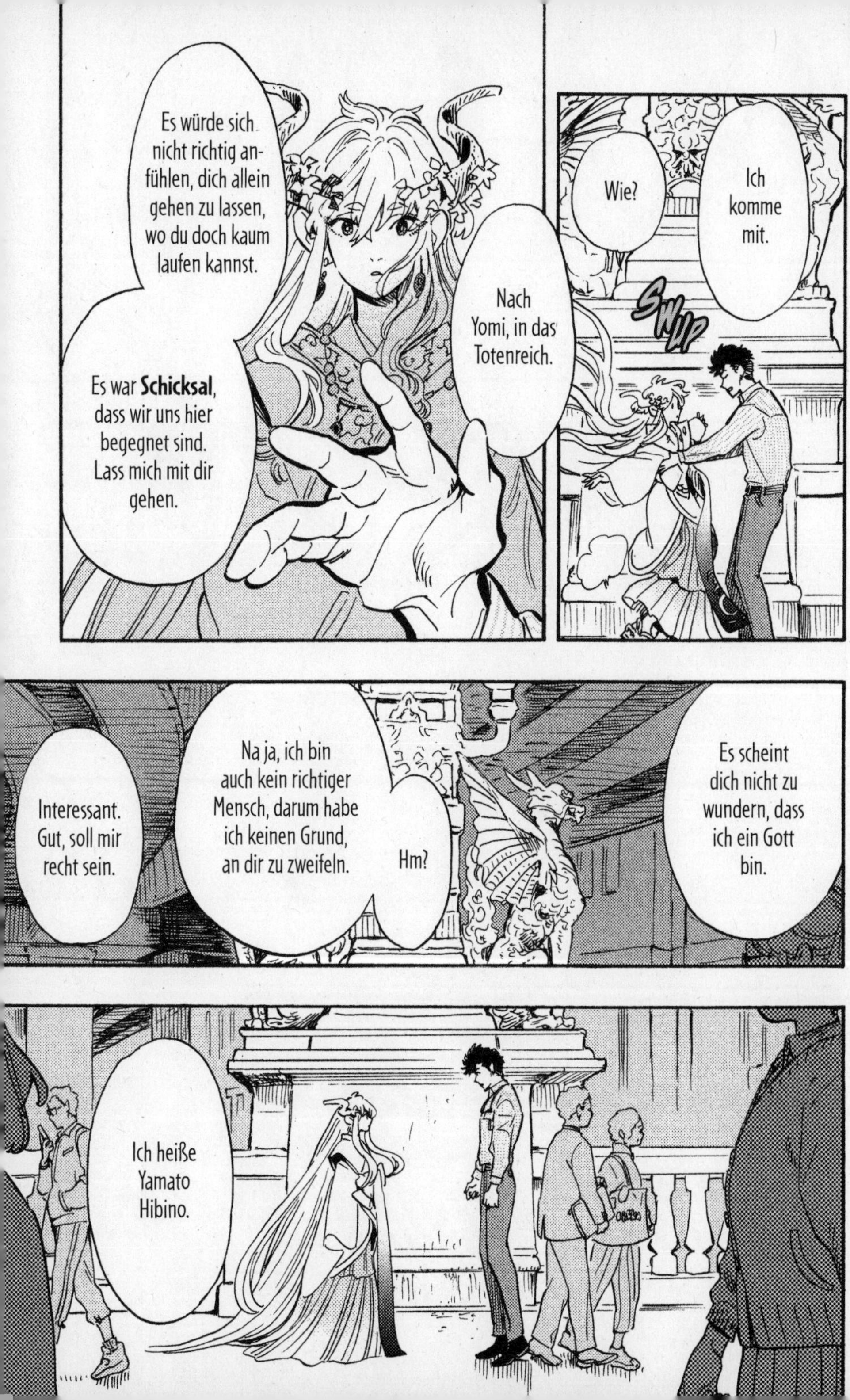
Ich komme mit.
Wie?
SWUP
Nach Yomi, in das Totenreich.
Es würde sich nicht richtig anfühlen, dich allein gehen zu lassen, wo du doch kaum laufen kannst.
Es war **Schicksal**, dass wir uns hier begegnet sind. Lass mich mit dir gehen.
Es scheint dich nicht zu wundern, dass ich ein Gott bin.
Hm?
Na ja, ich bin auch kein richtiger Mensch, darum habe ich keinen Grund, an dir zu zweifeln.
Interessant. Gut, soll mir recht sein.
Ich heiße Yamato Hibino.

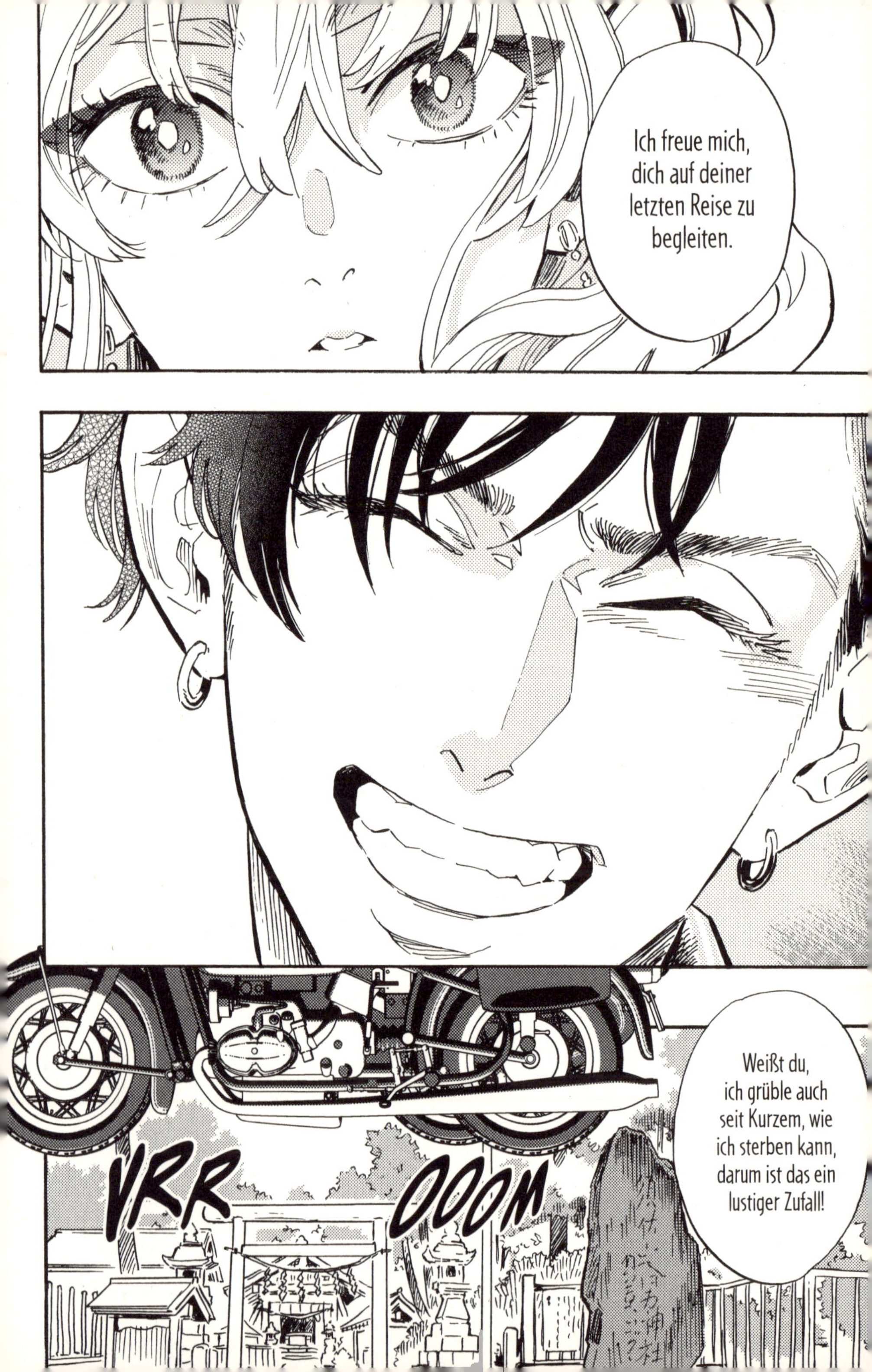
Ich freue mich, dich auf deiner letzten Reise zu begleiten.
Weißt du, ich grüble auch seit Kurzem, wie ich sterben kann, darum ist das ein lustiger Zufall!
VRR
OOOM

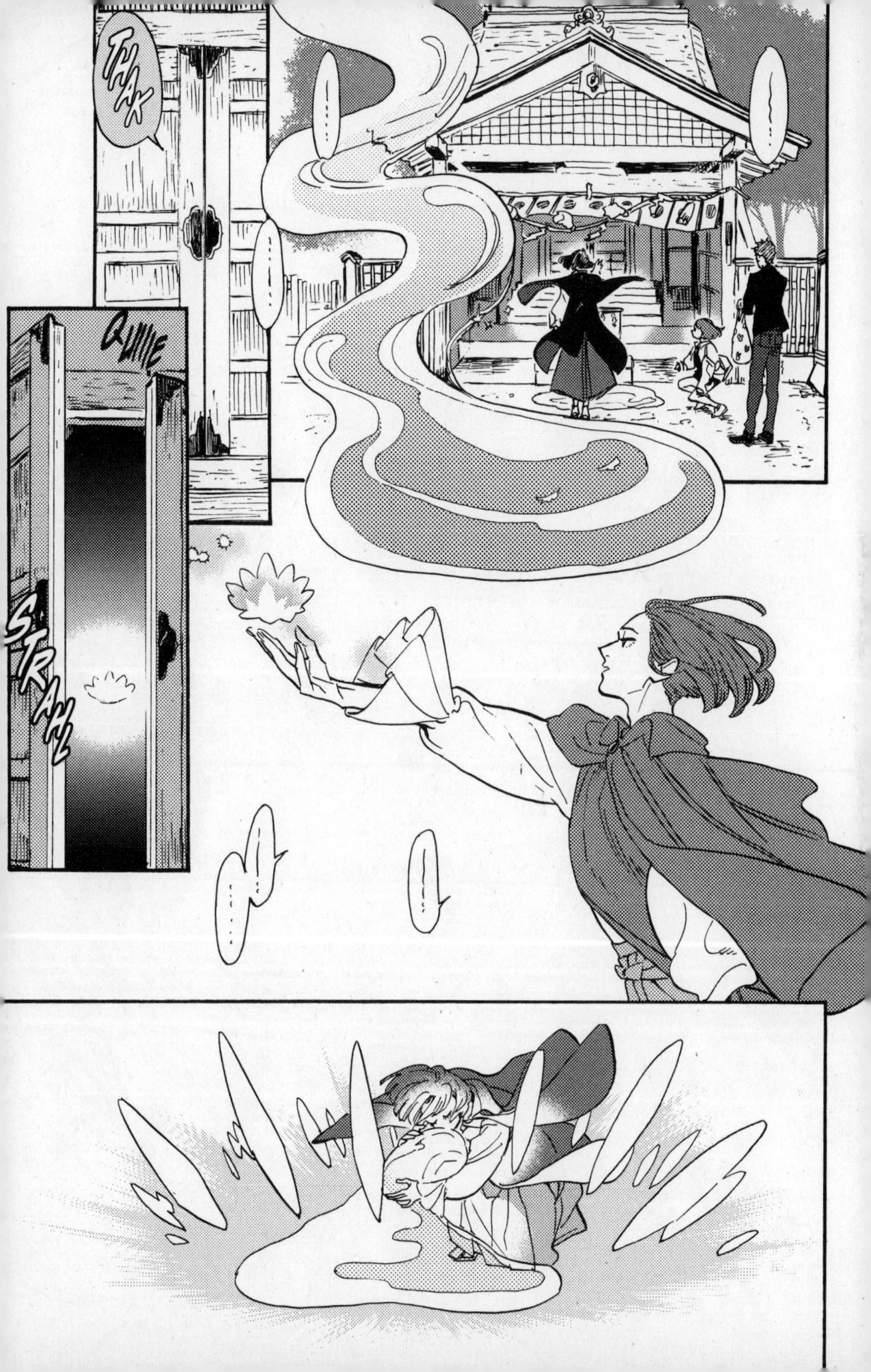
THAK
QUIIE
STRAHL

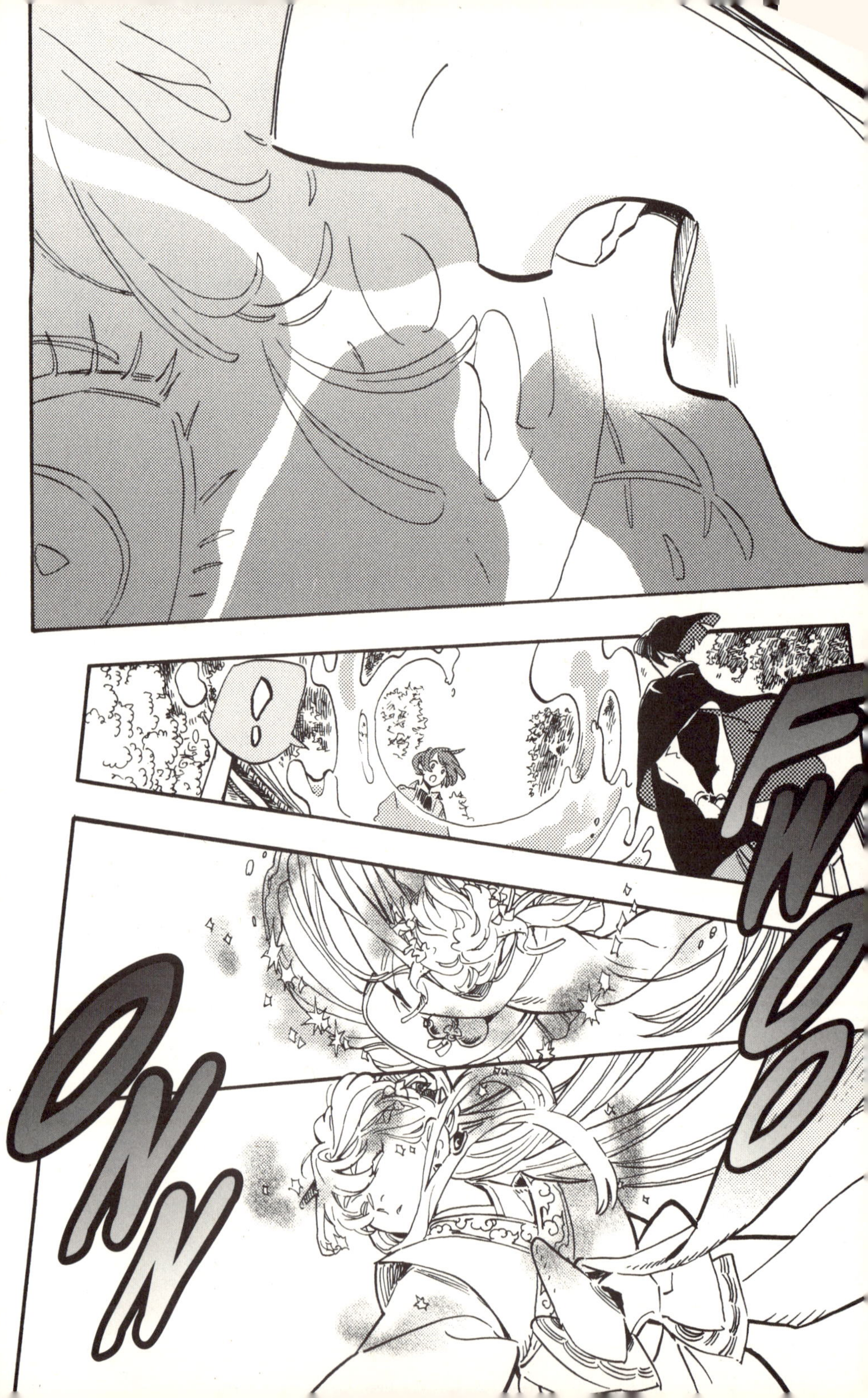

!
FWOOO
ONN

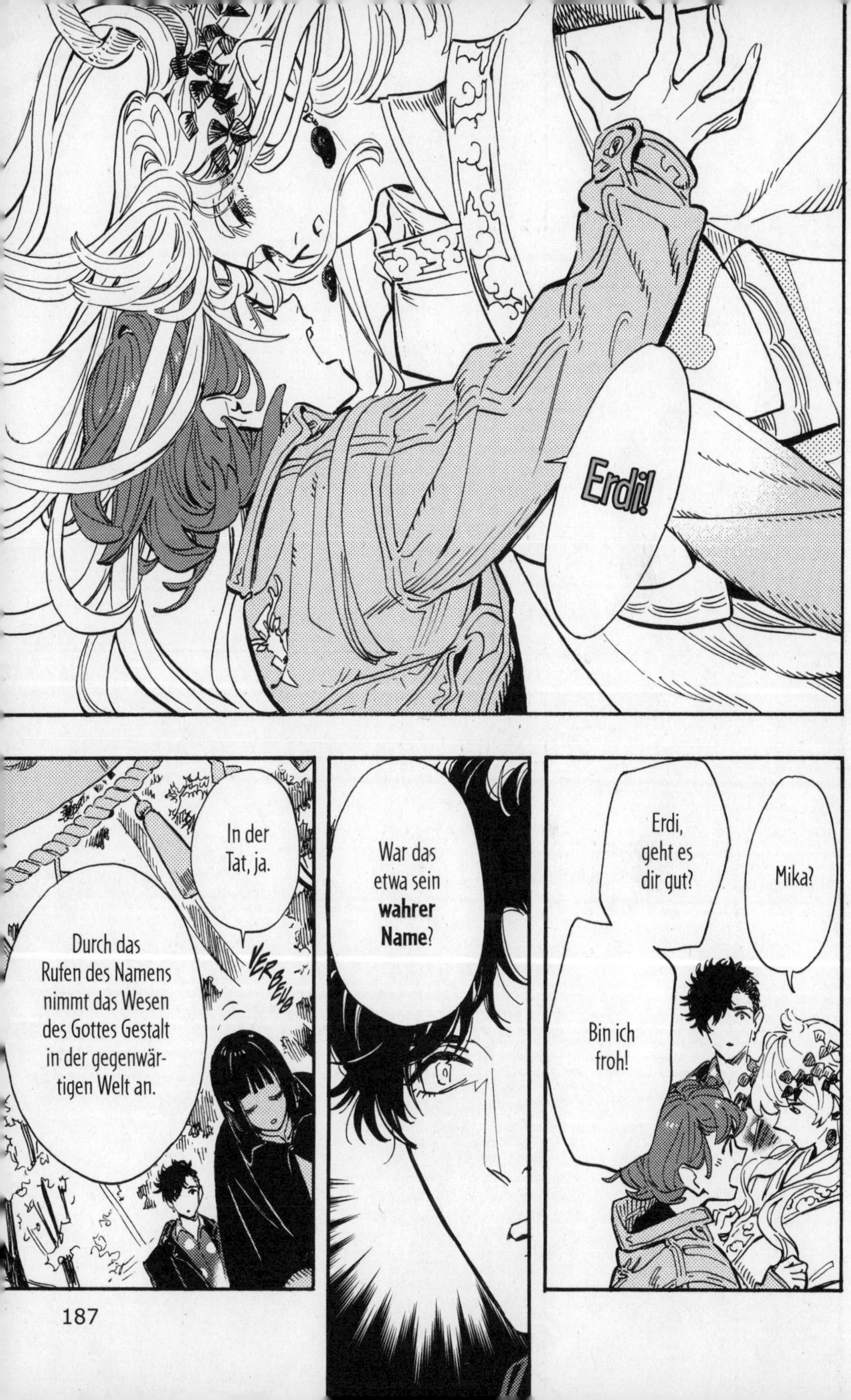
Erdi!
Mika?
Erdi, geht es dir gut?
Bin ich froh!
War das etwa sein **wahrer Name**?
In der Tat, ja.
Durch das Rufen des Namens nimmt das Wesen des Gottes Gestalt in der gegenwärtigen Welt an.
VERBEUG

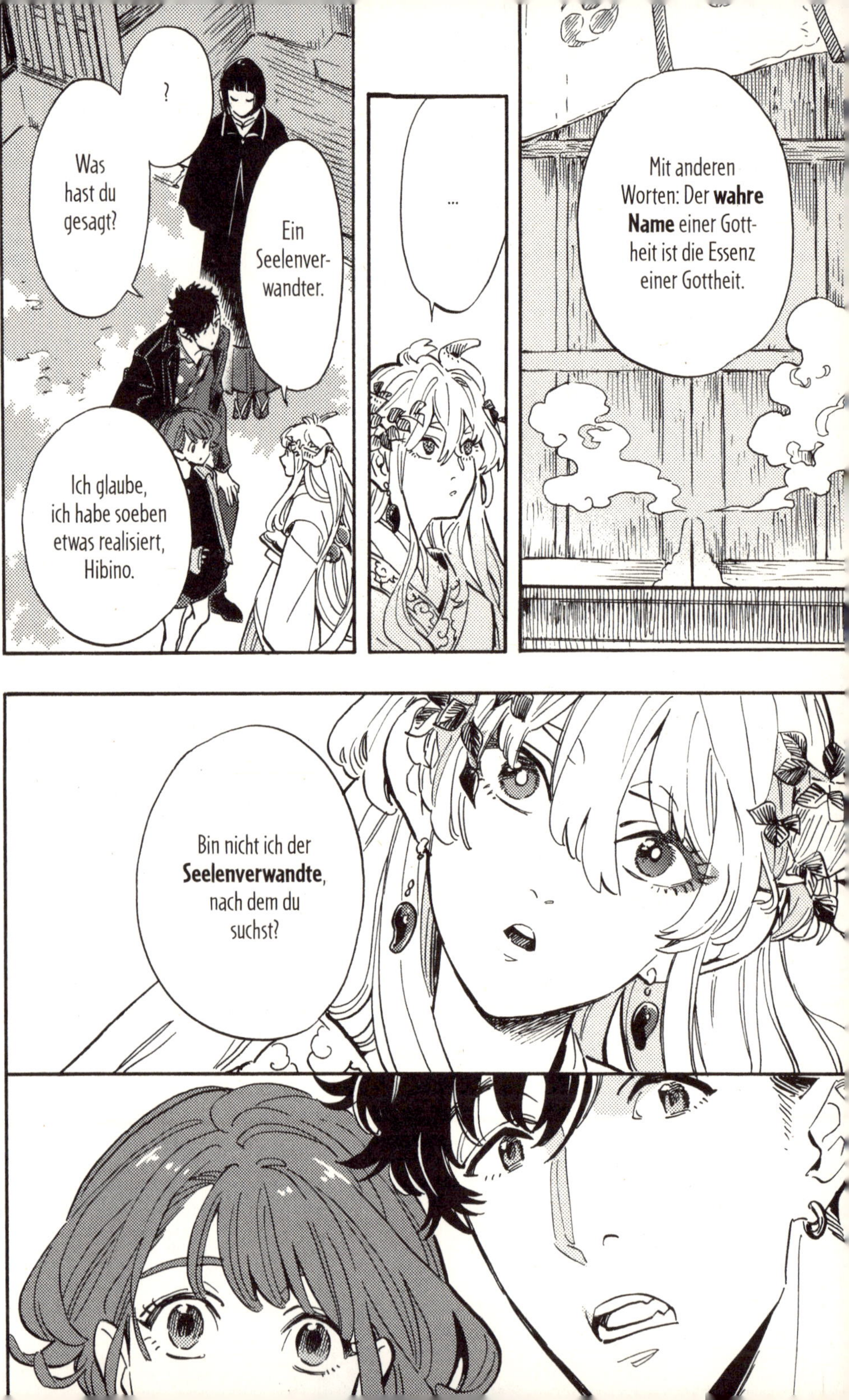

Hiraeth 2 – Ende

Hiraeth

Heimweh nach Endlichkeit

Fortsetzung folgt in Band 3

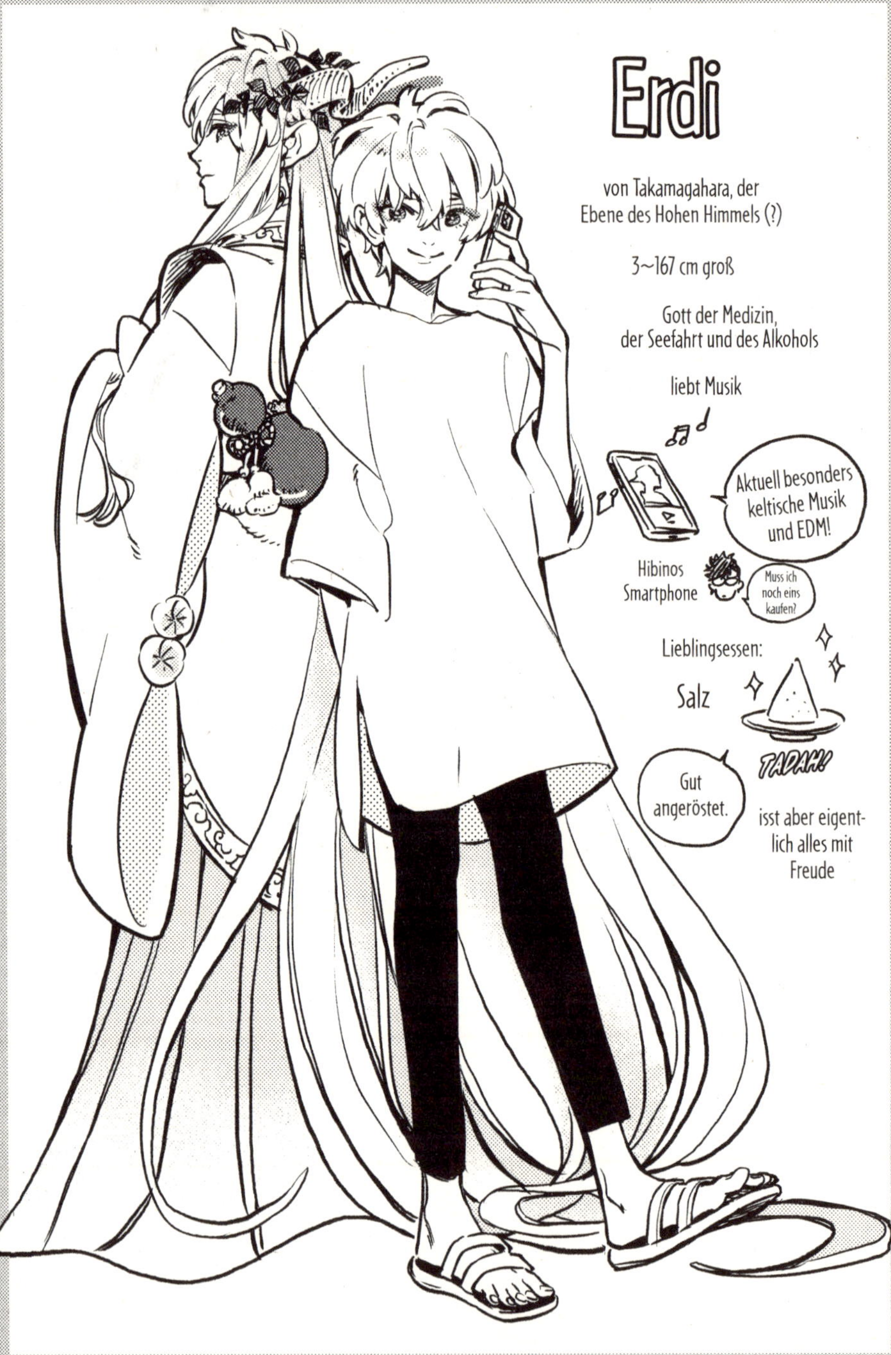
Erdi
von Takamagahara, der
Ebene des Hohen Himmels (?)
3~167 cm groß
Gott der Medizin,
der Seefahrt und des Alkohols
liebt Musik
Aktuell besonders keltische Musik und EDM!
Hibinos Smartphone
Muss ich noch eins kaufen?
Lieblingsessen:
Salz
TADAH!
Gut angeröstet.
isst aber eigentlich alles mit Freude

Special Thanks

Art Staff
Kii Kamishiro
3-D-Motorrad-Modell
Hiromu Kitano

「Ray Yard」
http://rudder.sakura.ne.jp/

Redakteur
Yumetaro Toyoda
(Mixer-Redaktion)

Assistenz für
Recherchetätigkeiten
Miyuki Kitamura
(Mixer-Redaktion)

Ein großes
Dankeschön an alle
Mitwirkenden und natürlich
auch an euch Leser*innen!
Ich hoffe, wir sehen uns in
Band 3 wieder!

鎌谷悠希
Yuhki Kamatani

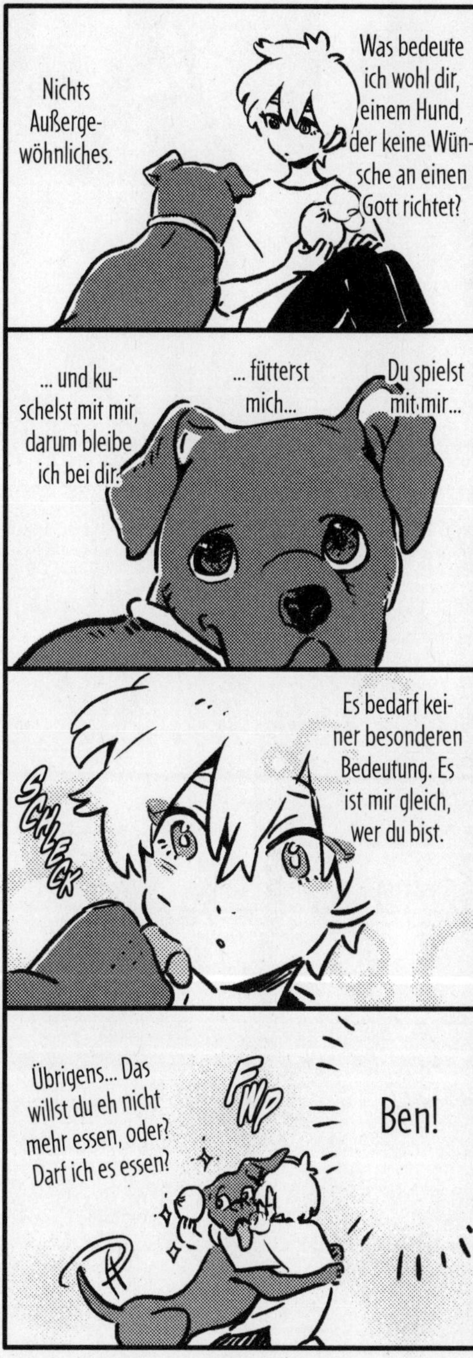

HALT!

»*Hiraeth*« ist eine japanische Serie, und in Japan wird von »hinten« nach »vorn« und von rechts nach links gelesen.

Weil wir bei Carlsen Manga so originalgetreu wie möglich übernehmen, erscheint auch »*Hiraeth*« auf Deutsch in der ursprünglichen Leserichtung.

Man muss diesen Manga also »hinten« aufschlagen und Seite für Seite nach »vorn« weiterblättern. Auch die Bilder auf jeder Seite und die Sprechblasen innerhalb der Bilder werden von rechts oben nach links unten gelesen, so wie in der Grafik gezeigt. Das ist gar nicht so schwer.

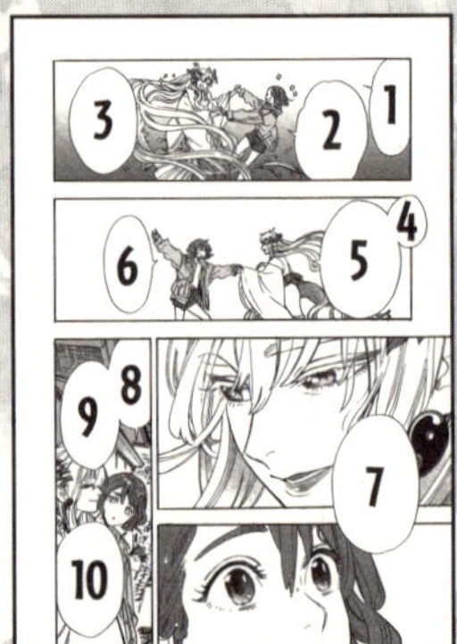

Viel Spaß mit »*Hiraeth*«!

CARLSEN MANGA

Deutsche Ausgabe/German Edition • © 2024 Carlsen Verlag GmbH, Völckersstraße 14-20, 22765 Hamburg • Aus dem Japanischen von Victoria Maria Zach

HIRAETH – volume 2 © 2021 Yuhki Kamatani • First published in Japan in 2021 by Kodansha Ltd., Tokyo • Publication rights for this German edition arranged through Kodansha Ltd., Tokyo. • Redaktion: Britta Hellwig • Textbearbeitung: Ina Schiele • Produktionsmanagement: Björn Liebchen • Alle deutschen Rechte vorbehalten • ISBN: 978-3-551-80018-3